多種多様な中国の地形と風景。（上）南部の棚田。（中左）シルクロードの砂漠。（中右）長江三峡。（下）青銅器時代に文明が発祥した黄河流域の平原。

© Michel & Gabrielle Therin-Weise / Alamy Stock Photo

© Imaginechina Limited / Alamy Stock Photo

© Simon Song / South China Morning Post via Getty Images

中国は紀元前 221 年に始皇帝によって単一国家として統一された。（上）西安近郊の始皇帝陵を守る兵馬俑《へいばよう》。（下）度量衡を定める勅令が刻まれた銅板と、ある地方官が所持していた秦の法典が記された竹簡。

© Zhang Peng / LightRocket via Getty Images

© Pictures from History / Bridgeman Images

（上）シルクロード沿いの敦煌《とんこう》近郊の石窟に描かれた唐代の幻想的な壁画。インド、ペルシア、中央アジアの主題と様式が融合している。

（左）７世紀にインドへ旅した玄奘三蔵《げんじょうさんぞう》。のちに超自然的な存在の弟子たちとともに人気のヒーローとなり、今も映画や小説、「中元節」の祭りに登場している。

1120年頃の宋の都、開封《かいほう》。中国でもっとも有名な美術作品《清明上河図》。

16ある外城城門のひとつを通過するラクダの隊列。城内には楊医師の診療所や孫羊店が建ち並ぶ繁華街がある（上巻215-216頁参照）。

露店商人がひしめく「虹橋」。手前の大きな宿屋では、バルコニーにいる客に接客係が給仕をしている。

汴河《べんが》に浮かぶ豪華な客船。個室や手洗があり、船首から船尾まで垂れ幕がかかる。李清照が1127年に乗った船（上巻250頁参照）もこれに似たタイプだ。

宋代には、合理的な統治が発達し、科学的発明が行われ、陶磁器や絹絵などをはじめとする優れた美術工芸品が生み出された。

© Sepia Times / Universal Images Group via Getty Images

© agefotostock / Alamy Stock Photo

© Rogers Fund, 1925 / Met Museum

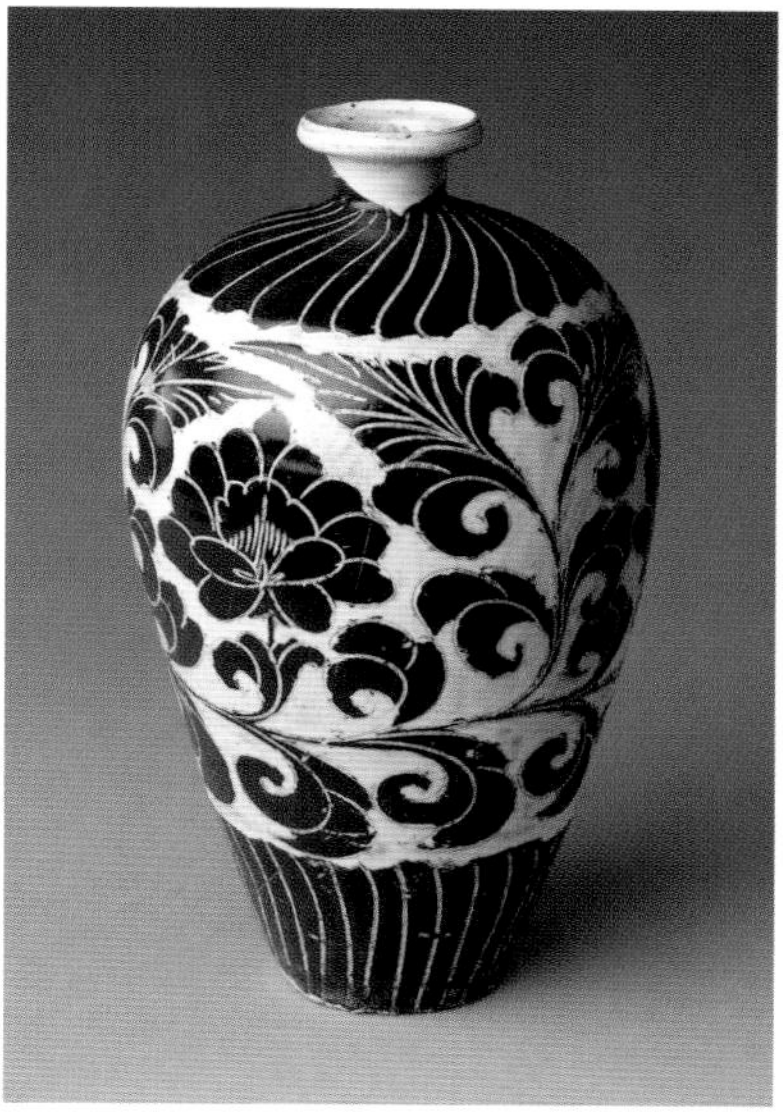

© Gift of Mrs. Samuel T. Peters, 1926 / Met Museum

土地の魂――范寛《はんかん》（950 年-1032 年頃）による《谿山行旅図《けいざんこうりょず》》。巨大な険しい岩山のふもとを荷馬の列が進む。「彼は山々だけでなく、さらに大切なその魂をも描いた」

中国全史　上――目次

下巻　目次

中国全史　上

——６０００年の興亡と遺産

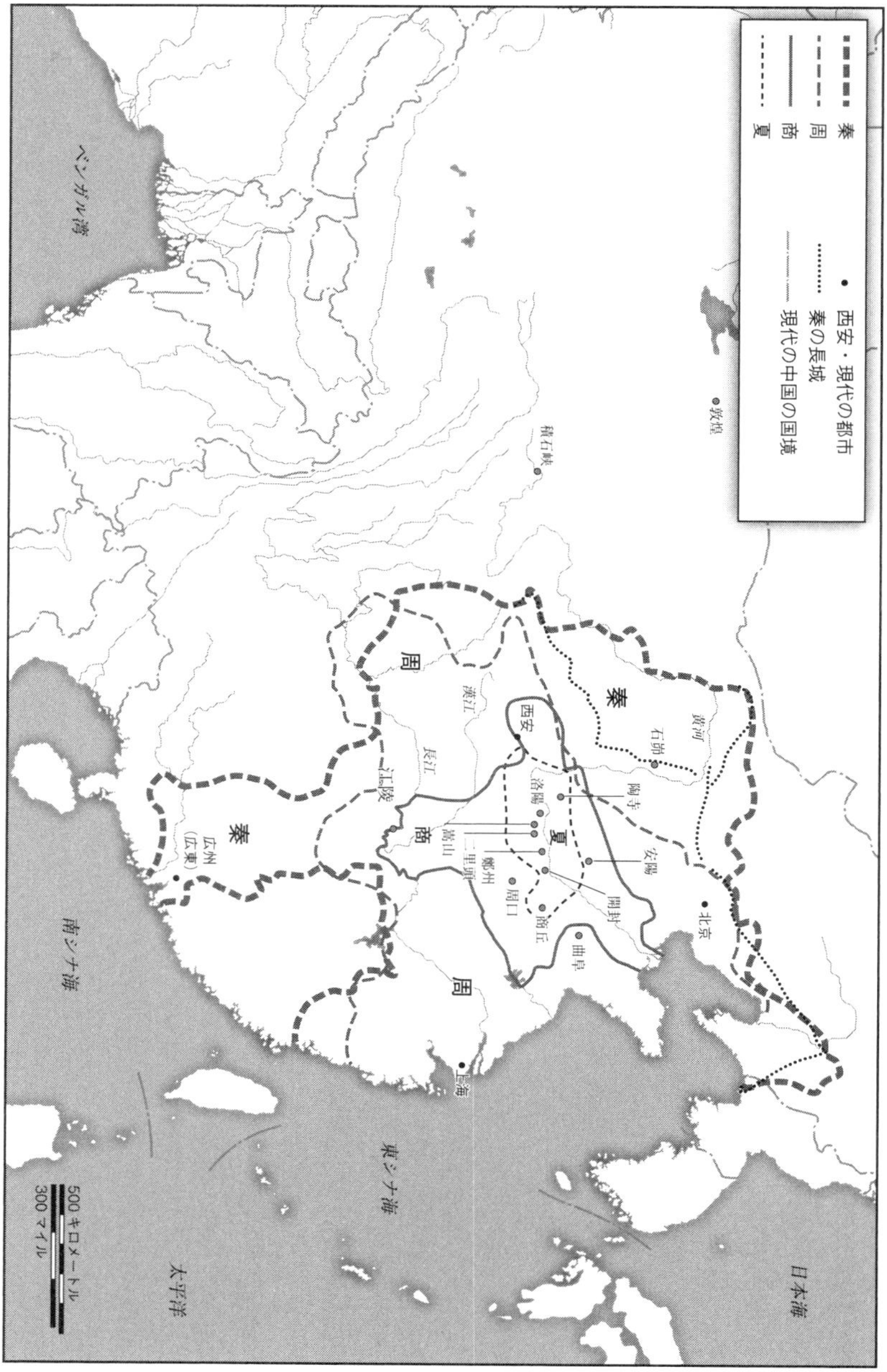

古代中国　紀元前 2000 年頃–紀元前 206 年

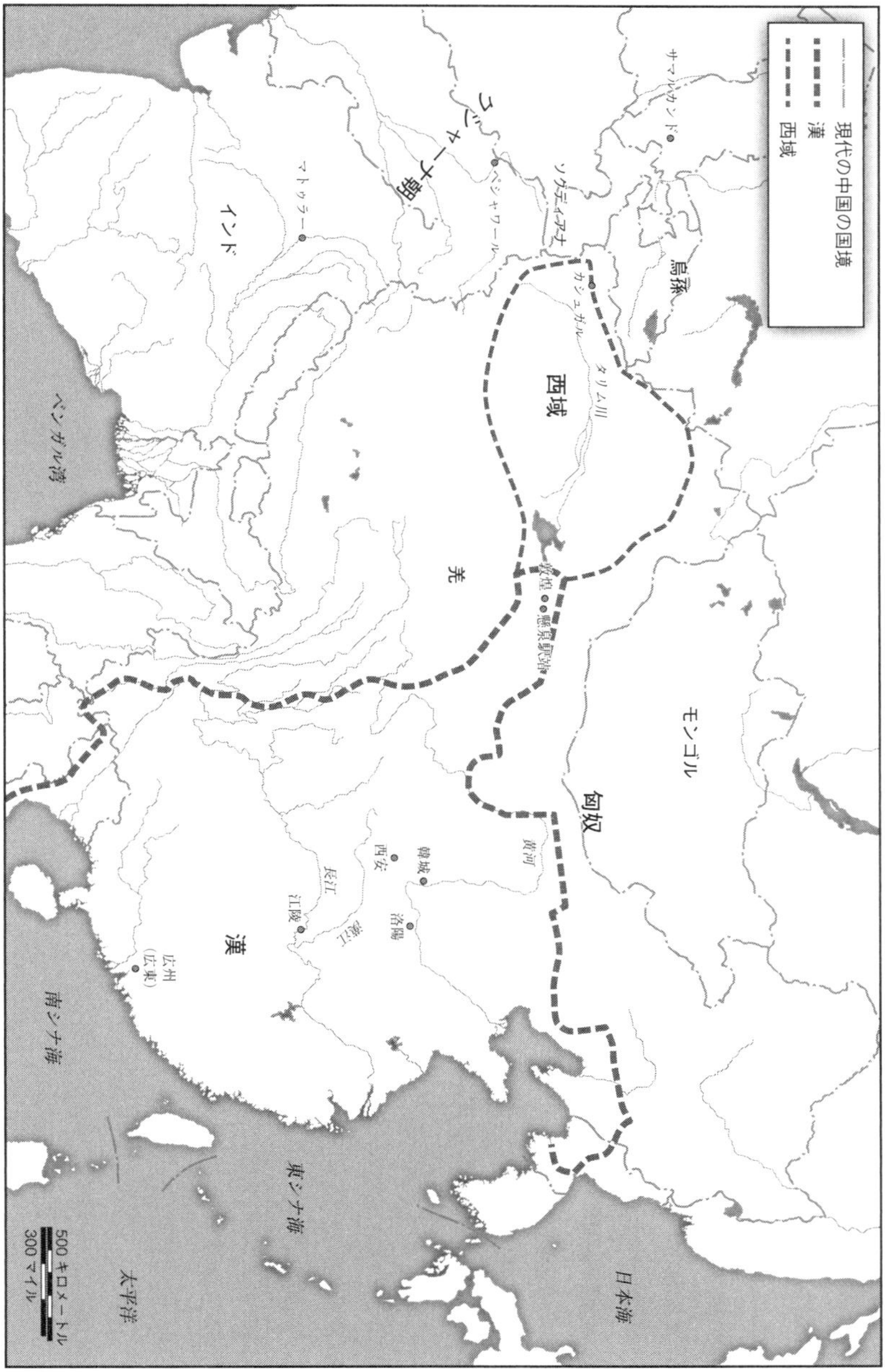

漢　紀元前202年-220年

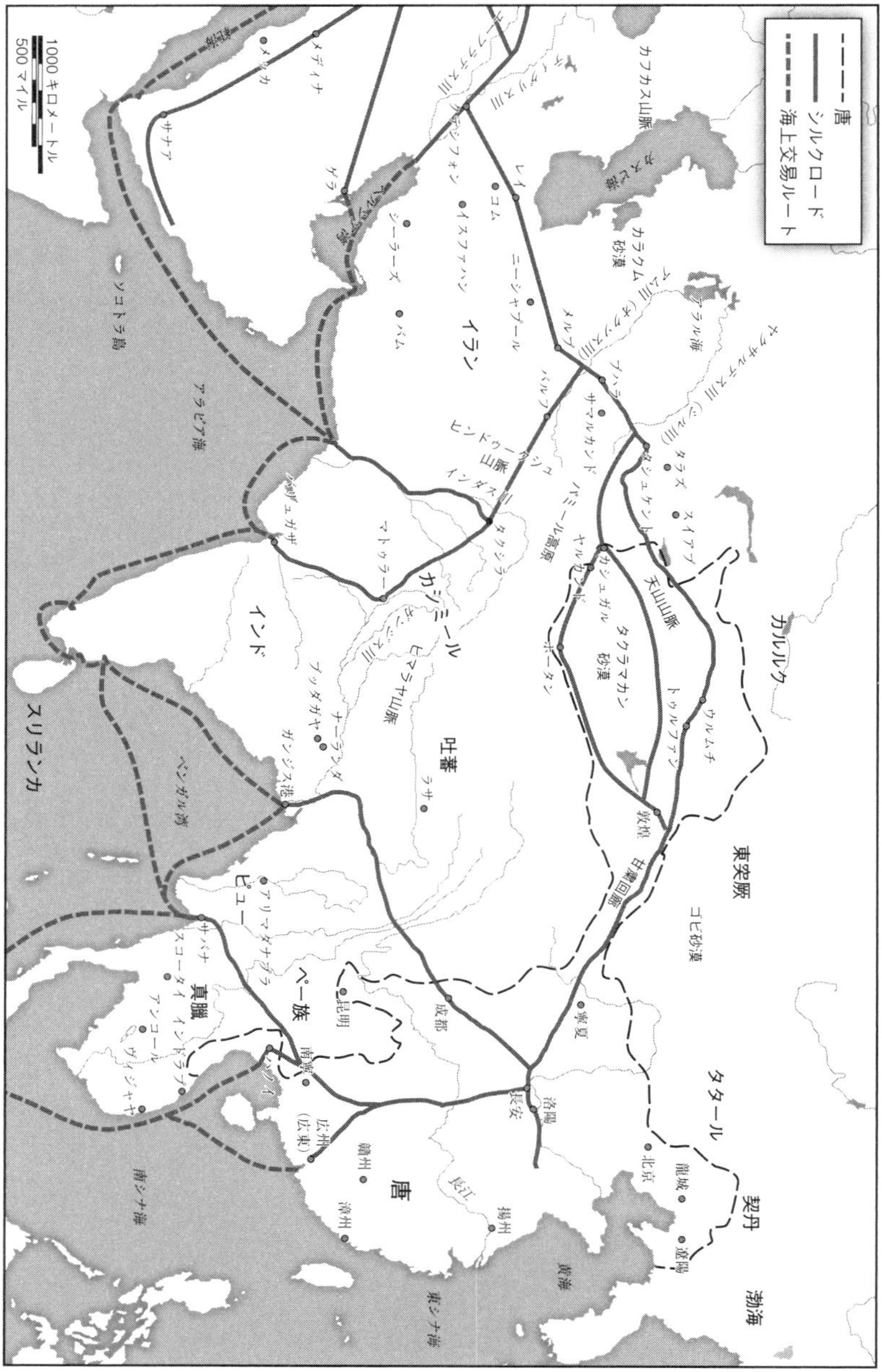

シルクロードと唐の世界　618年-907年

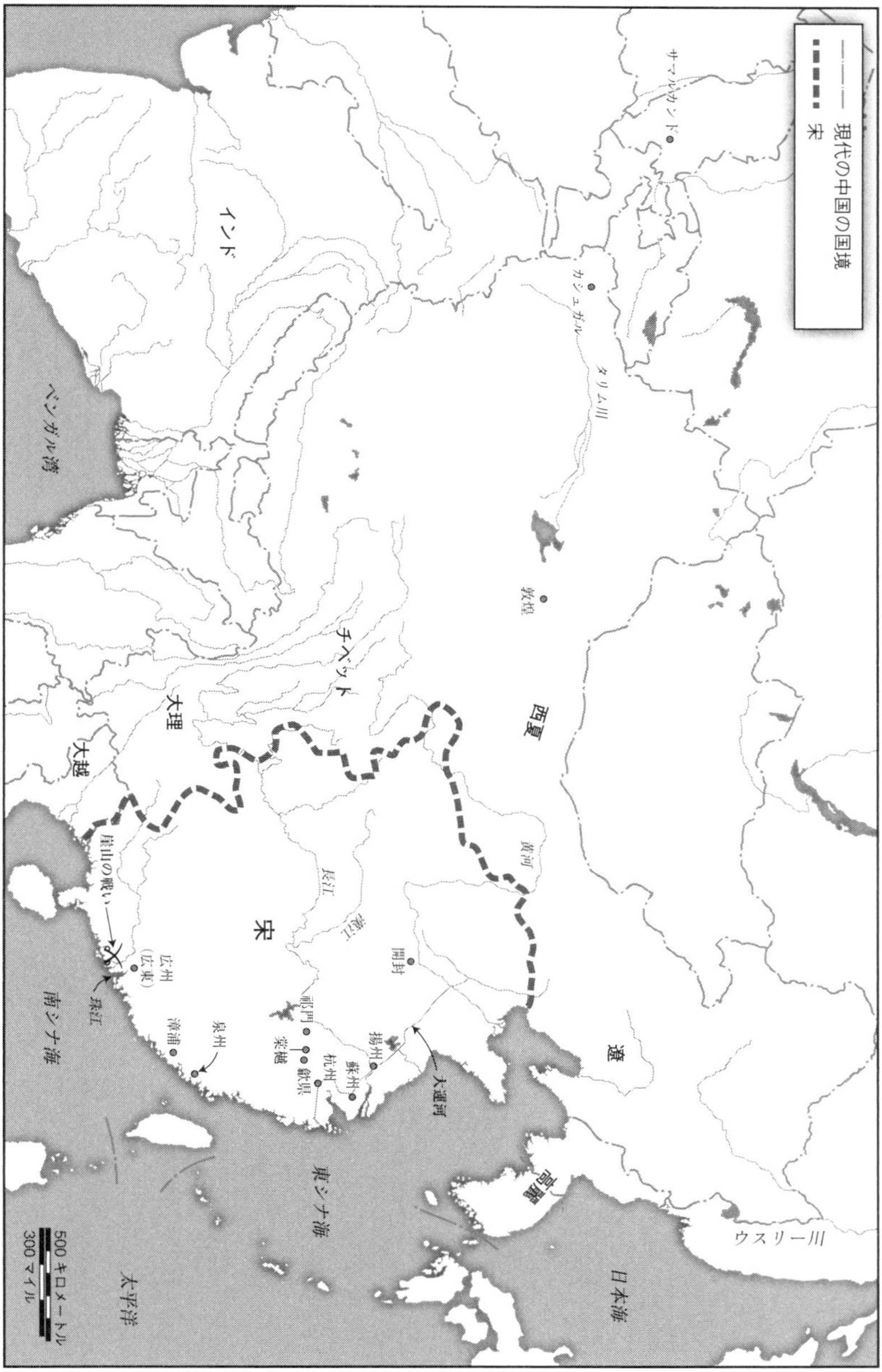

北宋　960年-1127年

謹以此書獻給親愛的 Rebecca（この本を親愛なるレベッカに捧ぐ）

はじめに

本書は、私の中国に対する長年の強い関心から誕生した。関心をもつようになったきっかけは、マンチェスターで過ごした学生時代にA・C・グレアムの『晩唐詩（*Poems of the Late T'ang*）』に出会ったことだ。夢にも思い描いたことのない世界への窓を開いてくれた一冊だ。二度目の開眼はオックスフォードの大学院に進み、ある中国学者と同じ家に住んでいたときのこと。アーサー・ウェイリー翻訳の『詩経』をはじめとする啓示的な書物に出会った。当時は名だたる学者たちがシェアハウスのキッチンにやって来たが、そのうちの一人がデイヴィッド・ホークスだった。彼は一九四九年一〇月一日に中華人民共和国が成立したとき、建国が宣言された天安門広場に居合わせ、その後オックスフォードで中国語の教授になるが、その職を辞し、「一〇〇〇年に一度の傑作[1]」である『紅楼夢』の翻訳に打ち込んでいた（『紅楼夢』については下巻九八－一一四頁で論じる）。以来、私は四〇年以上にわたり、旅行者としてだけでなく、キャスターとしても中国を旅してきた。世界中で視聴されているドキュメンタリー『ザ・ストーリー・オブ・チャイナ』もそうして生まれた。そして二〇一八年には、現代史でもっとも重要な出来事の一つである鄧小平の「改革開放」四〇周年記念にまつわるシリーズを制作した。最近では二〇一九年の秋に、中国でもっとも偉大な詩人、杜甫についてのドキュメンタリーを制作するため中国を訪れた。本書の執筆には間に合わなかったが、中国文化とその揺るぎない理想の長きにわたる光景について改めて考える機会となった。撮影は杜甫が七五九年の末から四年近く滞在した成都で行った。現在、杜甫が暮らしたとされる「草堂」は、人工の小川や庭園、竹林、桃や梅の木々、小さな黄色いロウバイの花やジャスミンなどに彩られ、中国でも指折りの魅力的な観光地になっている。訪問者には、復元された建物や展示館、土産物店などは史実とは関係のない観光施設に見えるかもしれない。ところが最近になって、敷地内での排水管の設置工事中に偶然の発見があり、発掘を行うと、唐代の仏教の小さな僧院のほか、杜甫が表現したような民家の土台やレンガの足場の跡などが見つかった。また、六八七年につくられた石碑の碑文は「高僧の小さな塔」にまで触れている。これは杜甫が言及する「小川の西」〔訳注：出典は「卜居」〕の建物と明らかに同じものだ。唐代の陶器やかまど、軒瓦、刻印が押されたレンガなどとともに、この発見は言い伝えが一二〇〇年以上ものあいだしっかりと受け継がれてきたことを詳細に裏づけている。何度も破壊されて建て直されたとはいえ、ここはまさに杜甫が暮らしていた場所だった。現在、敷地には当時のものは何も残っていないが、中国で大切な意味を持つのは建物という物理的な素材ではない。大切なのは、人々のあいだでこれほど長く受け継がれてきた物語や歌や詩を想起させる場所の感覚であり、それは孔子が「今に息づくこの文化(2)」と呼ぶ財産にほかならない。

とはいえ、中国の過去について書くのはかなり骨が折れる。中国学者でなければなおさらだ。中国はとてつもなく大きく、このうえなく豊かで、文字どおり尽きることのないテーマである。シモン・レイス(3)は有名な評論で「人間の心の対極」と述べているが、まさにそのとおりだ。三〇〇〇年以上前から文字による記録が存在する、壮大な歴史だ(4)――本書のたった一章をとっても、それだけでちょっとした図書館ができるほど文献がある！　しかも、ここ数年だけでも新たな発見が途切れず、その歴史は日に日に膨らんでいる。秦や漢の時代にさかのぼる膨大な数の私的な書簡や法令、訴訟事例など、最近発見され、まだ評価や発表がすんでいない重要な文献が数多くある。一九七四年に始皇帝の墓で兵馬俑が発見されて以来、考古学においても驚くべき発見が相次いでいる。陶寺で見つかった先史時代の見事な天文観測台はその一例だ。多くの発見が未発表ではあるが、本書ではできるだけ最新の情報を盛り込むように努めている。例えば、第1章で紹介する石峁《シーマオ》(5)での特筆すべき発見の暫定的解釈は、二〇一七年に発掘者たちによって発表されたにすぎない。中国の古代史はとくに興味深く、絶えず進化している分野である。

　本書の形態については、映像制作の手法を取り入れ、大きな流れを保ちながら、ときには足を止めてクローズアップに切り替え、具体的な場所や時期、さまざまな立場の人々の暮らし、声などに着目する。序盤で紹介する平凡な人々の暮らしについては、新たな発見をありがたく利用させてもらっている。例えば、秦の軍隊の兵士による手紙（兵馬俑《へいばよう》の生の声）や、シルクロード沿いの辺境の地の砦に駐屯する漢の守備兵たちからの手紙など。後者はイギリスで言うなら、ハドリアヌスの長城のローマ軍駐屯地、ヴィンドランダで発見された木製の書簡に通じるものがある。唐代では、中国とインドの仏僧がやりとりした書簡を紹介する。終盤では、明から清への移行期の恐怖に襲われた母と娘が交わした文や、太平天国の乱の時期に子ども時代を過ごした人物の日記、最後の帝国の没落期に儒学を忠実に守っていた村の役人たちの文書、義和団の乱や日本の侵略、文化大革命などの物語を詳述した日記や手紙も参照する。本書を読み進めるとわかるが、こうした例では、私はかならず「村からの視点」を用いている。大きな物語は草の根から効果的に照らし出せるという信念からだ。

　だが必然的に、私個人の興味が先立つことも多く、ときに特定の人物に関する記述が長くなるのはそのせいだ。例えば、仏教徒の巡礼者の玄奘三蔵《げんじょうさんぞう》について。彼のインドへの旅は歴史上きわめて偉大な文化交流の扉を開いた。あるいは、詩人の杜甫と李清照《りせいしょう》について。彼らはそれぞれ、唐と宋を飲み込んだ激動の時代を生き抜いた。「自由で気ままな放浪者」徐宏祖《じょこうそ》は、明の衰退を目の当たりにした。中国でもっとも愛されている小説家の曹雪芹《そうせつきん》。彼は一八世紀の清の最盛期に生きたが、悲劇的な人生を送った。清朝末期に強い衝撃を残した女性革命家の秋瑾《しゅうきん》と何震《かしん》。パトリシア・エブリー、ロナルド・イーガン、ジュリアン・ウォード、デイヴィッド・ホークス、ドロシー・コウ、その他大勢の優れた翻訳者たちによって届けられる才気あふれる力強い言葉から、その劇的な人生の物語を、それぞれが生きた時代の物語へと織り込むことができる。

また本書では、現代の一族から集めた声も取り入れている。一族に残る文書や言い伝えに基づいた話からは、元の滅亡から一九世紀最悪の武力衝突となった太平天国の乱、一九六〇年代の文化大革命に至るまでの重大な歴史的出来事を直接経験したようすが浮き彫りになる。例えば、棠樾《とうえつ》村の鮑《ほう》一族、祁門《きもん》県の謝氏、福建省の趙氏、桐城《とうじょう》市の馮《ふう》氏、河南省、福建省、湖南省の張氏、無錫《むしゃく》市の秦《しん》氏などから話を聞いている。彼らの貴重な木版刷りの家伝書に記録され、今日まで一族の記憶のなかで伝えられている物語からは、時代が大きく様変わりしたにもかかわらず、きわめて多くの中国人が文化の永続性を強く感じていることをある程度理解できる。毛沢東没後の出来事について論じる最終章では、二〇一八年に四〇周年を迎えた「改革開放」に身を投じた人々へのインタビューを加えることができた。北京や上海の大学の学生だった人々や工業都市広州の党幹部。安徽《あんき》省の寒村の「荒地」の農民——この村は一九七八年に劇的な出来事を引き起こした震源地であり、人々は毛沢東思想に背を向け、市場を受け入れた。本書を執筆していた二〇一八年、私は数カ月を費やして過去四〇年について振り返り、現地の人々から話を聞いた。このきわめて重要な変革期についての記述には、目撃者からしか引き出せない臨場感があふれているのではないかと思っている。

また、私は歴史の舞台にはどんなときも大きな意味があるという信念から、物語を実際の場所や風景に組み込むことにも力を注いできた。人が住むようになってからの中国にはとても奥深い歴史がある。七五七年、詩人の杜甫は安禄山の乱の恐怖のさなかに、「国破れて山河在り」と書いている——これは風景のことであり、地方と言い換えられるかもしれない。中国の多くの都市には二〇〇〇年から三〇〇〇年も前から人が暮らしており、時とともに変化するようすは、物語を伝えるのに役立つはずだ。そこで本書では、場所の感覚も意識できるように心がけている。熟考の末、人名や地名も敢えてふんだんに盛り込むことにした。例えば、イギリスにまつわる本ならサマセットとかシェフィールドという名が出てくるはずだが、それと同じような考えだ。これはどうしても必要なことだと思う。中国人以外の読者にはその点を納得していただければ、おそらくすぐに河南省の位置や黄河の流れを把握できるだろう（きっと楽しいはずだ！）。それには、「中央の国《ミドルランド》」である中国が、まるで生きた組織のように拡大し、収縮するようすを伝える冒頭の素晴らしい地図が役立つと信じている。これはただの比喩ではない。地図は唐、宋、明、清といった偉大な帝国だけでなく、崩壊や分断の時期も同じように浮き彫りにしている。偉大な小説『三国志演義』の冒頭はこう始まる。「そもそも天下の大勢は、分かれること久しければ必ず合し、合すること久しければ必ず分かれるもの」〔『三国志演義１』（羅貫中著、立間祥介訳、ＫＡＤＯＫＡＷＡ）より〕

　そして最後に、本書の誕生の経緯について触れておきたい。『ザ・ストーリー・オブ・チャイナ』は、二〇一四年から二〇一七年にかけてＢＢＣと公共放送サービスのドキュメンタリーシリーズとして製作された番組で、中国をはじめ世界各地で視聴されている。もちろん、作家でも映像制作者でも、外国人が異文化を描こうとすれば大きな落とし穴がある。中国のような偉大な文明となればなおさらだ。それでも、番組は中国の視聴者からあたたかい反応を得た。国営の新華社通信からは「民族と信仰の壁を乗り越え、説明しがたい力強さと感動を視聴者にもたらした」と報じられ、私はその言葉に背中を押され、改めて自分が取り組んだ題材を振り返り、この長い本を執筆することにした。書籍が大勢の視聴者向けの大衆的なテレビ番組とはまるで異なるのは言うまでもない。書籍でははるかに「厚み」のある叙述が可能になり、風景や物語により深く向き合うことができる。だが、本書が語るのは胸躍る物語であり、驚くべき独創性と緊迫した出来事、深遠な人間性に彩られた物語であることに変わりない。映像に見られるあの力強さが本書のページにも宿っていることを願っている。何といっても、人間の歴史ほど感動と興奮にあふれ、重要な物語はほとんどないのだから。

プロローグ　一八九九年一二月、北京

一八九九年一二月、冬至を二日後に控え[1]、光緒帝[2]は凍てつく寒さのなか、色鮮やかな大行列を従え、天安門から紫禁城の外へと出た。緋色の礼服をまとった一六人の従者が担ぐ黄色い輿《こし》に乗り、飾りつけられた象が引く儀式用の御車へと移る。皇帝は、青い龍の刺繡の紋様が入った黄色い長衣のうえに青い外套をはおり、頭にはクロテンの冬用の帽子を被っている。深紅の絹で装飾された帽子のうえには、真珠のついた金箔の飾りが輝く。皇帝の脇には、豪華な絹の衣を身につけ、馬に乗った宦官《かんがん》たちがつき従う。そのあとには、護衛の「豹尾班侍衛」とえび茶色の仕着せの皇帝の従者、龍が描かれた三角旗を持つ旗手、金色の矢筒と弓を携え、黄色い鞍敷きにまたがった騎兵が続く。皇族、高官、役人、下僕、楽師など、総勢二〇〇〇人もの参列者たちが、夕暮れのはがね色の空のもとに集まった。

皇帝はこうした華々しい従者たちに付き添われ、南面中央の正陽門を通過し、大理石の天橋を渡り、北京南端に位置する皇帝の祭壇である天壇《てんだん》へと向かった。物乞いや露店が一掃された大通りには黄色い砂がまかれ、路面が平らにならされている。わだちが刻まれ、凍りついた北京の通りで御車が大きく揺れないようにするためだ。あたりは静まり返っていた。静寂を乱し、儀式を冒瀆する行為はいっさい禁じられていた。ほんの数カ月前に内城の南の永定門まで敷設されたシーメンス社の最新式路面電車も運休となり、警笛と鐘の音もやんでいた。

正陽門を出た一行は、狭い路地や寺や市場が集まる外城を進んだ。路地は大きな青い幕で目隠しされている。住民は外出禁止となり、沿道の家々は戸を閉ざし、外国人（この頃の北京には大勢在留していた）は官報の英語版『ペキン・ガゼット』[3]により、儀式に近づくことも、見物することも控えるよう通告されていた。皇帝が神聖な儀式を執り行うところを垣間見るのは許されなかった。ましてや皇帝の顔を正視するなどもってのほかとされた。

　皇帝は無表情で前方を見つめていた。頬骨の目立つ青白い面長の顔には、すでに病の兆候があらわれていた。フランス人医師は慢性腎炎と診断した。皇帝を公の場で見たことのある西洋人の目には、彼の表情は不安げに映った。失敗の許されない統治者としての極度の重圧と、人民のためになりたいという切なる思いを抱えていたのだろう。彼は「豊かで強大な帝国を取り戻す」と公言し、「できうれば、過去をしのぐ輝かしい時代を築きたい」と願っていた。

　この儀式のそもそもの目的が過去を振り返ることであり、皇帝が過去に思いを馳せたように、大清帝国は一六四四年から中国を支配し、以来一一人の満洲人〔訳注：以下、民族名の自称である「マンジュ」を音訳した「満洲」表記を固有名詞として用いる〕の皇帝が歴代王朝の栄光を再興し、凌駕してきた。一八世紀に迎えた最盛期には、中国は世界の列強の仲間入りを果たし、六一年にわたる康熙帝《こうきてい》の治世は中国史屈指の輝かしい時期となった。一世紀前の一七九九年に光緒帝の高祖父にあたる乾隆帝《けんりゅうてい》がこの世を去ったとき、大清帝国は比類のない領土を有し、モンゴル、チベット、中央アジアを配下に収め、ベトナムのジャングルやビルマ北部にまで勢力を伸ばしていた。漢民族のほか、三〇〇の部族と民族が清の天子に忠誠を誓った。だが、人口増加や重税、自然災害、最強の国家の土台さえ揺るがしかねない一体感の喪失により、王朝の自意識は苛まれていた。一八四二年、大清帝国はアヘン戦争でイギリスに敗北し、その後は一四年にわたる太平天国の乱の激震に見舞われ、二〇〇〇万人が命を落とした。一八四〇年代以降、ヨーロッパ列強は条約港を開設して中国の沿岸全域に居留し、帝国の古くからの価値観を揺るがすようになった。一時期は息を吹き返したものの、一八九四年から翌年にかけて行われた日清戦争では屈辱的な敗北を喫し、その三年後にはドイツからさらなる譲歩を迫られ、すでに損なわれていた清の威信は地に落ちた。国内には危機感が広がっていた。一八九八年、改革派の康有為に率いられ、進歩的な官僚やジャーナリスト、民主主義者たちは「変法運動」を展開し、若き皇帝も彼らを支持した。ところがこの戊戌《ぼじゅつ》の変法（六月一一日〜九月二一日）は、西太后を中心とする保守派によって弾圧され、皇帝はそれ以降、幽閉されたのだった。

　運命が大きく動いたこの時期、動乱が起きた。一八九八年から一八九九年にかけて、山東省は飢饉に見舞われていた。諸外国から挑発行為を受けていると感じていた農民の怒りが噴出し、やがて義和団と呼ばれる組織が結成される。急速に暴徒化した彼らは宣教団の施設を襲撃し、教会を破壊、さらにはキリスト教に改宗した中国人を虐殺した。一八九九年末、義和団は彼らに同調する省の長官に煽られ、北上を開始する。凍りついた貧しい田畑が広がる山東省の農村部や、陝西《せんせい》省のすすけた炭鉱の町からあふれ出した集団は、北京の郊外まで押し寄せていた。そこでこの年の冬至は、東と南で火の手が上がる状況で迎えることとなり、天壇で行われる古式ゆかしい儀式は例年よりさらに重みが増し、幸運を願う思いはいっそう切実だった。もしかすると、古代からの天の秩序に懇願すれば、いまからでも潮目を変えられるかもしれない。天はこれまで、幾多の勝利と悲劇を経てきた中国を守ってくれたのだから。

　西太后は一八九八年に変法運動を弾圧してからというもの権力を握り、甥である皇帝を紫禁城に軟禁した。六四歳になっても衰えを知らず、気まぐれでありながら恐ろしいほど頭の切れる西太后も動揺し、こう打ち明けていた。「政局は危機的であり、外国勢力は虎が獲物を狙うように我々をにらみつけている……我が国への侵入の時機をこぞってうかがっている」[4]。それでも、国の偉大な儀式は執り行うべきであり、この冬至の儀式は何よりも重要だった。皇帝は国の罪を一身に背負う重荷を受け入れ、祖先に帝国の状況を報告し、「天下」を代表して幸運を求めなければならなかった。

行列は市の南端近くまで達していた。冬の夕暮れのなか、外壁の先には畑や運河、刈り込まれた柳が見える。黄金の御車に乗った危うい立場の人物が、危うい土地のようすを垣間見る束の間のときだった。天子は二八歳になっていた。西太后を後見人として六歳で皇帝となり、その後は長らく、古めかしい儒教を学んだ。広大で陰気な紫禁城のなかで、冷たく厳格な翁同龢《おうどうわ》から教育を受け、横暴な宦官たちからは統治者としての責任だけを考えるよう仕向けられ、子どもらしからぬ幼少時代を過ごした[5]。彼の務めは、教えられたように「公正、寛大、高潔、賢明」であること、儒教の徳を高めること、良い意味でも悪い意味でも手本にすべく、先人たちについて学ぶことだった。そんなふうに年齢を重ね、おそらく知恵も増した彼は、いまや後見人によって、そして自らの恐怖心と内省によって金の鳥籠にとらわれていた。「我々は単独で帝国を統治する特権を与えられたとき、帝国の危機により国政の難しさが増したことに気づいた。したがって、我々の頭のなかは昼も夜も、あらゆる方面に山積みとなっている問題でいっぱいである」

彼は一〇年にわたって学問を修めただけに、表向きは賢明な皇帝だったが、実際には内向的で陰鬱な人物であり、何の前触れもなく突然に感情をぶちまけることも多く、豊かで強大な帝国を再建する責務を担えるような器ではなかった。康有為や梁啓超といった西洋の思想に通じた助言者たちは死刑宣告を受けて日本へ亡命し、立憲君主制の樹立を目指す皇帝の希望は打ち砕かれた。西太后が述べたように、彼らのスローガンは「中国の保護、防衛であり、清朝の保護、防衛ではなかった……しかも、彼らは国外に逃れてなお反逆的な文書を発し、保守派に対抗する改革派としての立場を主張し、帝国の基盤が揺るぎないこと、祖先が定めた統治の原則を遵守する君主たちが不変の礎の上に座していることを理解していない」。少なくともこのとき、夕闇が深まり、青白い月が昇り始めた冬空のもとでは、基盤は強固なものと思われた。

折しも一二月二〇日の朝、皇帝が儀式の準備をしていたとき、『ペキン・ガゼット』は官報にて発せられた最新の勅詔《ちょくしょう》について異例の説明を掲載し、「皇帝の発言は本意ではない」と遠慮なく報じた。皇帝はとりとめのない文章のなかで、中国に降りかかった多くの問題について語り、次いで西太后にむやみに感謝している。「朕はまだ幼きころに即位したが、皇太后の情け深いお心遣いと、朕の心に正統な信条を根づかせるべく、たゆまぬ努力をしてくださることに、お礼申し上げる。それを三〇年近く続けておられることにも感謝しなければならない」

行列はついに、市の南端に位置する天壇に到着した。紫禁城を建立した明の永楽帝によって、一四〇六年から一四二〇年にかけて整備された聖地である。門からいちばん近くにあるのは、天壇を代表する祈年壇だ。堂々たる三層の丸屋根のうえには黄金の宝頂がそびえ、黄昏の光のなかで「宝石のようにきらめいている」。中央の参道を進むと、儀式の舞台となる圜丘壇《えんきゅうだん》に到着した。一五三〇年に嘉《か》靖帝《せいてい》によって建てられた祭壇は、ヒノキ科の老木が生い茂る林のなかにあり（それは今も変わらない）、巨大な正方形の壁に囲まれていた。中心には天を崇めるため、覆いのない三層の大きな壇があった。当時のある人物は、「隔絶されて輝いており、地上でこれほど深遠な、もしくは壮大な概念をたたえる聖地はほかにない」と述べている。「世界でも指折りの印象的な光景だ[6]」

祭壇はかつても今も、直径一三七メートルの三段の白い大理石から成り、正方形の壁に取り囲まれている。原初の宇宙論に基づく、天と地の古くからのイメージだ。敷地内の西には、皇帝が身を清める斎宮がある。皇帝はここで夜半を過ごし、神聖な務めに向けて準備を整えた。「頭の中を敬虔な思考で満たさなければ、目に見えない霊は生贄のもとにやって来ないという考えからだ」と参列者の一人は述べている。

午後四時には、冬の弱い光は少しずつ薄れ、西の山々の灰色の稜線がくっきりと浮かびあがった。一八九〇年代の寒さの厳しい冬には、冬至に雪が降るのはめずらしくなかった。祭司の一人がイギリス人宣教師に語ったように、あまりの寒さのせいで、「屈強な男たちでさえ、フェルト地の長いブーツに分厚い毛皮をまとっても骨の髄まで凍え、ときには墓場行きになることさえあった」(7)。

広い敷地のなかでは、まもなく幕を開ける緊迫したドラマのために舞台が整えられていた。皇帝が主役を務める張り詰めた瞬間に向け、役者と小道具の準備は万端だった。祭壇の下手に視線を移すと、高くそそり立つ赤い支柱の先に動物の角をかたどった巨大なランタンが掲げられ、楽器置き場として龍の絡みついた台が並べられている。木枠に釣り下がるいくつもの銅鐘や、同じく木枠にかけられた一六枚の深緑の翡翠の板は、霊的世界との意思疎通を促す音《ね》を奏でるものだ。雪が舞い始めるなか、帝国旗が掲げられ、三層の壇の最上部には天を表す社が南向きにしつらえられ、それを照らす何百もの松明《たいまつ》が、霜で覆われた石壇に光を落としていた。

壇のすぐ近くには、祭司と宮廷の役人が並んでいる。礼部の役人、膝当てを持つ役人、皇帝に供物の肉と酒を差し出す従者が控えている。供物を納める蓋つきの見事な鉢は、うっすらと青みがかった月白《げっぱく》の陶磁器製で、金の蒔絵が施されている。二段目の壇では、皇帝が立つ位置の脇に、儀式の流れを管理する進行役が待機している。敷地内の下手では、生贄の牛を焼く大きな炉が、絹などの捧げものを燃やすやや小さな炉とともに炎をあげている。儀式の手順は、前世紀半ばに乾隆帝によって取りまとめられた『欽定大清通礼』と『皇朝礼器図式』に忠実に従うことになる。

斎宮の閉ざされた扉の奥では、火鉢で暖められた室内で、皇帝が深夜に祈りと瞑想を終えた。このもっとも神聖な儀式については、素描も写真もいっさい残されていない。西太后は宮廷にカメラが入ることを許し、それによって印象をうまく演出していたが、外国人はこうした場面を目にすることは決して許されなかった。それでも、現存する儀式の手引書と参加者による証言から、その後の流れはわかっている。

真夜中になって儀式が始まった。笛と鐘、軟玉によって楽の音が響き始める。儀式の責任者の指示により進行役が夜の闇に向かってしわがれた声をあげ、儀式の始まりを告げる。まずは天を崇める。

供物を焼く炉の炎が青白い大理石の段上に光を投げかけ、巨大な三層の祭壇(8)に集まった官僚たちの青い衣の金糸をきらめかせている。

音楽が始まると、皇帝が二番目の層の、最上層へと続く階段の前で跪《ひざまず》く。最上層の中心部には円形の石があり、世界軸を象徴する。最高の「陽」であり、世界の中心である。皇帝は北を向き、最上層の北に置かれた天帝の位牌を崇める。そして中国の遠い昔の原始の王である五人の創始者たちに敬意を表する。

祭壇の下手の石畳では、赤い装束を身につけた宮廷の楽師たちが管楽器で厳かな曲を奏で、皇帝はその調べのなかで頭を下げ、ひれ伏す。これはなかなか骨の折れる務めだった。光緒帝の高祖父にあたる乾隆帝(9)は、晩年になると親王に代行させていたほどだ。儀式は落ち度なく完璧に行うことが肝要だとし、最後はこう言って身を引いた。「あのように昇り降りし、ひれ伏し、頭を下げるのは難儀である。朕の齢ですべきことではない」

光緒帝はつぎに、位牌の前に青い翡翠の笏《しゃく》を置き、天帝の位牌に食べ物と神酒を供える。そして三《さん》跪九叩頭《ききゅうこうとう》と呼ばれる、一度跪いて三度額を地面につける動作を三回繰り返し、最高級の絹織物一二反を捧げる。続いて焼かれた生贄が供えられる。「単色で非の打ちどころがない」去勢牛を清めて処理し、炉で焼いたものだ。従者の長が号令をかけ、皇帝と宮廷の役人たちはいま一度額を地面につけてひれ伏し、神格化された自然の力に祈りの言葉を捧げた。すると楽の音がやみ、あたりは静まり返り、皇帝がこう述べた。

輝かしき王朝、大清帝国の皇帝がこの宣言をもって、太陽と月と五星の聖霊、十二辰《じゅうにしん》および天のすべての星、風師、雨師、偉大な聖なる五岳の神霊、四海と四つの大河の神霊に申し上げる。地上における務めを与えられた聖霊よ。天のもとに存在する天上界のすべての神霊たち、本年を取り仕切る神霊たちよ……我々のために最大限の霊的力を用い、天の主たる上帝に我々のささやかな願いを伝えたまえ。上帝が寛大にも我々を受け入れ、関心をお向けくださり、我らが捧げ奉るものをお喜びくださるよう、祈りたまえ……

この美しくも古めかしい儀式や文言、火を通した捧げもの、牛の生贄の起源は、三〇〇〇年以上前の甲骨占いの記録にまでさかのぼることができる(10)。壮麗な式典のすべてが、中国の人と天と宇宙と地球をめぐる伝統的な関係性を表現するように設計されていた。太陽がもっとも弱く、天候がもっとも厳しく、生命が寒さで凍りつくとき、人は再生や豊作、肥沃な土壌を祈願せずにはいられない。中国では有史以来、こうした根源的な考えは、王朝の吉兆と結びつけられてきた。これは中国式の先祖への報告であり、いわば一般教書演説のようなものだった。また、儀式が庶民の目を遠ざけた排他的な性質であることからもわかるように、儀式の根幹には、支配者と民衆の差別化があった。支配者たる聖人が、民衆の暮らしを司り、彼らのために宇宙の力との関係を仲立ちするのだ。

そして儀式には、さらに大きな真理が組み込まれており、それは中国文明の信念のまさに核心に迫るものだった。皇帝は天、道、王など、特定の言葉を用いることで中国の思想を体現していた。その思想は、紀元前四〇〇〇年から受け継がれ、西洋の近代思想が急激に流入した当時でさえ、根強く残っていた。天を人間界の事象を監督する最高神とするだけでなく、宇宙の究極の実在として、つまり宇宙の公平な法則としてとらえる古くからの概念だ。「道」には宇宙の均衡を保つ究極の原理があり、それを理解して従うことが選ばれし賢者たちの義務だった。こうした思想を一身に象徴するのが君主という存在だ。政《まつりごと》の最高指導者にして知恵の体現者であり、その存在がなければ社会は崩壊してしまう。今そのすべてが、この弱々しく、頼りなさそうな人物に託されていた。

皇帝はふたたび三跪九叩頭を行うと、炉へ向かう。そこですべての捧げものと儀式に用いた札、絹の掛け軸、祈りの言葉を書いた紙を丁重にくべる。「我々の心からの祈りとともに、それらが炎の勢いにのって遠い紺碧の空へと舞いあがるように」という願いからだ。繁栄と安定を意味する「熙平の章」が奏でられ、皇帝は捧げた祈りのための品々が反り返り、燃え尽きるのを無言で見守った。それからようやく、その場をあとにした。

ときおり雪が舞うなか、炉の残り火が消えたころ、暗いヒノキの林の背後で地平線が白みはじめた。皇帝は御車に乗り、紫禁城へと戻り、門が閉ざされると同時にふたたび幽閉の身となった。天は確かに耳を傾けた。だが翌日以降も、地方では反乱の勢いが増し、北京の公使館区域の欧州人たちは不安なクリスマスを過ごした。一八九九年の最後の数日は、キリスト教に改宗した中国人が殺害され、教会が襲撃されたという知らせが届き、義和団は首都へ向かって移動を始めた。一二月三一日、山東省の義和団員らは、英国国教会の宣教師シドニー・ブルックス牧師を捕らえ、木製の首枷をはめてさらし者にし、そのあとで首をはねた。牧師は義和団の乱の最初の外国人犠牲者となった。

数日後、西太后は朝廷内の保守派に押し切られ、義和団に対する見方を変え、義和団と彼らが掲げる「扶清滅洋」のスローガンを支持するに等しい布告を発した。[11] すると北京と天津の郊外では、義和団が線路を引きはがし、電線を切断し、外国人の住居に火を放つようになった。パニックに陥った外国人たちは、「空腹と不満と絶望を抱えた失業者たちがあふれている」地方のようすを手紙に記している。[12] 春になると、列国の海軍司令官らが手を組んで中国沿岸の要塞を攻撃し始め、ヨーロッパ各国は緊急の援軍要請を受けた。六月二一日、西太后はついに八カ国に宣戦布告し、北京を逃れた。これに伴い、公使館区域は義和団によって五五日間包囲され、欧米の報道機関は、ヨーロッパの勇敢さと、「未開の東洋人」による「文明世界」への無分別な蛮行についてさかんに報じた。

西洋の暦でいうところの新たな世紀はこうして幕を開け、その時点では、中国は世界のほかの地域と同じく外国によって分割され、寸断されるものと思われた。あるいは、一〇世紀の五代十国時代や、モンゴル人が支配した元朝末期のように、地域国家へと分裂するのか。一九〇〇年八月、八カ国連合軍は北京を占拠し、聖なる区域である天壇はアメリカの部隊に占領され、連合軍の臨時基地となった。天壇の敷地と偉大な祭壇は冒瀆され、建物は損傷し、庭園は踏みにじられ、木々は切り倒されて薪と化した。倉庫に保管されていた儀式の道具は略奪され、楽器は破壊された。

つまり、冬至の儀式は一八九九年が最後になった。清が滅亡したのちの一九一四年には、軍人の袁《えん》世凱《せいがい》が大総統を名乗る自身の立場を強化することを狙い、残されたものをかき集めて儀式を復活させようとした。だが、「映写機の力を借りても」神霊を呼び出すことはできず、その時点で一連の行為はただの仮装パフォーマンスと化していた。あまりにも唐突に、古くから受け継がれてきた行為や言葉や音楽の意味が失われたのである。

この時期以降、中国はつぎつぎと波乱に見舞われる。一九一一年には革命が起き、二〇〇〇年以上続いた君主制に終止符が打たれ、共和制国家が誕生する。だが、その短い歴史に平穏な時期はなかった。農民の反乱、日本の侵略、内戦、共産主義革命など、二〇世紀は中国にとってトラウマの世紀となり、その後も大飢饉による甚大な被害や、一九六〇年代の文化大革命を経験した。現代において、これほど多くの苦難を切り抜けた国はほかにない。

こうした出来事はすべて、第一次アヘン戦争から二世紀近くにおよぶ変革の一環であり、今日の中国はそのなかから誕生した。だがそれらは、中国の歴史をとおして繰り返されてきた暴力的破壊の新たな例にすぎない。青銅器時代以来、中国の物語はあまたの王朝の盛衰の物語だった。単一の統一国家という理念がつねに追求され、それを支持する古代の政治権力のモデルは現在にいたるまで根強く残っている。賢明な皇帝が大臣と学者とともに中央集権化された官僚組織を率いるという理想は、本書でも明らかになるように、帝国の終焉後も中国文化の精神に受け継がれている。

共産主義革命直後、中国文明の精神的な象徴だった圜丘壇は、しばらく市のごみ捨て場となり、神秘的な力の最後の一滴が搾り取られた。あるいはそう思われた。現在、この祭壇は史跡として修復され、ふたたびヒノキの林に囲まれ、天を仰いでいる。一八九九年に行われた儀式は、およそ二一〇〇年間続いた中華帝国の終焉が間近に迫っていたことを思うと、今では寓話のように思われる。それ以前のあらゆる出来事と、その後に生じる問題を浮き彫りにする行事だったのである。世界最大の人口を擁する偉大な古代文明が、トラウマを残すほど唐突で大規模な暴力の発作によって破綻するとき、何が起きるのか？　近代化はいかに進めるべきなのか？　そもそも、近代化とは何を意味するのか？　これほど強烈で壮大な変化のサイクルは史上類をみない。そして二一世紀となった現在において、この驚くべき物語についてふたたび語るとき、こんな疑問も浮上するかもしれない。中国文明の原動力となる思想はどのようなもので、今日の中国は自らの過去とどのような関係があるのか？　過去は現在の中国に依然として影響を及ぼしているのか？　そうであるなら、その歴史は地球の運命を左右するほど重要な、今後数十年の中国の未来をどう形づくるのか？　そして中国は、実際にそれほど中心的な役割を果たすことになるのだろうか？

第1章　起源

中国の歴史[1]を知るうえで、まず把握すべきは地理である。現在、中国は広大な国土を有し、西は新《しん》疆《きょう》の砂漠地帯とチベット高原、南はミャンマーからベトナムにかけての山岳地帯、北は満洲の荒涼とした大平原と鴨緑江《おうりょくこう》が国境を成している。新疆西端のカシュガル市から首都までの陸路は四〇〇〇キロにおよぶ。北部は一年のほとんどが寒く、曇りの日が多いが、南部は亜熱帯だ。北部では小麦やキビが、南部では米が栽培されている。紀元前八〇〇〇年にさかのぼる南部の遺跡からは、世界最古の米が見つかっている。中国のこれら二つの広大な地域は自然環境と気候が根本的に異なり、何千年ものあいだ、そして現在に至るまで、独自の民族と言語、文化が息づいている。

中国の国土は広大だが、歴史の中心部は黄海から二つの大河の源流のある青海省とチベットの高原にかけてとはるかに小さい。北の黄河では古代王朝が発展し、南の長江流域はやがて人口と富と文化の一大中心地となる。西洋のローマ時代にあたる漢代には、中国は国家として初めて中央アジアのオアシスまで支配を広げ、七世紀には唐が現在の新疆をふたたび直接支配した時代もあった。それでも、歴史のほとんどの期間、二つの大河が流れる中心部が中国だった。今日のはるかに広大な中華人民共和国のかたちは、ようやく一八世紀になってから、満洲人による巨大な多民族帝国によって定められた。清王朝がモンゴルと新疆、チベットの保護国へと支配を広げたときのことである。

現在では、その中心部を北から南まで、一日もかからずに鉄道で移動できる。数多くの目覚ましいインフラ整備の一環として交通が変貌しつつあり、高速鉄道なら北京から広州までの二三〇〇キロをわずか八時間から九時間で移動できる。普通列車でのもっとゆっくりとした旅でも、二四時間もあれば黄河流域の平原を縦断し、「長江の南岸地域」を意味する「江南」までたどり着くには十分だ。江南は中国の詩人たちが豊かさを思い描いた土地である。北から南への旅は空間だけでなく、時を移動する旅でもあり、車窓の外には、より深い歴史のパターン、すなわち地形や文明の古い輪郭が広がっている。

黄河流域の初期の文明は、海の近くではなく、黄河が流れ出す山脈に近い中央部の平原に存在した。下流域は小川や細流、低湿地、大きな湖など変化に富む平地であり、青銅器時代には多くの野生動物が生息していた。この地域が農地として干拓されたのは紀元前のもっとあとの時代だ。つまり、文明の最初の中心地は内陸部だった。初期の中国文化の風景に海はなかった。

青海高原から流れ出す黄河は、北に向かって大きく弧を描いてモンゴルに至り、オルドスの乾燥した「黄土」の地を横断する。風に巻き上げられた沈泥が堆積した黄土は、ちょうどサハラ砂漠が地中海の気候に影響しているように、中国の気候に影響を与えている。その後、黄河は南に急激に進路を変える。山々から流れ込む水はときに制御不能なほど猛烈な勢いで南下し、支流の渭《い》水《すい》と合流して平原へと至る。そこから先は「中原《ちゅうげん》」と呼ばれる地帯となり、黄河は有史以来、この流域で少なくとも三〇回は進路を変え、一〇〇〇回以上の激しい洪水を引き起こして土手を決壊させてきた。黄海に注ぐ河口は五〇〇キロも移動し、信じがたいことに、山東半島の北になることもあれば、南になることもあった。

そのため、黄河は中国の物語ではつねに予測不能で、しばしば恐怖をもたらす存在であり、生命を育むエジプトのナイル川のありがたい洪水とは対照的だ。ナイル川の増水は正確に予測され、毎年八月一五日に祝われていた。また、メソポタミアのティグリス川は二〇世紀になるまで、夏の増水は礼拝と食べ物の供え物によって歓迎され、それはイスラム教徒の家庭でさえ例外ではなかった。宗教儀式の中心という点では黄河も同じだった。青銅器時代から、「高祖の河」である「黄河の威力」(2)に対して、儀式と生贄が捧げられていた。ただし、それは恐怖心から行われたことであり、なだめすかすことが目的で、歓迎していたわけではなかった。不安な王とその占い師は、甲骨(3)に刻んだ文のなかで、「今季は洪水はないか?」(4)と問いかけている。河の神を崇拝する痕跡は今日に至るまで残っている。一例は陝西《せんせい》省合陽県の岔峪村という村だ。『史紀』を著した司馬遷の故郷に隣接するこの古い村では、現在でも毎年、太陰暦で六月一五日にあたる晩夏に、増水に向けた儀式が行われている。男性は銅鑼《どら》を鳴らして太鼓を叩き、頭に虎の被り物をつけて踊り、女性は河の神に捧げる大きな蒸しパンと手の込んだ供え物をつくる。夕暮れには、だんだんと暗くなる河の湿地に、炎が揺らめく灯籠を流す。現在、こうした儀式は中国を訪れる観光客を楽しませているが、かつては農民や船頭たちが、しばしば破壊的な威力を見せつける洪水によって命や暮らしが奪われないようにと願いを込めて捧げた「安全祈願」だった。しかも、「年寄りたちも誰一人として思い出せないほど、はるか昔から」行われてきたという。

黄河の洪水はときにあまりに激しく、中国の歴史の行方をも左右してきた。あとで触れるように(上巻二二六―二三二頁)、一〇四八年には、大規模な氾濫(5)によって平原北部の地形が様変わりした。また、一〇九九年から一一〇二年にかけての大災害では、「死体が谷を埋め尽くし、その数は数百万にのぼった」と現地の行政官は驚愕し、「一〇〇〇里以上の範囲で人々が住む気配がなくなった」としている。一三三二年の洪水では七〇〇万人が亡くなり、モンゴル王朝の滅亡を加速させる混乱を引き起こした。一八八七年には二〇〇万人が亡くなり、一九三一年にはそれ以上の犠牲者があったようだ。二〇世紀の半ばになるまで、黄河は予測不能な破壊的存在であり続け、至る所に被害の爪痕を残していた。鄭州《ていしゅう》周辺地域では、かつての流路の痕跡があちらこちらにあり、主流の河床はいまだに幅五キロにおよぶが、現在はモンスーンの時期でも、水量は一九四〇年以前のわずか一〇分の一ほどにすぎないようだ。それどころか、この四〇年間で、鄭州より下流では河が干上がる年が多くなっている。青銅器時代以来、治水は統治の中心を占め、それは現在も変わらないが、現代の問題は制御不能な増水ではなく、水不足である。

このように、中国の古代文明が中流域の平原の河岸で発展したということは、自然災害によって社会が崩壊する恐れがいつもあったことを意味し、灌漑《かんがい》を管理できるのは強力な国家だけだった。そのため、国の起源にまつわる中国最初期の神話は、治水をめぐる出来事に集中している。「洪水を手なずけた」とされる伝説上の帝、大禹《たいう》に注目した物語だ。後述するように、こうした伝説は青銅器時代の後期、まだ文字が普及していない紀元前一二〇〇年以前に口頭で伝えられたものと思われる。これほどまでに中国の文化的記憶は強固であり、その記憶は紀元前三〇〇〇年の龍山文化にまでさかのぼる。二一世紀になってからの考古学上の目覚ましい発見により、これらの神話が、今も風景に刻まれている出来事を伝えていることがわかってきた。そしてまた、自然環境が政治的権力のありように及ぼした影響についても解明が進んできた。労働を組織化し、水を食い止める溝を掘り、灌漑を管理し、空を見上げて気象のパターンを予測し、偉大な先祖に承認を求める王たちの能力は何よりも重要だった。これは一九一一年に帝国が終焉するまで、さらにはそれ以降も変わらぬ事実となる。

中国文明の起源

先史時代の中国には、各地域に特有の文化が数多く存在したが、もっとも重要な文化が育まれたのは、河南省の広大な小麦畑においてだった。のちの「中央の王国《ミドルキングダム》」の中央平原、いわゆる「中原」と呼ばれる地域である。「中国《チョングウオ》」(6)という名の最古の記録は、紀元前一〇〇〇年頃に西周〔訳注：周が紀元前七七〇年に都を鎬京《こうけい》から東の洛邑《らくゆう》に移すまでを西周、それ以降を東周という〕によって残されたもので、この中央部を指していた。それが国全体を意味し、やがて中国を中心とした世界をも意味するようになるはるか以前のことだ。じつのところ、後述するように、もともとはある特定の場所を指していた可能性もある。中国には多くの文化と多くの物語があるが、そのなかでもとくに重要な物語があり、それはまさにここで誕生した。本格的に構築され、はるか昔から歴史家たちによって伝えられてきた中国史は、この地において本当に産声を上げたのだ。

現在、人口一〇〇〇万人以上を抱える巨大都市へと変貌しつつある鄭州は、黄河南岸に位置し、大気汚染による茶色いもやに覆われている。林立する未入居の高層ビルのあいだには巨大な立体交差から延びる高速道路が走り、隣接するハイテク産業開発区には電気製品や自動車の工場、そして世界最大のスマートフォンの製造拠点を擁する「アイフォーン・シティ」がある。さらにその先では製鋼所や鉱山が煤煙を上げている。だが、市街地の高速道路のそばには、土を押し固めた長く巨大な城壁があり、この都市が三五〇〇年前の商の時代に、中国の青銅器時代の首都としての役割を果たしていたことを偲ばせる。鄭州は現在、歴史と考古学の観点から、中国最古の歴史ある都として観光客を集めている。周辺の「中原都市群」に含まれる八つの史跡から成る「古都群」の中心であり、国家の物語は、はるか昔の先史時代までさかのぼることができる。

その遠い過去に触れるには、通常の観光ルートから逸れなくてはならない。近郊の高速道路を一時間ほど走ると、世界は一変する。黄色い畑のあいだを、まっすぐな田舎道が遠くまで延び、半マイルごとに村が現れる。一九八〇年代になっても、このような村は土塀に囲まれていることが多く、なかには瓦屋根と泥レンガの共同住宅があり、大家族が暮らしていた。今日でも、輝くサイロや貯水槽、倉庫などの現代的な農業設備が整った風景のなかに氏族ごとの村があり、人々が村の狭い農地に手で種をまく姿が見られる。昔ながらのやり方で、収穫を二週間後に控えた小麦の列のあいだにトウモロコシの種をまく。そうすると、種は収穫まで根を成長させることができ、しかも芽は小さいので小麦と一緒に鎌で刈り取られずにすむ。畑の端には長い竹の旗竿が伸びる古い社がある。今でも縁起を大切にする世界だ。とくに年長の中国人は古い世界を覚えている。一九四九年の革命と、一九六〇年代から一九七〇年代初頭にかけての文化大革命という短いながらも暴力に満ちた破綻の時期より前の記憶が心に刻まれているのだ。

　中原を二〇〇キロほど南下した周口市淮陽《わいよう》区の湖には、祭り[7]に合わせて大勢の人々が集まる。中国の原初の神、伏羲《ふくぎ》と女媧《じょか》を祀る湖畔の陵廟に、河南省の田舎からおびただしい数の素朴な農民たちが詰めかける。今日では観光客が各地で目にするように、こうした土地ならではの信仰は、中国で宗教が急激に復活している状況の一例だ。現在中国では、三億から四億人が仏教、キリスト教、イスラム教の三大宗教のいずれかを積極的に信仰し、それを上回る人々が道教をはじめとする民間信仰の信者であると考えられている。ここは最古の信仰の地のひとつであり、春秋時代（前七七〇年から前四〇三年頃）にはすでに重要な場所になっていた。中心となる神の伏羲は男神だが、二〇〇〇年以上ものあいだ、古代から神話に登場する女神、女媧と結びつけられてきた。一〇〇〇年前の宋の時代に、彼らを祀る陵廟は朝廷の儀式が行われる場所となり、現在の建物は明の時代に改修され、二〇世紀初頭に帝国が幕を閉じるまで儀式が続いていた。歴代の皇帝たちは、ここで自分たちの先祖だけでなく、黄帝《こうてい》をはじめとする五帝や神農《しんのう》など、中国の神話上の王や文化英雄についても崇めた。神農は人々に農耕を教えた「最初の農耕者」とされ、民間信仰では今でも神として敬われている。また、ここは伝説上の帝、大禹の聖地でもある。大禹は放水路をつくって黄河の治水に初めて成功し、中国最古の国家の礎を築いたと言われている。だが、そのすべての背後に存在するのが、人間を創造した伏羲と女媧である。

　ここでは、民間信仰は周辺地域の人々のあいだで一九五〇年代まで受け継がれていた。当時はまだ縁日が一大行事で、露店が並び、歌や踊りを楽しみ、太陰暦の二月には春の到来を祝っていた。その後、文化大革命のあいだは、こうした縁日は中止され、寺院も閉鎖された。崇拝対象としての像は破壊され、建物は取り壊されるか、作業場や工場に転用された。ところが一九八二年になると、憲法の改正によって信仰の自由が認められ、八〇年代にはその後も鄧小平の「改革開放」政策のもと、地方経済を促進する狙いもあり、世俗的な市《いち》も改めて認められるようになった。この復活は当初、民衆による強い自発性によって実現され、市はふたたび大衆のパフォーマンスや歌や踊りが披露される場になった。語り部に曲芸師、奇術師が集まり、工芸品が並び、音楽が流れ、賭博やゲーム、占いも行われた。すぐに民間宗教も復活し、寺院はふたたび神聖な存在となり、祭壇や偶像も復元された。政府は毛沢東による「四旧《しきゅう》」（旧思想・旧文化・旧風俗・旧習慣）に対する破滅的な攻撃を緩和する方針を取ったが、こうした大衆による大規模な市は、政府が想定した許容範囲をさらに押し広げるものとなった。

今日、「農民の祭り」は、河南省のこの辺りで最大級の行事になっている。町には参拝者用の豪華な新しいホテルが建ち、その宮殿のような吹き抜けは、神々や神話を描いた壁画で装飾されている。大理石のロビーに設けられたフロントでは、バスツアーの観光客が到着すると「ウェルカムパック」が配られる。地図にバッジ、フォルダー、儀式に参加するときの注意事項が書かれたメモが入った袋だ。これは中国人が自分たちのルーツを再発見し、伝統的な風習を取り戻そうとしている姿にほかならない。湖畔の寺院は長方形の広大な敷地にあり、中央には原初の神と女神、伏羲と女媧を祀る聖堂がある。伏羲は人類が生まれたばかりで原始的だったときに「人間らしい法を定めた」古代の強大な神だ。その頃は、漢の時代の『白虎通義』(8)という書にあるように、「道徳も社会秩序も存在しなかった」。彼は中国の文化「華夏」の伝説上の始祖の中でも代表的な神だ。漢の石碑には、人間の顔に蛇の体をした伏羲と女媧が、長い尾を互いに絡ませている姿が刻まれている。本堂の裏手には伏羲の埋葬塚とされる伝説上の史跡がある。「廟会《びょうえ》」と呼ばれる縁日の期間には、熱狂した大勢の善良な参拝者が彼に敬意を払い、腕に抱えた線香を大きな炎に投げ入れる。

だが、巡礼者にとっていちばん大切な儀式は、結婚と出産、慶事に影響をもたらす女媧に祈りを捧げることだ。女媧を祀った廟にある女神の偶像は、壊れた天の柱の修復に使う大きな石を手にし、もう一方の腕には赤ん坊を抱いている。これは彼女が自分の血を黄河の黄土にまぜてつくった最初の人間だ。聖廟の前には、子宝を願う女性たちが触れる聖なる石がある。世界各地で見られる神話の根本的なモチーフだ。[9]

参拝者のなかのいくつかの女性グループは、三〇キロほど離れた女媧のふるさとから来ていた。[10] そこに新たに再建された女媧の廟には、祭りの時期になると一日に一〇万人もの参拝者が詰めかけ、田舎の道が群衆と、リボンで飾りつけたトラクターでいっぱいになる。巡礼者たちによると、もともとは女性の村だったという場所では、女媧の祭礼が開かれる。そこでは、熱狂的な信奉者たちが恍惚状態で踊るようすが見られる。女媧が信奉者たちの魂に乗り移り、「天と地と女神とその娘たち」の歌を歌い、彼女に代わって言葉を発して考えを伝える――「踊りながら涙を流し、笑い声を上げて叫び、激しく体を動かす状態が何時間も続くことがある」。周口市においても、地域ごとにあつらえた色とりどりの衣装に身を包み、笛と太鼓に合わせて踊る女性グループは一目置かれている。とくに敬われているのは黒い上着をまとい、花籠を下げた棒を肩に担いで歌い、踊る年配の女性たちだ。彼女らによると、踊りは女性の先祖が女媧自身から直接教わり、女性だけに伝わり、女性だけが踊るものだという。「蛇の脱皮」という別の踊りは、女媧の象徴に敬意を表したしなやかな動きが特徴的だ。象徴としての蛇は、古代インドの宗教に登場する蛇の女神に通じるところがある（ひょっとすると、どこかで女媧の遠い起源になっているのだろうか？）。

女性たちの心に沁みる創造の歌は、古代ギリシアの宇宙の創世神話と不思議なほど似ている。

世界が始まり、すべてが混沌状態にあったときを思い起こせ
天はなく、地もなく、人間もいなかった
やがて天の神が太陽と月と星を創造し
地の神が穀物と草を創造し
そして天と地が分かれると、混沌は収まった
それから兄と妹が現れた
伏羲と女媧、人の祖先が……
彼らは何百人もの子どもたちを誕生させ
それが私たちの起源になり――数百の姓となり――
世界の人々となった
つまり、世界の人々はちがって見えるかもしれないが
私たちはひとつの家族である

湖畔周辺の街路では、巡礼者たちが、線香の灰で調理した肉団子や卵を売る屋台や露店に群がっている。治癒力があると信じられている神聖な食べ物だ。彼らは故郷の村の土を小さな袋に詰めて持参し、それを伏羲の埋葬塚にまき、代わりに故郷を祝福するための土を少しだけ持ち帰る。土産物店では、釉薬をかけた陶器製の神々の像とともに、籠に入った小さな粘土細工の犬や鶏が売られている。黒と赤、黄色で色づけられたこれらの動物は、女媧が人間をつくったあとに、残った土でそれらをつくった逸話にちなんでいる。そして女神自身については、「私たちの母だ」と先ほどの女性たちは言う。「私たち漢民族は、みんな同じ家族なのだから、ここは中国人の先祖の土地なのです」

今日の中国では、多くの観点から歴史が見直されている。共産党は「中国の夢」という「輝かし

い」歴史観を提示し、それは教育課程に「国学」として浸透している。田舎では、長きにわたり深く根を下ろし、受け継がれてきた文化を人々が守り続けている。この地の陵廟と似たような建造物は中国各地で復元されつつあり、そこで行われる儀式も年配者たちによって再現されている。彼らにとって、毛沢東思想に支配された三〇年間は、所詮、中国史のほんのひとときにすぎなかったのだ。

こうした祭りは、表面的には、観光局が音頭を取る見世物に見えるかもしれない。周口市のウェブサイトでは、この地の巡礼を「文化的アイデンティティと国家の結束」という枠組みで解説している。近年、中国政府がしきりに強調していることだ。そして、現在のエリート層を対象として、一九一一年以前の儀式の手引きに記された習わしに沿って、新たな儀式が提案されている。地域の有力者たちが、日が暮れてから仲間内で行う儀式だ。祈りを取り仕切るリーダーが、黄色い絹の布を首にかけ、それぞれ揺らめく灯火を手にして整列した参列者たちに動作を指示する。一方、一般の人々の儀式はまたちがう。年長者たちの記憶によって受け継がれ、昔とほとんど変わらないようすをとどめている。人々は、最初は中華民国によって、つぎに毛沢東によって宗教が軽んじられ、廃止されたときにぽっかりとあいた空白を埋めようとしている。物質主義一辺倒の世の中で、暮らしに精神的な要素を吹き込もうとしているのだ。過去八〇年にわたるさまざまな衝撃と大変革を経て、かつての物語や神話、「古い思想や伝統、信仰」がふたたび文化の一部になっている。断絶がトラウマになっているため、以前と完全に同じではないのは確かだ。それでも、息を吹き返したことに変わりなく、しかも進化している。新しくはあるが、やはり昔と同じものだ。もしかすると、二〇世紀における伝統的な中国文化の復活を象徴するものなのかもしれない。

先史時代、現在の中国に相当する地域には多くの異なる文化と言語が存在し、また、南北では民族と言語について本質的な相違があった。だが、そのような相違を超えたところで深く共有され、受け継がれてきた考え方がある——先祖と家父長制、礼節と服従、個人より共同体を重んじる姿勢、一族、吉兆。記録をさかのぼれば、これらが太古の昔に生まれたことは明らかだ。では、中国はヨーロッパと異なり、単一の文明という感覚をどのように発達させたのだろう？ ひとつの「漢文化」、ひとつの「漢語」、ひとつの「漢字」はどのようにして発達したのか？ そして中国は、長年のトラウマを残すほどの断絶の期間を通じ、統一が永遠に失われたかのように思われた時期でさえ、どうやってその感覚を保ったのか？ 中国のアイデンティティの根底にあるこのプロセスは、紀元前二二一年に秦の始皇帝がいくつもの小国家を統一し、ひとつの国家を建国したときに端を発すると言えるだろう。現在では、始皇帝といえば、西安郊外の兵馬俑《へいばよう》によって守られた巨大な墓が世界的に知られている。だが始皇帝以前にも長い歴史がある。その概要については、清の歴史家で地理学者の顧祖禹《こそう》[11]（一六三一年－一六九二年）が、古代中国の地名について文献学的に分析を行った固有名詞学研究の傑作『読《どく》史《し》方輿《ほうよ》紀要《きよう》』にまとめている。彼はこのプロセスを、国同士が何世紀にもわたって征服と併合を繰り返してきた、組織化された継続的戦いの産物とみなしている。彼の記述に西暦を補うと、彼が示す中国の歴史像はつぎのようになる。

> まず、禹王の時代、つまり最古の王朝である夏《か》王朝が開かれたとき［前一九〇〇年頃］には、一万の小国があった。商王朝の成立時［前一五五三年頃］には三〇〇〇、滅亡時［前一〇四五年頃］には依然として一〇〇〇以上が存在した。しかし、春秋時代の終わり［前四〇三年頃］には、封建諸侯が支配する国は一〇〇をわずかに上回るばかりとなり、そのなかでも有力な国は一四にすぎなかった。そして秦の始皇帝のもとで［前二二一年］ひとつになったのである。

もちろん、顧祖禹がこれを書いたのは現代の考古学と新たに発見された文献によって、中国の物語に関する知識が大きく塗り替えられる前のことだ。しかし彼は、新石器時代から始皇帝の時代にかけて富や技術、文字、強制力が有力な一族の手中へと徐々に集約され、中国社会が発達する過程を想像するのに役立つモデルを提示している。現代の考古学は、紀元前三〇〇〇年頃、中国中央部の河の流域に、実際に何千という村と、何十という「国」が点在し、練り土の塀に囲まれた長方形の町が存在したことを明らかにしている。そしてその頃に、私たちの物語は幕を開ける。

先史時代——文明の幕開け

ホモ・サピエンスが東アジアに初めて進出して以来、中国には人類が存在した。だが中国で村が誕生し、組織化された社会が発達したのは、もっとあとになってからのことだ。エジプトやメソポタミアなど、西の古代世界の文明においては、早くも紀元前四〇〇〇年には巨大な建造物や文字、都市が存在し、繁栄していた。インド亜大陸でも、インダス川流域には、紀元前三〇〇〇年の時点で巨大な都市があった。その起源は、紀元前七〇〇〇年という大昔にパキスタン南西部のバロチスタンに存在した、塀をめぐらせた集落にまでさかのぼる。これら三つの古代文明が人口の急増に伴って成長したのは、大規模な灌漑によるところが大きい。灌漑によって人類史上初めて、数千人分の食糧を確保し、さらには余剰を生むことが可能になったのだ。西アジアでは、これは紀元前三〇〇〇年より前に起きていた。古代メソポタミアの「シュメール王名表」によると、「王権が天から初めて降りてきた時期」のことである。

最近では、「文明」という言葉は問題をはらんでいる。その言葉の「高度な文化」という含みが、人間社会の形態に優劣があることを示唆するからだ。それでも、人類学者や考古学者が定義する「文明」の一般的指標を頭に入れておく価値はある。専門家にとって、それは都市や青銅技術、文字体系、大規模な儀式用の建造物や神殿、芸術というにふさわしい創造性、何らかの法体系によって認められ、武装した支配層が行使する強制力によってまとまりを有する社会的ヒエラルキーを意味する。

これらは、世界のほとんどすべての古代文明に共通する。例外は、文字体系を持たないインカ文明くらいだ。ただし、これらは目に見える指標であり、ある文化の基本的価値の多様な起源のすべてを明らかにするものではない。先史時代の中国では、人々が定住する過程は一様ではなく、西アジアやナイル川流域と比べると人口集団ははるかにまばらだった。そのため、物質的、文化的な意味での文明は発達が遅れたのである。村が出現したのは紀元前四〇〇〇年頃、仰韶《ぎょうしょう》文化の名で知られる文化が生まれた時代だ。そして紀元前三〇〇〇年以降の龍山文化の時代になると、人口が急増し、小さな集落がつぎつぎと誕生した。[12] その多くは黄河流域の平原の西に位置する高地にあり、なかには塀をめぐらせた、地方勢力の拠点と思われる集落もある。紀元前二三〇〇年頃には、防壁に囲まれた大規模な集落が出現した。とくに興味深いのは、オルドス砂漠の端を流れる黄河の支流近くで新たに発見され、現在発掘が進められている新石器時代後期の石峁《シーマオ》遺跡だ。[13] この壮大な遺跡が位置するのは、生態学的にも、文化的にも、中国と内陸アジアの境界にあたる。

　石峁は、この時期の中国最大の要塞都市だ。一九二〇年代から三〇年代には、先史時代にさかのぼる細工を施した希少な翡翠が出土することで知られるようになっていたが（なかには西洋の収集家の手に渡ったものもある）、最近までこの時期の遺跡とは認識されていなかった。浸食され、崩れかけた石段が、この付近に延びる万里の長城の初期の構造物だと思われていたからだ。内モンゴルとの境界のすぐ南の、禿尾《とくび》河を見渡す黄土の丘に築かれた遺跡には、三つの囲いがある。見張り台と門を備えた外側の城壁は周囲が五キロほどになり、内側の城壁には複雑なやぐら門があった。遺跡にそびえているのは、人為的につくられた一一の段に囲まれたピラミッド状の丘だ。遠くから眺めると、ギリシアのキクラデス諸島の段々畑を思い起こさせる。遺跡内の石積みの擁壁では、石と石のあいだに翡翠の彫刻が差し込まれ、重要な地点には生贄にされた人々の頭蓋骨が埋められていた。おそらく、壁に聖なる力を吹き込む目的だったのだろう。石垣の表面には顔や目のシンボルが生き生きと彫刻されたブロックがはめ込まれており、のちのチベットやネパールにみられる仏塔の装飾にどこか通じるものがある。石の控え壁によって強化された丘の頂は練り土で平らにならされ、木柱が立っていた形跡が残っている。もしかすると、宮殿のような建物を支えていたのかもしれない。紀元前二三〇〇年頃に大々的に建設され、高さ七〇メートルを超えるこの内陸部の要塞は、禿尾河流域に暮らす周辺の農民のあいだでは、現在でも「王家の都市」の名で知られている。遺跡が廃墟となってから三五〇〇年以上のあいだ、語り継がれてきたのである。

発掘者たちがこの遺跡を「息をのむような壮大さ」と表現するように、古代中国の考古学においてこれほどの規模の遺跡はほかにない。当時、四〇〇万平方メートルの規模を誇った石峁は、政治的にも、経済的にも中国でもっとも重要な中心地であり、紀元前二〇〇〇年には最盛期を迎え、要塞は二番目の外壁まで拡張された。発掘者たちの推測では、その頃には、二四〇キロメートルほどの距離に広がる領土の中心として、三〇〇〇から四〇〇〇の小さな集落を支配していた。出土した金属や翡翠の加工品からすると、原料や宝石を扱う広大な交易網があったと考えられ、石峁もその一部だったのだろう。だが、根本的なところは謎である。中国の文明に関する従来の考えでは、最初の王朝が誕生したのは黄河流域の平原だが、石峁はそこから遠く離れている。つまり、二〇一四年に概要が暫定的に発表されたばかりのこの驚くべき遺跡は、中国文明は黄河周辺の中原からほかの地域に広まったという定説に疑問を投げかけている。新たな説は、従来の常識を覆す、驚きそのものだ。古代中国の最初の国家は平原ではなく、「未開の地」とみなされることの多い高地で誕生した可能性があるのだ。中国の青銅器時代の平原できわめて重要なものとなり、文化的象徴の核心を成すものの一部さえ、どうやら石峁で最初に見つかったようだ。なかでもとくに重要なのは玉璋《ぎょくしょう》である。これはのちに王の偉大な象徴となるものであり、ここ石峁で考案された可能性さえある。しかし、この未知の国家がどのようなもので、のちの「中国」とどのような関係があるのかは、まだ明らかになっていない。

陶寺の天文台——天の観測

したがって、中国における最初の文明は、黄河流域の平原とその周辺の先史時代の六つかそれ以上の文化との交流の産物だった可能性がある。その文明には、石峁の比類ない文化を創造した高地の「未開人」の存在があったのかもしれない。それでも、中国文明を形づくった思想と政治勢力の連鎖反応が起きたのは、紀元前二〇〇〇年以降の黄河流域の平原だった。中国史の物語はそこで築かれたのであり、その経緯を理解するには、山西省の陶寺[14]という村での二つめの大発見について知る必要がある。これは現時点で、中国考古学における今世紀最大の発見と言えるかもしれない。陶寺遺跡は、黄河から北に一六〇キロほど離れた、洛陽の北西にあたる平原のすぐ北の山麓に位置する。一九八〇年代から発掘が始まり、石峁が発見されるまで、確認されている中国先史時代の城壁都市としては最大の規模だった。自然に隆起した広大な敷地内には一段高くなった場所があり、黄河支流の汾河《ふんが》の下流が延びる緑の平原を一望できる。ここには紀元前二五〇〇年から紀元前一九〇〇年にかけて人々が居住し、最後は激しく破壊された。つまり、のちの文献により中国最古の王朝である夏王朝が成立したとされる時期に終焉したことになる。敷地には巨大な粘土の囲いに加えて外壁があり、総面積は二六〇万平方メートル以上だった。紀元前三〇〇〇年代の黄河流域の平原ではとびぬけて大きな町であることから、この地が王の統治による一大拠点だったとする説を退けるのは難しい。しかし、文字による記録がないため、今のところ統治者の名を特定するには至っていない。

陶寺の一連の建造物は、金属の加工品や工芸品などの証拠から、五〇〇年にわたって築かれたとみられる。発掘された墓からは一万体以上の人骨が見つかっている。また、考古学者たちは、社会的階層の存在を示す明らかな証拠を発見した。支配者層に限定された居住区または王宮が存在していたのだ。墓地には身分の高い人々が埋葬された区域があり、王家の墓だった可能性のある場所からは、彩色された木製の副葬品が見つかっている。ある墓は盗掘されていたが、翡翠の副葬品や彩色された陶器、漆器などが出土した。こうした品々から、発掘者たちは、富の九〇パーセント以上が人口の一〇パーセントに満たない支配者層に集中していたのではないかと考えている。

二〇〇四年、遺跡の中心部で重要な発見があり、歴史家と考古学者たちのあいだで大きな話題となった。小高くなった場所に、三段の階段がついていたか、またはそれ自体が三層になっていた、直径五〇メートルほどの円形の壇が見つかったのだ。隋の時代（六世紀）の西安の遺跡や、プロローグで登場した明の天壇《てんだん》など、のちの時代に築かれた吹きさらしの円形の壇とも似ている。円の南東には弧に沿って一三の柱が並び、中心の観察点に立って柱と柱の隙間から太陽を観測するようにできていた。ここで見つかった二メートルほどの赤く塗られた木柱は、夏至に影の長さを測るために使われていたようだ。考古学者たちは、この壇が太陽年の長さの確認のために利用されていたことを突き止めている。実験により、一三の頑丈な柱のあいだの観察用の一二の隙間は、特定の日に太陽が昇る地平線の決まった地点と一致するように設計されていた。そのようにして太陽月と太陽年のあいだに相関関係を確立し、年周期に一三番目の月をひとつ足し、太陰太陽暦がつくられたのだ。

考古学的に確認された天文観測所としては、陶寺はイギリスのストーンヘンジに次いで古い。冬至や夏至の儀式で観測のために使われていたのは確かだが、それが主な役割ではなかった。陶寺の祭壇は、史上初の「中国」の中心点とみなされていた。それは「中心の国」の原点だったのである。陶寺が破壊されたあと、この「世界の中心」という概念は、洛陽周辺の地域を引き継いだ勢力によって伝えられた。その後も歴史を通じて継承され、聖なる山、嵩山《すうざん》のふもとの登封《とうほう》市周辺の田舎では、今日でも語り継がれている。

漢の偉大な歴史家である司馬遷は、紀元前一〇〇年頃にこう書いている。「人間が存在するようになってからというもの、支配者たちは太陽、月、星、星座の動きを観察してきた」。今日の発見により、陶寺の聖職者が天体観測者にして天文学者であり、紀元前二一〇〇年という太古の昔から日の出や惑星を観察していたことが明らかになった。これまで多くの学者たちは、天命などの概念を含め、古代中国文明の重要な側面は、天文学的思想と結びついていたと論じてきた。特筆すべきは、五つの惑星が接近する五惑星会合をめぐる思想だ。古代の人々は、それが夏王朝に始まる初期の王朝の盛衰を予言するものだと信じていた。紀元前一九五三年二月に起きた五惑星会合は、この思想を裏づける証拠だったのかもしれない。

陶寺は王朝が誕生する以前の王国の中心であり、天を観察することによって決定的な発展を実現した。それはのちの世代に、二〇世紀に帝国が終焉するまで続いた中国文明の根本的な思想のひとつを伝えた。現に陶寺は、平陽の古代遺跡からわずか数キロの距離にある。平陽は神話上の都で、中国の創始者の一人と伝えられる堯帝《ぎょうてい》の故郷、有唐と同一視されることが多い。司馬遷の『史紀』のいわゆる「五帝本紀」など、のちの年代記に登場する断片的な物語では、堯帝が「天文を担当する役人たちに日の出と日の入り、星と惑星を観察させ、一年を三六六日とした太陽太陰暦をつくり、閏月を計算させた」としている。[15] 神話と考古学が一致するのは、控えめに言ってもひじょうに驚くべきことだ。

陶寺は紀元前一九〇〇年頃に破壊され、終盤は政変に彩られた。巨大な土壁は打ち壊され、王宮と儀式用の祭壇は一掃され、人々は虐殺された。王宮付近では五〇体の人骨が虐殺された状態で見つかり、王家の墓地に埋葬されていた遺体は掘り返された。また、観測所の丘の頂には、あたかも神聖な力を破壊するかのように大きな穴が掘られた。破壊はそれほどまでに徹底しており、考古学者たちは石峁の勢力によるものではないかと推測している。彼らが洛陽周辺の黄河流域に進出し、独自の儀式や工芸の伝統、そしてその後の中国で政治的、宗教的権威の主たる象徴となるきわめて重要な玉璋をもたらしたとみているのだ。

こうした出来事が起きた紀元前一九〇〇年頃は、歴史家が夏と呼ぶ中国最古の王朝が誕生したと伝えられる時期と一致する。ただし、詳細を理解するのに役立つような文字による史料はなく、夏の存在そのものを疑う学者も依然として多い。とはいえ、ここでもまた神話から手がかりが得られるかもしれない。のちの言い伝えによると、夏の創始者は中国のあらゆる伝説上の王のなかでももっとも名高い王の一人であり、よく知られる物語では、この人物は環境上の大惨事が起きたのちに治水に取り組み、社会に秩序をもたらし、権力を握るようになった。その人物とは、夏の初代王、大禹である。

禹王の足跡を追って

河南省の開封《かいほう》市は城壁に囲まれた古都である。その南門から出発して一・六キロほど歩き、雑然とした路地を抜け、機械工場や自動車の修理場を通り過ぎ、さらに鉄道の駅を越えると、一〇世紀に建てられたレンガ造りの低く大きな仏塔がある。当時、開封は宋の首都であり、世界最大の都市だった（上巻二二四－二二八頁参照）。仏塔の先に広がる森と水路の庭園には、禹王台と呼ばれる場所がある。松林といくつかの寺院に囲まれた高台に建つ禹王の廟だ。文化大革命のさなかに破壊されたが、現在は修復され、庭園では小さな春祭りが催される。廟に祀られている大禹は、「治水に成功した」人物だ。[16]伝説によると、禹はこの地に立ち寄り、洪水のたびに冠水する平原に台地を築くよう人々に働きかけた。[17]庭園から延びる石段を上がると、禹王廟のひっそりとした中庭が現れる。黄河の氾濫を受け、明代の一五一七年につくられた。訪れる人も少ないこの魅力的な場所は、雨の日にはとくに趣を増す。雷が轟く中庭の木々には、このあたりに暮らす人々が願いを込めた緋色の帯がまきつけられている。本殿の祭壇には、龍が描かれた黄色い長衣をまとい、緑の翡翠の笏を手にした禹王が鎮座している。笏は、世界を人が住むにふさわしい地にした彼の功績を称え、最高神から授けられた祝いの品だ。

管理人は麻雀をやめ、禹王の伝説をこう語り始めた。[18]私たちが立っている高台は、大洪水が起きたとき、禹が二つの超自然的な力を借りて築いたものだという。「黄龍が長く力強い尾を使って水路をつくり、黒亀が大きなひれで河の泥をかき出してこの高台をつくりました」
禹は父と一緒に九年もの歳月をかけて堤防とダムを改築し、黄河の氾濫を治めました。禹はその後もさらに一三年かけて治水に取り組み、手と足はマメだらけになったといいます。彼は結婚したばかりで、三度ほど自分の家の前を通ったが、立ち寄りませんでした。人々がまだ苦しみから解放されていないのに、休むわけにはいかなかったのです。やがて王は禹の勤勉さと努力に深く心を打たれ、王位を自分の息子ではなく、禹に譲ることにしました。洪水から国を守ろうとたゆまぬ努力をしてきた禹こそが、国の隅々まで熟知していると判断したのでしょう。禹はこれを受け入れ、国を九つの州に分け、各地域からの青銅の貢物を使って鼎《かなえ》を九つ鋳造させました。それらは西にある聖なる山の嵩山のふもとで、禹が都を築いた登封市の寺院に納められました。その場所は「天地の中央」と呼ばれています。禹の死後、息子が最古の王朝の初代王となったのです。

先史時代の超人的な文化英雄をめぐる神話は数多くあるが、この逸話は国の誕生にまつわるものだ。有名な九鼎《きゅうてい》は、先祖や神々のための祭礼で食事を準備する儀式に用いられる鋳物であり、初期の王朝で代々受け継がれた。それらは宮中における社会的関係を反映したものだった。つまり王権の象徴であり、のちの人々が信じたように、天命を受けた証だった。

最近まで、禹の伝説は寓話にすぎず、もっと後の時代のものと考えられていた。ところが文献や青銅器、考古学上の発見により、物語がひじょうに古いものではないかと考えられるようになった。最近発見された紀元前九世紀の青銅製の蓋つき容器(19)には、禹の業績が刻まれており、内容がのちに『書経』に記された禹に関する記述とかなり近く、聖典ともいうべきこの逸話が紀元前第一千年紀の初頭にはよく知られていたことを裏づけている。青銅器時代の逸話であるのはまちがいない。

逸話にはさまざまなバリエーションがあるが、そのすべてにおいて、秩序ある社会の始まりは、禹が水路を拡張し、内陸部の平原の共同体を安定させた功績と直接結びつけられている。統治の象徴である「官職の帽子と統治者の正装」は、禹王にさかのぼる。いずれの逸話でも、禹は各地を調査して九つの州に分けたのちに(「九州」という表現はやがて中国の古称となる)、貢納制を定めた。各地域は、おおむね河川による水辺の境界によって分けられ、彼のものとされるある初期の貢物の一覧には九つすべての州の名称が記され、各州からの献上品の内容と、それらが王のもとまで水路と陸路のどちらで運ばれたのかが記録されている。文献は青銅器時代よりもかなり後のものだが、先史時代の黄河流域の文化が生んだ産物が生き生きと描写されている。大小さまざまな動物の皮、羽、籠、象牙、砥石に辰砂《しんしゃ》〔訳注：硫化水銀から成る鉱物〕、矢じり用の石や弓の材料となる竹、「そして特別に依頼があれば(しかも入手できれば)川に生息する大きな亀」。

古代において、中国各地を訪れた禹の旅は踊りによっても称えられた。今から一世紀近く前、フランスの中国学者で人類学者のマルセル・グラネ[20]が指摘したところによれば、口頭伝承や、祭礼の場面で披露される儀式的な踊りのなかに、大禹に対する敬意がみてとれるという。ある踊りは禹が国を巡った道筋を想起させるもので、踊り手たちは片脚を震わせて引きずる「禹歩」と呼ばれる動作を真似ていた。まるで片脚が麻痺しているような動きだ(禹は脚が不自由だったと言われる)。初期の道教の経典に記されたシャーマンのしぐさに似た踊りと共通点があることから、こうした踊りは、それが初めて記録された紀元前一一世紀には、すでに古めかしいものになっていた。

したがって、物語が青銅器時代にさかのぼることはまちがいない。禹の物語は九つの州から成る各地を巡ったようすを演じる儀式的な芝居によって伝えられた。そうした芝居は、すでに存在していた貢物や巡礼のための長い道のりと結びつけられ、龍門の山峡での功績を交えていた。伝説では、そこは禹が河を通すために切り開いた場所とされ、現在でも「禹門」の名で知られている。当時伝えられていたのは歴史的事実というより、遠い昔に国家が形成された過程についての文化的記憶だった。その記憶は、書き留められるまでに何世紀にもわたって口頭で伝えられ、古代王朝の物語の神話的な背景となり、「原初」の中国という概念のモデルになった。中国で最初の偉大な物語である。

大洪水？

かくして、禹の足跡をたどる物語は、中国の古代国家が共有する重要な文化的規範となった。そして物語は、その後の鉄器時代に書き換えられ、再編集され、建国神話となった。[21]「禹の功績はなんと素晴らしいことか。その輝かしい美徳の影響は、はるか遠くまでおよぶ。禹がいなければ、我らは魚になっていただろう」と紀元前六世紀のある文献には記されている。「天命を受け、禹の足跡を決めた尊い我が先祖たちは偉大で輝かしかった」。以来、中原は中国の歴史的物語の舞台となったのである。

だが神話の背景に、現実世界の自然災害の記憶はあったのだろうか？　ごく最近になって、しかもまったく思いがけず、こうした建国神話にかすかに反映されている可能性がある出来事について、考古学者たちが証拠を提示している。二〇一六年、地質学者と地形学者、考古学者のチームが、黄河が平原に流れ込む地点から一六〇〇キロほど上流に位置する青海省の積石峡で、大洪水の痕跡を確認した。[22]この付近で、黄河はそびえ立つ赤い山に挟まれた広大な谷を蛇行しながら流れてゆく。そんな渓谷で巨大な地滑りを引き起こした先史時代の地震の痕跡が見つかった。渓谷を曲がりくねって進む黄河が大きくカーブする場所だ。科学者たちが現在も残る両岸の堆積物を調べたところ、地滑りによって土砂が積もった場所を特定し、地滑りの巨大な傷跡を確認することができた。土砂はおそらく二四〇メートルほどの高さまで積もり、河の水は六カ月から九カ月以上せき止められ、その後ダムが決壊して「完新世〔訳注：地質時代の区分の一つで、最後の氷河期が終わる約一万年前から現代まで〕最大級の淡水洪水」を引き起こした。洪水は二〇〇〇キロ以上も離れた下流に影響を及ぼし、自然の堤防を決壊させ、新石器時代の農村を破壊し、平原を流れる黄河の進路を大きく変えるほどだった(23)。詳しい年代は、河がせき止められた場所のすぐ下流に位置した喇家村《らっか》の洞窟群から特定されている。この村は地震によって破壊され、それから一年も経たずに洪水によって水没し、泥に覆われた。残された土砂と犠牲者の人骨の炭素試料(24)から、前後二八年の誤差を含め、紀元前一九二二年という年号がはじき出された。

水害の逸話は、メソポタミア、聖書、古代ギリシアなど、さまざまな伝説に登場する。禹の伝説が現実の出来事に基づいている確証はないが、のちの時代では中国における大災害は詳しく記録されている(例えば、本書上巻の二二七‐二二九頁に記した一〇四八年の災害など)。もしこうした洪水が実際に起きていたなら、それは集団的記憶として何世紀にもわたって語り継がれたにちがいない。また、『書経』や『史記』などの古い書物は、最古の王朝の誕生を、禹王が洪水のあとに浚渫《しゅんせつ》事業に成功したことと結びつけているが、その事業の始まりが積石と呼ばれる場所だったと述べているのは興味深い。それは科学者たちが歴史的洪水の発端となったと考える渓谷の名前なのだ。証拠はまだすべて公表されていないが、現時点で言えるのは、おそらく黄河の大洪水を含め、紀元前二三〇〇年から紀元前一九〇〇年にかけて起きた一連の環境の危機は、中原で起きた政治上の重大な変化と時期が一致するということだ。まずはすでに存在していた龍山文化において社会的な再編成が進み、やがて洛陽盆地に最古の王朝の出現を促した。そしてその地でさまざまな地域の文化的要素が融合し、中国のその後のすべての王朝の祖先となる、史上初の君主国が確立したのである。

最古の王朝――夏

のちの歴史書では、最古の王朝の王位を初めて世襲したのは、禹の息子の啓《けい》とされ、在位は一般的に、現代の暦でおおむね紀元前一九〇〇年頃に相当するとされている。紀元前一九五三年二月の五惑星会合に関するデータからは紀元前一九一四年頃、考古学と前述の積石峡の発見からは紀元前一九〇〇年頃という年代が示されている。どれも不確かではあるが、見事に時期が重なっている。歴史家の司馬遷は古い文献と言い伝えを精力的に集め、紀元前一〇〇〇年頃に、夏の王として二九人の名前を挙げている。王名の一覧はまったくの創作と言われることが多いが、その後の商王朝の青銅器時代の王たちの名前と順序についてはきわめて正確に記しているため、司馬遷が参照した資料が正しい可能性は否定できない。

言い伝えによると、夏王国の中心は、黄河と洛河《らくが》の合流点に近い平原にあった。この洛陽周辺の地域は、「中国」すなわち「中央の国」と呼ばれた場所である。中国で聖山とされる五つの山の中央に位置する嵩山のふもとには、のちにいくつかの王朝の都が置かれた。一九五〇年代、考古学者たちは司馬遷の記述に従い、洛陽郊外の二里《にり》頭《とう》村近くの黄色い小麦畑で調査に乗り出した[25]。中国の村々ではひじょうによくあることだが、この地でも固有の伝統は深く根をおろしており、人々はこの村こそ伝説上の皇帝である黄帝が拠点とした「中国最古の地」だと語った。村で発掘が始まったのは一九五九年のことだが、大々的な発掘は七〇年代から八〇年代にかけて行われ、現在も続いている。二つの大きな塀がある青銅器の鋳造所、そして土を固めた土台の上に建てられた柱を有する宮殿が見つかった。この宮殿は、紫禁城[26]にまで通じる後世の建築物の原型とも言うべきものだ。また、のちの宮廷様式の先駆けとなるような、入口が三つある門が発見された。きわめて豪華な墓の存在も確認された。これはほかの墓から離れた場所にあり、龍をかたどったトルコ石の杖が出土した。龍はその後、中国の君主の象徴となる。王朝の創始者の墓ではないかという見方もあるが、二里頭の遺跡からは、単一国家だったことを示す証拠も、それが夏と呼ばれていたという証拠もまだ見つかっていない。そして、陶器には文字を思わせるような線が見られるものの、体系化された表記法が存在したことを示す形跡は見当たらない。それでも、こうした最初期の「都市」が、人口の多い場所でなかったのは明らかである。それは王権と儀式を外界から隔てた場所であり、宮殿や倉庫、職人が儀式用の器や戦争のための武器をつくる工房が集まっていた。二里頭と平原のその他の場所で行われた発掘から明らかになった重要な事実は、中国において、文明の出現という青銅器時代の変革は、メソポタミアや中東のように、急激な技術進歩や社会の大きな変化によってもたらされたわけではない、ということだった。中央集権の発達は政治的なものであり、その土台には二〇世紀まで生き続ける、深く根づいた宇宙論があった。古代のエジプト、メソポタミア、インドなど、偉大な古代文明にはかならず起源神話がある。政治的組織を有する社会が初めて築かれた時期と場所について、誕生の物語が存在するのだ。そしておそらく、中国では「中央の国《ミドルランド》」の「中原」のまさに中心部であるこの地こそが、その物語の舞台なのだろう。以後三五〇〇年間にわたって拡大し続ける版図に中国の社会と統治者の支配権に関する奥深い思想を広めたのは、この古代の中心部だったのである。

安陽――商

紀元前一五五〇年頃、夏は商と名乗る近隣の勢力によって征服された。この第二の王朝は中国の物語のなかでももっとも重要な王朝の一つであり、五〇〇年以上続いた歴史のなかで、初期の国家形成に多大な影響を与えた。商の拠点は黄河流域の平原をかなり東に移動した場所にあり、遺跡が発見された経緯は中国の考古学において類をみないほど心躍るものだ。解明が進んだのは、中華民国時代の一九二〇年代から三〇年代にかけてのことだった。世界最古の国家から誕生したばかりの若い近代国家は希望に満ち、自国の歴史的ルーツを探し求めていた。それに先立つ一八九九年、王懿栄《おういえい》という中国人の学者がマラリアにかかった。北京にある教育庁、国子監《こくしかん》の祭酒（長官）を務める彼は、古代中国の文字体系に関心を寄せ、青銅器を収集していた。そんな彼が自宅近くの薬局で伝統的な漢方薬を買い求めたところ、解熱剤として「竜骨」が含まれていた。これは牛や羊などの化石化した骨で、すりつぶして煮出したものを服用する。驚いたことに、そのなかに古代の青銅器にみられる原始的な文字が彫られている骨が見つかった。この刻印こそ、漢文と現代中国語の起源だった。二〇世紀の最初の二〇年のあいだに、こうした骨が発掘されて公表され、やがて先史時代の占いの記録であることがわかった。中国で知られるいかなる文書より古いものだった。一九一五年に至るまで、骨は黄河の平原北部の小さな町で無断で掘り出されていた。地元住民のあいだでは、現在でもこの地は「殷の廃墟」を意味する殷墟《いんきょ》の名で知られている。殷とは商王朝の最後の都の名前であり、のちの安陽である。[27]

発見当時、安陽はまだ城壁と堀に囲まれた明代の面影が残る小さな田舎町で、平屋建ての家が並ぶ通りと、郊外のレンガ工場、仏教の寺院や馬の神を祀った古い聖堂があるだけだった。河南省の平原の最北に位置する安陽市は、昔も今も極端な気候の土地だ。[28] 冬は雪が多く、夏は気温が四〇度を超えることもあり、しかもあらゆる方角から強い風が吹きつける。[29] とくに四月から六月にかけてはとてつもない強風が吹き荒れ、あらゆる建物のなかにまで砂が吹き込む。一九三〇年代のある旅人はこう書いている。「あの地方を訪れた現代の訪問者は、絶えず吹きつける容赦ない砂ぼこりに目をふさがれ、服に覆われていない肌は文字通り土色になり、立っているのもままならず、あの強烈な悪魔を鎮める魔法があればいいのにと心から願った」。考古学者たちが明らかにしたように、こうした環境は青銅器時代も変わらなかった。

発掘は一九二八年に始まり、一九三七年に日本に侵略されるまで続いた。折しも国民党軍がこの地方の軍閥と戦っていた〔訳注：「中原大戦」を指す〕ため、武装した警備隊も含め、膨大な数の人員が駆り出され、壮大な規模で行われた発掘は中国最大、そして世界でも有数の重要な調査となった。農民が竜骨を見つけた平坦な小麦畑のさまざまな場所で溝を掘ると、考古学者たちは畑のわずか六〇センチ下で六世紀の墓を発見した。その下には青銅器時代の遺跡が横たわっていた。複数の王族の墓が見つかったのだ。長方形の巨大な穴は深さが一五メートル以上もあり、長い墓道がついていた。大昔の盗掘によって王たちの遺骨は失われていたが、考古学者たちは儀式用の青銅器や王族の典礼のための食器や酒器、青銅製の鐘、儀式用の武器、一族の紋章などを掘り出した。なかには青銅器の鋳造者たちの驚くべき熟練の技と想像力を示すものもあった。

とりわけ重要な発見は、商の王たちの事実上の公文書とも言える文書だった。土坑から見つかったのは、占いに用いられた何万もの甲骨だった。占いは王の生活の中心に位置づけられていた。正式な儀式では、崇高な力に問いを投げかけ、骨や甲羅のひび割れから答えを探る。牛の肩甲骨や亀の甲羅（腹甲）を用い、裏面にくぼみを彫り、熱した棒をあてて細かいひび割れを生じさせる。そして割れ目の形と数と位置が占い師によって解釈され、問いと答えが甲骨に刻まれた。この原始的な占いは甲骨占いと呼ばれ、かつては広く行われており、バルカン諸国の田舎町やギリシア北部では、二〇世紀になってからも行われていた。中国ではきわめて長いあいだ受け継がれ、あらゆる方面の人々によって用いられている。また、台湾の地方都市や、香港新界地区の密集住宅地域などでは、亀の甲羅を使った占いが今なお残っている。[30]

甲骨に残された文から、商王朝一七代の歴代の王たちの継承順序を完全に解き明かすことができた。現在では、商は紀元前一五五三年頃から紀元前一〇四五年にかけて存続したことがわかっている。結局、司馬遷が再現した従来の継承順序は正確だった。甲骨文はおおむね紀元前一二〇〇年以降の後期のものしか見つかっていないが、痕跡が残っていないだけで、それまで長期間にわたって発達していたものと思われる。[31]おそらく、それ以前は竹や木や革に記録されていたのだろう。末期には、王は占いの儀式で中心的役割を担った。もしかすると、自ら読み取りまで行っていたかもしれない。占いの目的は将来の出来事を予測して制御するために、天と祖先の意思と自然の精神を知ることだった。現在、占いは形式こそ変化したが（占い師は有名な書物『易経』を参照し、筮竹《ぜいちく》で占うことが多くなっている）、中国人にとって相変わらず生活に欠かすことのできない大切な営みであり続けている。占い師は社会生活でも、仕事においても一目置かれ、不安や悩みを抱える人々にとってはセラピストの役割を果たし、仕事上の決断の手助けをすることさえある。ひび割れを表現した二本の線から成る文字「卜」は、占いを意味するようになった。

　商の統治者にとって、神々に問いかける事柄は、王の配偶者や息子など王家の親族、戦、遠出、儀式、舞踏、生贄などにまつわる具体的なものだった。かなり大がかりな儀式が行われていたこともわかっている。例えば、王朝成立以前の先祖と黄河の「強力な霊」のための儀式では、六〇頭の牛の頭が捧げられた。甲骨に残されたひび割れは明瞭に、またときには謎めかすように、商の支配者たちの日常生活のようすを、さらには彼らの声までを私たちに伝えてくれる。それらは、中国人の思考を初めて写し取った記録でもある。商の遺産は、中国のそれ以降の政治的文化や、民間信仰にも認められる[32]。例えば、現代の生死観において、先祖は死後も生き続け、生きている人々の人生を左右する力を持つという基本的な考えは、いまだに広く根づいている。また、先祖は世の中の平穏を保つため、生きている人々から食べ物や飲み物を得る必要があるという信念も廃れていない。こうした信念は先史時代に生まれ、共産主義革命による「旧思想」や「旧習慣」への弾圧があったにもかかわらず、現在に至るまで息づいているのだ。したがって、商は中国初の政治的国家であるだけでなく、中国の始祖とも言えるのである[33]。

　安陽では、至るところに人が生贄にされた証拠が残っていた[34]。頭蓋骨の山や何列にも並んだ「首を切られた生贄」は、支配下にある民族や戦争で倒した敵から調達することが多かった。甲骨には、捕虜たちは亡くなった商の王たちの魂に捧げられたと記されている。「太丁《たいてい》、太甲《たいこう》、祖乙《そいつ》への捧げもの、酒一〇〇杯、羌《きょう》族の捕虜一〇〇人、牛三〇〇頭、羊三〇〇頭、豚三〇〇頭」。その後、動物の肉は食用となり、骨は工房で再利用されたが、人は王族専用の敷地の一角に特別に掘った穴に捨てられた。安陽の王たちの墓の周辺では、人骨が埋まった穴が二〇〇〇以上も見つかっている。ただし、このような習慣について、古代中国がとりわけ残酷だったと考えるのは誤りだ。人を生贄にするのは多くの古代文明にみられる習慣であり、王朝誕生前のエジプト、ウルの王墓、青銅器時代のクレタ島、そして中米やインカの文明でも行われていた。人間を殺す儀式は人類の物語の一部であり、歴史の大部分において祭司と処刑人は密接に結びつき、このような生贄が表向きには廃止されたあとも長らく続いていた。私たちは自らを理解するには、つまり人類の進化の経緯を知るには、生贄もまた人類の長くゆるやかな営みの一部であると受け止めなければならない。

商の魂？

安陽での発見は驚くべきものだった。それは、古代神話は空想の産物ではなく、いにしえの歴史家たちは中国の原風景について、確たる根拠をもって伝えていたことを証明した。そもそも甲骨というものは、人生の喜ばしい面（愛、結婚、祝祭等）とは結びつかないし、私たちは商について考えるとき、人々が抱いた不安に重きを置きすぎるのかもしれない。それでも、彼らと甲骨とのかかわりには、文化的不安とでも言うべきものが如実に表れている気がしてならない。人々は内外からの脅威、大雨や干魃《かんばつ》、「大河の霊」による洪水、大風、バッタの大発生、周辺民族による襲撃などを警戒していた。王墓の豪華さと、安陽河沿い二四平方キロメートルにわたって広がる最後の都のとてつもない規模にもかかわらず、この都市さえあだ花だったのではないか。自分たちの住む世界がいつ混沌状態に引きずり込まれるともしれない感覚だ。目に見えない存在が理想郷に押し寄せ、脅威をもたらすかもしれない。そんな世界では、絶えず吉兆を探らずにはいられず、問い続けたのだろう。「大河の水位は上昇するのか？　大災害が起きるのか？　天帝自らがこの地を苦しめるおつもりなのか？　天帝がお認めにならないのは何を意味するのか？」

このような絶え間ない問いに答えるには、王自身が霊の意向を解釈する役割を果たすことが、その政治的、宗教的体制にとって鍵となった。王は生贄を捧げ、占いを行うことで、豊作と戦での勝利を実現する。したがって、甲骨はいわば生きている人々と先祖との儀式的対話のための道具である。将軍や役人が王に報告するように、王も亡くなった祖先に報告し、祖先は天帝との仲介役を務めていたのである。つまり、王は統治し、軍を率い、民に命令を下し、血縁者や貴族に土地や青銅器、奴隷、財宝を与えるだけではない。王は同じ血筋の先代の王たちとつながる重要な存在でもあったのだ。吉兆と秩序は王の肩にかかっていた。豊作をもたらし、雨を降らせ、災害を防ぐ王の力が必要だった。中国の統治者はやがて、賢明な君主としての力と知恵の究極の所有者としての役割を担うことになるが、その起源はこの時代にあるようだ。後述するように、中国の文明を振り返ってみると、このような考え方は二〇世紀に至るまで一度も失われたことがなかった。

つまり商の時代において、今日までの中国の歴史を形成する中心的モチーフのいくつかが芽生え始めていた。[35] 商の国家形態は、中国のほかの地域の勢力と同じく、新石器時代に誕生した。しかしそれは、のちの中国における王権のモデルとなった。天と地の仲介者としての王の中心的役割、血統と先祖の重要性、権威の源として熟達すべきシャーマニズムと占い、そして青銅技術と文字体系の掌握。中国では、文明はその起源から、政治的必要性と権力の儀式、支配者層による天命の解釈によって形成されたのである。

第2章　商の大戦

商（殷《いん》）は紀元前一五五〇年代から紀元前一〇四五年〔訳注：紀元前一〇四六年など諸説あり〕にかけて存続し、時期としてはミケーネ文明やトロイア文明が栄えた青銅器時代の古代ギリシアと重なる。中国のその後の国家の原型として、商は文化の主要な要素を後世に伝えた。支配者の地位、儀式、占い、そしてとくに重要なのが書き言葉である。書き言葉とは文字そのものであり、現在の文字の祖先にあたる。この驚くべき継続性は、混乱の脅威と秩序の必要性に挟まれて長らく苦悩してきた中国文明において、信じがたいほどの永続性を有する思考パターンとも重なる。紀元前一〇四五年、商は中国史上初の大規模な戦争によって崩壊する。この戦争については、近年、文献や発掘、天文考古学によって解明が進んでいる。天文考古学とは、コンピューターによって分析した天体の動きから年代を特定する新しい科学だ。これから詳しく述べるように、商は後世にまで大きな影響を及ぼす国家であり、その最後は脈々と語り継がれる劇的な出来事となる。

商は初期の歴史のあらゆる国家と同じく、支配国からの貢物と、近隣諸国への武力行使によって維持されていた。(1) 紀元前一〇四六年、従属する周が立ち上がった。のちに勝者たちが語ったように、商では最後の王となる紂王《ちゅうおう》（帝辛《ていしん》）が誇大妄想に導かれるままに残忍な暴君と化し、家臣や親族までが反旗を翻す事態となった。紂王は兄の微子啓《びしけい》にも見捨てられ、後述するが、この微子啓が商の伝統を後世に伝えるうえで重要な役割を果たす。

周王国は、渭水《いすい》流域の盆地の西に位置し、長いあいだ商の支配下にあった。君主は高名な文王で、商の生まれとされる母親は『詩経』でその美徳が称えられている。妻もまた商の生まれだった。つまり、ふたつの王国には、血筋、宗教、儀式の習慣において深い結びつきがあった。現在は周原遺跡として知られる周の都だった岐山《きざん》で見つかった甲骨からは、自分たちの氏族とともに商の先祖を崇拝していたことがわかっている。これは反乱が国同士の争いではなく、支配下の王と有力者の争いだったことを物語っている。

周の言い伝えによると、蜂起の決断を促したのは天命だった。天命とは、文字通り天からの合図であり、中国の支配者がかならず有すべきものだ。最近の発見により、この天上の出来事が息をのむほどの正確さで特定された。紀元前一〇五九年五月の末、周の予言者によって異例の天体現象が観測された。北西の空の「両手を広げたよりも狭い範囲」に五つの惑星が集まる現象が起きたのだ。岐山のふもとの周の都から見えた、この五つの「またたかない」惑星の集合は、五一六年に一度しか起きない。現在の分析により、紀元前一九五三年二月に起きたと考えられる現象は、夏《か》王朝の成立を予言し、つぎの紀元前一五七六年一二月の現象は商の台頭を告げるものと信じられていた。そして紀元前一〇五九年に、水平線に五つの惑星が現れたとき、それは前兆にほかならなかった。水星、金星、火星が「三重の星」のように、土星と木星とそろって現れたのだ。この現象は数日続いたが、人類の歴史で惑星がこれほど近くに集まるのはきわめてまれだった。前兆はほかにもあった。のちに編纂された年代記『竹書紀年《ちくしょきねん》』の記録によると、商の最後の王、紂王の治世に「『室』という星座に五惑星が集まり、大きな赤い鳥が地上の周の祭壇に舞い降りた」。紀元前四世紀の著述家、墨子による説明は、ある古い文献を引いてはっきりと述べている。「くちばしに玉《ぎょく》をくわえた深紅の鳥が岐山の祭壇に舞い降り、『天は周の文王に商を攻め、国を手中に収めよと命じている』と告げた」

前兆は周の占い師により、天の承認が商から周へと移った合図だと解された。文王は周の王権が商の統治から切り離されたため、君主に挑む、と宣言した。そして、「天命を受けた最初の年」を記念する新しい暦を導入した。また、勢力を広げて東の土地と部族を征服し、渭水流域の平原の宗周に新たな都を置き、来るべき戦いのために兵を整えた。だが、文王の存命中に最終決戦に突入することはなかった。紀元前一〇四九年、商が北東部に遠征しているとき、彼は亡くなった。息子の武王は、紀元前一〇四八年に商への侵攻を開始し、激しい嵐と不吉な兆候を受けていったんは中断するも、紀元前一〇四六年の冬、ついに攻撃を再開した。

その後の出来事は、中国史上初の偉大な歴史物語となる。これは周の征服について記した『逸周書《いつしゅうしょ》』に収められている。かつて『逸周書』は中国王朝の正史からは除外されていたが、近年では中国史の重要な史料の一つに数えられる[2]。長らく、のちの時代に編纂し直されたものとして軽んじられた『逸周書』だが、最初にその正統性を否定したのは、孔子を信奉した孟子などの初期の歴史家たちだった。周の歴史を理想化した彼らは、勝利の裏に残虐行為や大量の人身御供があったという陰惨な証拠を受け入れることができなかった。それは、周の王は気高い平和主義者であり、中国の君主制文化の模範だったという後世の評価と合致しなかったからだ。とくに孟子は、周による征服は道徳的義務に突き動かされたものであり、それが未来のひな型になったと考えていた。

『書経』に記されていることすべてを信じるとしたら、この書はそもそも存在しないほうがよかった。この書のなかで、私が受け入れられるのは二、三篇しかない。王はこの世界で比類ないほど慈悲深い。もっとも慈悲深い人物がもっとも残忍な人物に対して戦を挑んだとき、彼が血のなかを泳いでいた［比喩ではなく、「流血により杵《きね》が浮かんでいた」］ということなどあり得るだろうか。

ただし現在では、言語分析から、『逸周書』のとくに主要な部分は、武王の指示によって戦後ただちに編纂されたことが明らかになっている。周による征服の血なまぐさい物語は、このような分析や天文学的データをはじめとするその他の発見に基づき、今では正確な年代とともに語ることができる[3]（以下はエドワード・ショネシーによる英訳に基づく）。

紀元前一〇四六年一一月一六日、商の暴君との最終決戦のときが来た。占いに背中を押された周の軍勢は徒歩で都を出発し、軍師である太公望（呂尚《りょしょう》）[4]の指揮で前進した。王は一二月一五日の「明るさが広がる日」に、馬または戦車で出発し、二週間後の一二月二八日に軍に追いついた。紀元前一〇四五年一月九日、軍は孟津《もうしん》という場所で黄河を渡った。そこから六日間前進し、一月一四日に現在の河南省新郷県鄭州《ていしゅう》の北に位置する牧野《ぼくや》に至った。周軍はそこで商の軍と対峙すべく陣を敷き、翌日、中国史上初の大々的な戦いが起きたのである。

周の連合軍は数では劣っていたが、商の軍の忠誠心は揺らいでおり、奴隷や強制連行された兵士たちから成る軍は、周の戦車による集中攻撃に切り崩された。追撃は日没後も続き、夜明けには商の都は連合軍の手に落ちた。『逸周書』[5]によると、商の王は王宮に退却し、翡翠の衣をまとい、もっとも貴重な「天智玉」と呼ばれる翡翠と、その他の宝石を集めて「体にびっしりとまとった」。そして王宮の建物に火を放ち、妻らを道連れに炎に身を投じた。『逸周書』にはこうある。「五日目に火が消えると、武王は焼け跡に残された財宝を求めて一〇〇〇人の人員を送り込み、焼け残った『天智玉』を見つけた」。そこで武王は「天智玉」のすべてを分け与えた。彼が手に入れた商王朝の先祖伝来の財宝である貴重な翡翠は、あわせて何千にものぼった。

牧野の戦いが行われたのは紀元前一〇四五年一月一五日のことだった。武王は都周辺で四日間にわたって抵抗を排除したのち、自らが統治者であると宣言した。そして商の首都の近くにある格式高い寺院で勝利を祝う儀式を行い、諸侯たちに報酬として、獲得した財宝や金属を与え、彼らはそれを用い、それぞれの氏族が祝宴の場で使う青銅器を鋳造することになる。驚くべきことに、一九七六年にそのうちの一つで利簋《りき》(6)と呼ばれる供え物用の器が西安の近くで見つかった。中国で最高峰の宝物とされるこの青銅器は、戦いに勝利したあと、商の武器を溶かして抽出した銅からつくられたもので、周の勝利について触れた文字が刻まれている。占星術との合致が、ぞくぞくするような臨場感とともに記録されている。

武王は商を攻めた。甲子《こうし》の朝、木星が昇り、我々は夕暮れまでに彼らを倒した。翌朝には商を占領した。辛未《しんび》の日に、王は管の野営地にあり、右史《ゆうし》〔訳注：記録官〕の利に銅を与え、利はこれをもって、尊敬する祖先の旜公《せんこう》のために、この貴重な銅器をつくる。

生き残った商の諸侯たちは、その後周辺の地域や従属国の都などで、周の将軍たちに追討された。将軍はそれぞれ、捕虜か、もしくは記録として「獲得された耳」、つまり死体から切り取った左耳を持ち帰った。三月初旬、勝利を祝う大規模な儀式が行われ、商の聖廟から獲得した九つの鼎《かなえ》が披露された。それらの鼎は中国の九つの州を意味し、夏《か》の大禹《たいう》の時代から受け継がれてきたとされる象徴的な祭器だった。「このとき、王は翡翠の板を恭しく示し、天上の祖先である天帝に報告した」。王はまた、戦で勝利したあとの習わしとして、数日にわたり、堂々たる大規模な狩りを行った。数字は誇張されているとしても、大虐殺だった。「武王は狩りと網によって、虎二二頭、豹二頭、雄鹿五二三五頭、犀《さい》一二頭、犛牛《りぎゅう》〔訳注：ヤクのこと〕七二一頭、熊一五一頭、黄熊一一八頭、猪三五三頭、穴熊一八頭、大鹿一六頭、麝香鹿《じゃこうじか》五〇頭、尾鹿三〇頭、鹿三五〇八頭を捕らえた」

また、武王についての記述は、戦を「諸国」の征服と要約しているが、諸国とは小さな王国から部族集団までを幅広く含んでいる。「武王は四方に出陣していた。抵抗した諸国は合わせて九九にのぼり、一七万七七九の耳が切り取られて記録され、三一万二三〇人が捕らえられた。進んで服従した国は、合わせて六五二あった」。信じがたい数字ではあるが、あり得ないとは言い切れないだろう。

一五週間にわたる戦いの末、商の領土はついに制圧された。武王は、捕虜とした商の王族、大臣、将軍を引き連れて凱旋した。四月三〇日、その結末はおぞましいものだった。入念な準備のもと、ものものしい演出による盛大な儀式が、鐘に笛、詠唱の反復による厳かな楽の音《ね》が流れるなかで執り行われた。朝になると武王が到着し、周の廟で焼いた生贄を捧げる儀式に臨んだ。それから恐ろしくも陰惨な光景が繰り広げられた。周の祖先を祀った廟では、香が焚《た》かれ、城門の外では旗が掲げられ、生贄の準備が整っていた。特筆すべきことだが、この出来事について文献が残されている。周の美徳を聞かされて育った歴史家や思想家たちは、そこに書かれていることが事実だと信じようとはしなかった。

> 武王は戦車から降りると書記官に、天への宣言の文書を読み上げさせた。続いて武王は何百人もの商の邪《よこしま》な臣下を追放した。そして商の幼い太子と祭祀長の首をはねて［生贄として］捧げ、四〇の一族の長と将師の首をはねて［生贄として］捧げた。歩兵の指揮官と騎兵の指揮官がまず市外に生贄の宣言を行い、その後生贄にする捕虜たちを南門に並べ、身にまとう帯と布を全員に配布した。まずは獲得した耳が運び込まれた。武王が生贄に随行し、偉大な祭祀長が商の王の首を吊るした白い国旗と、最高位の妻二人の首を吊るした赤い三角旗を担いだ。そして、彼は最初の首とともに中に入り、周の廟で焼いた生贄を捧げる儀式を行った。[7]

六日後、周の廟で、武王は生贄として戦で獲得した耳を捧げた。「謹んで、小さき者なる我が、六頭の雄牛と二頭の羊を屠《ほふ》ります。我は輝かしい先祖の平和をもたらしています。いまや多くの国が終わりを迎えました」

この簡略化された記述にさえ、さらに印象的な歴史の物語がいくつか含まれている。のちの儒学者たちは『逸周書』を否定した。周の始祖たちはひじょうに高潔であって、このような暴力にかかわるなどあろうはずがないと信じていたからだ。それでも、この文献を読むかぎり、彼らが商と同様の規模で、しかも祭祀の正式な手順を厳密に守って人を生贄にしたのは疑いようがない。やがて事実は彼ら自身の記録官たちによって、その後は儒教の思想家たちによって、のちに続くすべての王朝の模範となる、高潔な創始者の物語へと書き換えられる。これは中国の歴史における重大な分岐点となった。重要なのは、当時それがどのように見られていたかではなく、むしろこの偉大な転換点がいかにして構築され、その後三〇〇〇年にわたってどう解釈されたかだ。武王が宣言したように、「支配が確立された」。これ以降、中国の歴史が始まるのだ。

遺産の伝承――「先祖の土地」

商の滅亡は中国史の転換点となり、のちのすべての王朝が振り返ることになる。ここで鍵となるのが天命という概念だ。その根底には、王朝は継承されるという思想があり、いかなる王朝も神の命によって権限を受けたと信じられ、その権限はいずれは引き渡されるものだった。中国史の物語の循環パターンが確立されたのだ。

そこで周はまず、商の祖先の扱いについて取り決める必要があった。戦のあと、命拾いした商の王族たちを率いたのは、紂王の兄で人格者である微子啓だった。彼らは、先祖崇拝の拠点であり、王朝が誕生した地に留まることを許された。新王朝には忠誠を誓うが、過去の王たちのために引き続き祭祀を行うことができた。その場所は現在でも残っており、信じがたいことに、二一世紀になってもなお、商の祖先崇拝の形跡まで残っている。

鄭州から黄河のかつての流路沿いに平原を二三〇キロほど下ったところに、河南省商丘市[8]がある。この地は古くからの陸路の分岐点にあたり、現在は華北平原から長江、中国南部へと南北に延びる高速道路G35が通っている。先史時代に東西を結んでいたルートは洛陽から黄河を下り、沼地や湖が多い広大な低地へと至る。青銅器時代の初期、商はこの低地において東の沿岸地域の新石器時代の文化を基礎として出現したのだった。

現在、旧市街への入口になっている今にも崩れそうな城壁の外では、鮮やかな色の日傘を広げた車輪つき屋台に大勢の人々が群がり、そのあいだを人力車がせわしなく抜けていく。すし詰めの乗り合いタクシーが通勤通学客を乗せて行き交い、街中の停留所へ向かう田舎から来たバスが、クラクションを鳴らしながら洞窟のようなアーチ状の入口を通過する。古びたバス乗り場の向こうには、安宿や食堂の看板の上に、二つの巨大な漢字がそびえている。一つめは供え物を置く台の記号に由来し、二つめは「おか」を表す象形文字だ。この二つを合わせると、中国古代史の探求者の興味をかき立てる名前になる。その名も商丘、「商の遺跡」である。

「商」の文字[9]は、取引や貿易、商業、経済などを表す言葉を中心に、多くの異なる単語をつくる。例えば、「商場」はショッピングモールという意味だ。伝説では、敗戦後、商の王家の血を引く人々が物を売ることを許されて「商人」と呼ばれるようになったと言われているが、「商」という文字にはさらに古い起源がある。元々は、祖先と向き合う儀式を行うことを示していたらしい。甲骨の儀式にまでさかのぼるこの文字は、台に祀られた先祖に、対話を意味する口と舌を添えた情景を表している。つまり、商という名称は先祖が崇拝される場所に由来していた。のちに、この文字の意味は広がり、聖なる桑林にある商の太祖廟を意味し、やがて太祖廟がある都を意味し、最終的には王朝またはその地に生まれた支配者たちを意味するようになった。したがって、青銅器時代初期の元々の意味は、「先祖と対話する場所」という意味だったのかもしれない。

商丘は最近まで、片田舎のうらぶれた小都市だった。ところがこの二〇年ほどで、北京と南部を結ぶ高速鉄道と、東西を結ぶ改修された隴海《ろうかい》線が交わる真新しい鉄道の連絡駅のおかげで変貌しつつある。中国の鉄道の交差点となった現在、輝かしい新市街地には、一〇〇万人をはるかに上回る人々が暮らしている。高層住宅や開業したばかりのホテル、車のショールームなどの先に、黄河の壊滅的な氾濫のあとの一五一三年頃に建設された明朝時代の城壁に囲まれた地区がある。氾濫は何度も繰り返され、この地域には何千年もの氾濫の歴史が具体的な形跡として幾重にも残っている。明の城壁沿いには、かつては城内全体を取り囲んでいた広い濠があり、湖につながっている。そのほとりでは、地元の住民たちが、平原の蒸し暑い夏の夕べに散歩を楽しんでいる。

安陽は商王朝の最後の二〇〇年間、行政と祭祀の中心だったが、都は何度か移っていた。五〇〇年続いた王朝は、戦略上の必要性や戦争、洪水、王族内の勢力の内紛などに応じて都を移していたのだ。だが、吉兆が翻されるという甲骨に現れた懸念に駆られて遷都した可能性もある。ただしそのあいだも、先祖伝来の地を忘れることはなく、大邑商《だいゆうしょう》、つまり「偉大な都市、商」[10]は、祭祀にまつわる分野では特別な存在であり続けた。折に触れ、先王朝の創始者への「報告」の儀式のために戻る場所だった。一九三〇年代に甲骨文字が解読されてからというもの、大邑商の場所についてはさまざまな議論があった。甲骨に記録された遠征に基づく証拠は商丘の方向を指しているように思われたが、一九三〇年代に商丘で行われた調査では手がかりは得られず、一九七〇年代の探索でも収穫はなかった。しばらくは進展がないままだったが、最近になって地上と地下の両方で発見があり、謎の解明が大きく進んだ。

中国の多くの古都と同じく、商丘の旧市街も現代化が進んでいる。入口に石の獅子像が陣取る暗く老朽化した市場や、安い衣料品を売る屋根つきの路地、清朝時代の朽ちかけた低層家屋が並ぶ通りは、まもなく「アップグレード」される運命だ。今でも素朴な昔の世界の魅力を好む多くの市民にとっては残念なことだ。通りや路地を歩く旅人には、地上の風景として目に見えるのは、洪水ですべてが失われたあとに築かれた明朝以降の街だ。城内の北西の角には、一九五〇年代に破壊されるまでは明代の小さな寺院が建っていた。現在は石碑が残っているだけだが、そこには寺が一五二七年に再建され、一六八一年には康熙《こうき》帝《てい》によってさらに再建されたことが、一〇〇〇年以上前の元と宋の時代の前身の歴史とともに記録されている。碑文によると、寺はほかでもない微子啓に捧げられたものだった。商の最後の王の高潔な兄である微子啓は、邪悪で放蕩な暴君に抵抗するため国を去った。紀元前一〇四五年に商が敗れると、勝者の周はこの微子啓に、商の起源となる地で引き続き先祖のための儀式を行うことを委ねたのだ。

バスに揺られ、砂ぼこりの舞う郊外へと少し南下したところに、微子啓の墓がある[11]。最近になって復元された立派な場所で、三つの寺と明朝の石碑を収めた記念館がある。石碑には、この場所が八世紀に偉大な唐の皇帝、玄宗のもとで再建されたと記録されている。墳墓の前のひどく傷んだ石碑によると、この場所が現在の姿になったのは一六一二年のことだ。文化大革命で破壊されたが、二〇〇二年に裕福で著名な華僑の宗一族によって再建された。微子啓の子孫を名乗る一族は、今では毎春、「墓掃除の日」と言われる「清明節」になると帰国し、先祖の墓で儀式を行っている。

小さな田舎道をさらに南下すると、またも驚くべき史跡に出会う。明朝風の入口の先に、屋根と柱だけの建物や聖堂が点在している。尊敬される昔の人々の名を列挙できる管理人の話では、周囲の二〇〇本近いヒノキの林は唐の時代に植えられたものだ。幸い、中国の都市から離れた田舎では今日でも、昔ながらの鄙《ひな》びた寺院が至るところで見られ、ふたたび信仰の場となっている。唐代の寺院を一七世紀に復元したこの史跡は、今でも縁起の良い場所とされ、地元の人々が木々に捧げものを吊るし、入り組んだ木の根元に線香を手向けている。ここは奴隷から王族の料理人になり、その後商の初代王の宰相になったと言い伝えられる伊尹《いいん》の墓だ。紀元前一六世紀の話である。本殿には、くすんだ青い官服に緋色の外套をまとった木造の坐像が安置されている。伊尹はのちの伝説で、公明正大で無私無欲な人柄を称えられており、それは中国で昔からとくに重んじられる美徳だった。伊尹の伝説は、この地域の老人たちのあいだでは今でもよく知られている。管理人と近隣の住民が話をしてくれた。

伊尹の母は貞淑な女性で、優れた助言によって物事を進める気遣いが今も人々から称賛されています。莘《しん》おばさんの名で親しまれ、かつては召使でした。蚕に餌をやりに行くと、桑の木の洞に赤ん坊がいるのを見つけ、連れ帰って自ら養母となり、育てました。その男の子が商の初代王になったのです。つまり、商の功績は彼女なしではあり得ませんでした。そんな理由で、ここには彼女を悼む聖堂もあるのです。

現在の中国ではよくあることだが、これもまたつくり替えられた言い伝えだ。人々は断ち切られた歴史物語の糸を結び直している。このことは、中国では物理的な建造物よりも場所に対する思いこそが大切なのだという事実を如実に物語っている。建物は何度も再建されるかもしれないが、重要なのは伝承される物語だ。

つまり、ふらりと訪れただけではわからないが、商の祖先とその物語は、王朝が滅亡してから三〇〇〇年以上が過ぎた今でも偲ばれている。もちろん、そうした遺跡は青銅器時代の本物ではない。殷《いん》墟《きょ》を含め、漢以前の遺跡は河の泥に覆われた地中深くに埋まっている。それでも、これらの遺跡は少なくとも二〇〇〇年は前のものであり、歴代の王朝によって、そして地元の住民自身によって供養され続けてきたのだ。言うなれば、今日のギリシアで、神話のネストールやアキレウスなどの英雄崇拝が依然として巡礼者を引き寄せているようなものである。

商丘の物語はまだ終わらない。商の王族崇拝の重要な一例が、商丘の旧市街の南に現存している。

人工的な大きな丘の上に、元朝時代の一三世紀末に建てられた寺院を復元した建物がある。これは閼《あつ》伯台《ぱくだい》(12)と呼ばれ、閼伯（契《せつ》）は中国のノアであり、プロメテウスでもある古代文化の英雄だ。一九八〇年代以降、祭りの時期になると大勢の人々が訪れるようになり、丘の下には駐車場と広場が現代的に整備され、付属施設のほか、線香や花飾り、神々の陶器像を売る店が並んでいる。丘自体は漢の時代には存在していたが、それよりもはるかに古いものかもしれない。現在の高さは三〇メートルだが、平原に堆積した土砂を考慮すると、かつてははるかに高かったにちがいない。寺院の内部には文化大革命後に復元された偶像が並んでいる。大洪水を生き延び、人類に火をもたらした閼伯をめぐるいくつかの古代神話を体現したものだ。閼伯への崇拝は、商の守護星だった「火の星」アンタレスと深く結びついており、これは商王朝の起源に関する古代神話と関係している。この地で王朝を築いた商は、閼伯の政務を引き継いだ。こうした伝説の記録は漢王朝までしかたどれないが、ここでもやはり、考古学と文献から先史時代の伝説とのきわめて古い結びつきが示唆されている。

そうなると、この丘はかつての「大邑商」の一部であり、あの聖なる桑林のそばにある先祖を崇める場所だったのだろうか？　こうした興味深い謎があるにもかかわらず、ここではまだ青銅器時代の遺跡は見つかっていない。数千年のあいだに起きた黄河の氾濫の堆積物により、古代の多くの歴史は地中深くに封印されている。だが最近になって、電気抵抗や磁気を利用した新たな調査(13)が行われ、地表から六メートル近い深さで、青銅器時代後期の都市城壁の輪郭が確認された。明朝時代の都市と比べてもかなり規模の大きいものだ。練り土の壁が南北に二九〇〇メートル、東西に最大三六〇〇メートル延びる平行四辺形に近いかたちである。採取したコア試料から、この埋没した城壁は六メートルほどの高さがあることが明らかになった。いくつかの段階を経て建設されているため、正確な年代は推定できないが、紀元前一一世紀に存在していたことは確かだ。大規模な発掘を行わないかぎり、これがさらに昔の都市の輪郭の上にあるのかどうかは確定できない。だが確実に言えるのは、中国で商にまつわる信仰や伝説がこれほど多く集まっている場所はほかにない、ということだ。この都市は七〇〇年ほど存続し、のちのさまざまな文献に登場する。そこには宮殿や市場、聖なる桑の木がある聖堂などが記されており、ここはまさに商の世界の「世界軸」だったのである。

先祖への祈り

土地に伝わる伝説、碑文、文献、考古学などから考察すると、商丘は中国において伝統がいかにして受け継がれてきたかを知るテストケースと言える。歴代の王朝の学者や占い師、祭祀官たちは王権の概念と歴史を後世に伝え、それによって王朝の正統性を裏づけてきた。商の滅亡後、生き残った商の一族の遺産は、のちの中国における王権の本質、そしてその伝承の様式に取り込まれた。近年、商丘からほど近いところで驚くべき墓が発掘され、物質文化の変遷を示している。商の滅亡からまもない時期の墓としては、今のところ唯一見つかっているものだ。葬られていたのは、かつては商の役人で、周の諸侯国に暮らしていた長子口(14)という人物だ。長さが五〇メートル、深さが八メートルという大きな墓に、周の新しい習慣と商の古い習慣が混在した状態で葬られていた。青銅器、翡翠、陶器、貝殻、骨笛、酒器、鐘など、四〇〇点もの副葬品が見つかった。六〇歳ほどで亡くなった墓の主は、征服後の周に仕えていたが、人間の生贄も含め、商の先祖代々のしきたりに沿って埋葬されていた。人間の生贄は一三体にのぼり、そのうちの一体は棺の下に一匹の犬とともに埋葬されていた。長子口はもしかすると、商の最後の有力者だったのかもしれない。

五〇〇年にわたり商の国家の土台となった規範ともいうべきものが、今日、甲骨によって史実として浮上した。そしてそれは、商以降の中国史において、水面下で影響力を及ぼし続けることになる。中国の統治に関するのちの思想の多くは征服者である周によって形成されたものだが、その土台を築いたのは商であり、商の風習や祭祀、信仰の遺産はじつに多くの地域で生き続けることになる。それどころか、後述するように、中国文明でもっとも偉大な文化的影響力のある孔子でさえも、商丘の微子啓一族の末裔だと主張するのである。商の滅亡から五世紀後、彼はこう述べている。「周は殷〔商〕の礼制を引き継いでいるので、何を引き何を足したかを知ることができる」〔訳注：『論語』為政より〕

第3章　天命

商の滅亡から始皇帝が台頭するまでの八世紀のあいだに、各地で割拠していた幾多の王国は統合へと向かったが、中国の文明にはいくつもの重大な転機があった。この長い期間には、伝統や統治者が執り行う儀式を基礎として、独特の政治哲学が誕生した。その根底には、ある揺るぎない偉大な思想があった。それは君主とは天から命を受け、徳によって国を支配する賢者であり、それゆえに忠誠を尽くすべき対象であるという思想だ。この思想の形成において鍵となる、中国の文明のなかでもとりわけ重要な人物が孔子である。孔子は自らをはるか昔の伝承を伝える編纂者にすぎないとみなしていたが、彼が中国文化に与えた影響は計り知れない。中国では、一九一二年に儒教の国であることをやめたものの、その影響は今日でも依然として大きい。絶え間ない内戦に彩られた時代を経て、統一国家を目指す動きが生まれたが、近年になって新たな遺跡や文献が発見され、統一に至る時代背景は改めて関心を集めている。

二〇〇三年、活気あふれる洛陽市[1]の中心部で、買い物客たちは異例の発掘が進められるようすを見守っていた。地下鉄の新駅建設のための掘削作業中、一八台の二輪戦車を含む巨大な車馬坑〔訳注：墓葬に伴い、車馬を埋めた坑〕が出土したのだ。装飾の施された乗車台と輻《や》（スポーク）つきの車輪、引き棒のくびきにつながれたままの馬が露わになった。最大の発見は六頭の馬が引く豪華な戦車だ。それは周の「東の都」で近年発掘された一七の車馬坑の一つで、紀元前八世紀から秦に滅ぼされる紀元前二五六年まで、中原《ちゅうげん》を支配した東周の王たちの墓に関連するものだ。戦車が埋葬されたのは、中国で春秋時代（前七七〇年から前四〇三年頃）と呼ばれる時期で、戦車はこの地で花開いた鉄器時代の戦国文化の一つだった。ちょうどホメーロスが『イーリアス』を著した頃だ。当時この地域にはまだ大小一〇〇以上の国があり、争いが絶えなかった。ホメーロスのアガメムノーンのように、戦国の王たちは領土や部族、財宝、奴隷、女などをめぐって敵と戦うため、支配する小国や部族から戦車や歩兵を提供させていた。兵力は何千人にものぼり、大国ともなると七〇〇〇もの戦車を展開する能力を誇った。洛陽の車馬坑で当時のままの姿で蘇ったのは、階層構造をなす軍事貴族の存在だ。このとほうもない資源の消費は、古代中国の社会構造や祭祀の慣例、軍事力、経済力を反映している。

中央アジアの草原（ステップ）から、ユーラシアの青銅器時代の文化に馬が持ち込まれたのは、紀元前第二千年紀の初めの頃だった。戦車を駆使した戦闘様式は急速に西へ広まり、はるかアイルランドやミケーネ文明のギリシア、ファラオ時代のエジプト、ヴェーダ時代のインドにまで伝搬した。中国では、戦争で戦車が使われ始めたのは商の時代で、当時は王や身分の高い人物らを戦地まで運ぶ道具だった。(2) 春秋時代には戦車戦が主流となり、大規模な戦いでは何千もの戦車が展開された。これは秦の時代に大量生産された機械仕掛けの弓の一種「弩《ど》」が普及するなど、新たな戦闘形式が主流となって廃れるまで続いた。戦車自体はひじょうに格式の高い装備であり、周の王たちが戦士にそれを与えたことを示す碑文には、付属品についても丹念な描写がある。(3)

> 戦車一台とともに、銅製の備品、赤く色づけした柔らかい革製の馬具、赤い裏地の虎皮の天蓋、くびき用の銅鐸、金色の弓入れと魚の鱗を施した矢筒、馬四頭とそのくつわ、手綱、銅製の装飾、金色の腹帯、二つの鈴つきの旗を与える。

中国にも、トロイ戦争のアキレウスとヘクトールに相当するような逸話がある。周の英雄詩には、戦車による戦闘が『リグ・ヴェーダ』や『マハーバーラタ』、ホメロスの作品の賛歌や叙事詩と同じように優美に描写されている。戦車で総攻撃を仕掛け、平原を「稲妻の走るがごとく」ひた走る場面は、さながら中国版『イーリアス』だ。

> 軍を率いる方叔は、四頭の黒毛に乗り給う、四頭の黒毛はよく揃えり。方叔の大車は赤々と、あじろの覆いに魚皮のえびら、むながいの金飾りにくつわの飾り。
>
> ［中略］龍の旗に玄武の旗も鮮やかに。［中略］八つの鈴の音ちりちりと。王より賜いし服を着け、朱色の膝掛け美しく、浅葱《あさぎ》の玉もさらさらと。
>
> すいと飛ぶはやぶさは、空高く飛び上がり、また集い止まる。出陣せる方叔は、兵車三千、これに軍衆と武器を載せて。軍を率いる方叔は、鉦人《しょうじん》の撃つ鼓の音とともに、軍衆連ねて出陣を告げる。輝かしき方叔は、鼓撃つ音とともに、軍を整え戦の準備。
>
> ［中略］
>
> 兵車ひた走り、たんたんと行く、稲妻の走るがごとく。輝かしき方叔は、玁狁《けんいん》を征伐し、荊《けい》の南蛮をふるえさす。[4]
>
> （『詩経』小雅・「采芑《さいき》」からの抜粋。『新釈漢文大系111　詩経　中』（石川忠久著、明治書院）より）

この時代から紀元前二二一年の中国統一に至るまでの出来事を記した歴史家の司馬遷は、「秦王朝以前の時代はあまりにも昔のことで史料に乏しく、詳細な記述をすることはかなわない」[5]と述べている。ところが興味深いことに、この四〇年ほどの発見によって状況は大きく変わりつつある。特筆すべきは、竹簡に書きつけられた文章や亀の甲羅の記録、文字が刻まれた美しい青銅器、そして何よりも周の王墓だ。これらは当時の戦争に関する事柄のみならず、宮廷の文化として饗宴の儀式や生贄、遊び、弓比べ、力自慢、儀式の踊り、音楽鑑賞などが行われていたことも伝えている。領土の分与に関する新たな文献は、貴族文化のしくみ、さらには司馬・司空・司徒という三人の高官と、専門の書記官および公文書作成官を擁する中国の官僚制度の起源まで明らかにしている。(6)今日まで続く郡の制度の原型ができたのもこの時期だった。

周王朝は、中国の歴史においてまとまった文献が残っている初めての時代である。中国文化の権威ある古典のいくつかもこの時代に収集され、保存された。なかでももっとも古いのは『易経』という有名な占いの書だ。(7)謎めいていて深遠なこの書は、世界でも屈指の偉大な文学であり、中国や東アジアでは現在でも実用的な手引きとして用いられている。『詩経』は詩集であり、紀元前一〇〇〇年以前の現存する世界最古の詩体系に基づく作品も含まれている。収められた三〇五篇のテーマは、愛や求愛、婚姻、農業、祭りや踊り、生贄、狩りや戦争といったものだ。なかでも人生の喜びや喪失の痛みをうたった叙情詩は、本書でのちほど触れる偉大な詩を予見させるものであり、いにしえの中国人の感情を垣間見せる人間性に満ちあふれている。一方で、『書経』は重要な歴史的文書を編纂したものので、おそらく事実と考えられているが、紀元前一一世紀に商を征服したあとの周王朝初期の文献を含んでいると記述されている。これらの文献は周による支配を正当化するものであり、中国の伝統に対して広範な影響を及ぼすことになる。いずれも商の征服を公正な統治者による邪悪で堕落した王に対する勝利として描き、周王朝を正統な継承者としている。『書経』に記された歴史そのものが権力を正当化する究極の道具となる。これ以後、歴史の管理と文献の管理は深く結びつけられ、文書の作成は書記官と祭祀官を通じて国が独占するようになった。書き言葉を通じ、歴史の所有が始まったのだ。

ここで重要な役割を果たすのが天命という概念だ[8]。すでに述べたように、天上からの指令を意味する天命は、もともとは周王朝の創始者である武王の父、文王の治世であった紀元前一〇五九年、文字通り空に現れた天体の兆しだった。武王とその占い師はこう解釈した。これは天帝から与えられた命であり、「空に現れた偉大な指令にほかならない……したがって天は、歴代の王たちを守ったように、天の子である私をあらゆる方面で保護し、見守ってくれるだろう」。

つまり、周の統治は天と結びついていた。王とその王朝は、天の庇護を受けられるかぎりにおいて統治することが認められる。神聖な務めを怠った王や、横暴にふるまった王は天の怒りを買い、宇宙の調和を乱す。すると秩序が失われ、世の中は混乱に陥る。これは現在でも、中国にとって大きな恐怖である。最終的には、天は天命を取り下げ、やがて通常目に見える合図によって新たな天命を明らかにする。

西周は四〇〇年続いた。この時期に天からの合図、すなわち天命の概念は変化した。紀元前一〇五九年に文王の統治下で起きたある出来事だった天命は、王朝の盛衰の理論と結びつく「命を革《あらた》める」という広い概念へと発展した。それは天上の最高神、上帝によって認められたものとされ、上帝はこの時期に天帝と呼ばれるようになり、周の最高神となった。つまり、この時期に新たなパラダイムが構築された。こうして、君主制を支える政治的イデオロギーと政治哲学が形成され始めたのだ。したがって、孔子から一一世紀の王安石や司馬光に至る影響力のある思想家たちは、周を理想に掲げた。孔子にとって、「周公〔訳注：周公旦。武王の弟で王朝の基礎を確立した〕に倣う」ことは信条となり、周は時計を巻き戻すようにして模倣すべき黄金期となったのである。実際に、周への高い評価は、中国ののちの歴史において、他の王国が王朝名としてその名を使っていることからも明らかだ。例えば、九五〇年代に存在した「後周」、一三五〇年代の「大周」などである。いずれの王国も周の復活であると自ら宣言し、周を究極の模範とした。

宇宙は道徳的秩序とみなされ、それを基礎として地上での秩序を織りなす道徳的価値観が形成された。高潔な統治者は、商の王が占い師とともに行ったように、天と人間の世界を仲介することになる。ただし、今度は道徳上の契約が生じるようになった。もちろん、いかなる文化においても支配者の理想と現実には大きな隔たりがあるものだが、中国では統治の指針を適切に方向づけられるかどうかは王に仕える大臣や思想家にかかっていた。このような考え方は、その後二五〇〇年以上にわたって受け継がれることになる。本書の「プロローグ」に登場する一八九九年の儀式は、電話や自動車が普及した時代になっても依然としてこれを体現するものだった。また後述するように、帝国の終焉は、この強力な思想の終わりを意味しなかった。共産主義時代においてさえ、党の独裁政治の陰で目には見えないながらも生き続けていた。[9] 賢明な王としての肖像は毛沢東主席にも投影され、聖なる山とされる泰山《たいざん》では、大きな石に彼の筆跡を写し取った文字が刻まれている。文化大革命における毛沢東の個人崇拝は、人々が「偉大な操舵手にして指導者」の美徳を信じるようさらに促したのだった。

孔丘——孔子

紀元前六世紀、各地の勢力が覇権を争う状況のなか、周（東周）は衰退の道をたどった。秩序は崩壊し、暴力と戦いが蔓延し、数世紀後には戦国時代と呼ばれる状況に陥った。争いは絶えなかったが、そんな不安な時代に中国の政治的伝統を確立することになる思想の黄金期が形成された。秩序、美徳、正義といった根源的な主題を扱う多くの優れた思想家のなかには、中国文明でもっとも高名な人物の姿もあった。紀元前六世紀にこれらの思想を体系化した偉大な人物は孔丘と呼ばれ、のちに「孔先生」を意味する孔子[10]（前五五一年頃－前四七九年）の名で知られるようになった。一七世紀には、中国に赴いたイエズス会宣教師が「コンフキウス」とラテン語化している〔訳注：「孔夫子」の転化。「夫子」は先生への尊称〕。孔子は自らを「伝えるだけで創作はしない」と表現しているが〔訳注：『論語』述而の冒頭の「述べて作らず」を踏まえている〕、歴史上もっとも影響力があり、名の知られた賢人の一人だ。その言行をまとめた『論語』ほど長いあいだ人々に影響を与えてきた書物はなく、その影響力は聖書をもしのぐと評され、日本や韓国などを含む東アジア全域の知的、文化的生活を支えてきた。

孔子はきわめて高名な人物であり、これまでにあまりにも多くの脚色が加えられてきたため、彼について、彼が生きた時代の一人の人物として理解するのはひじょうに難しい。戦国の世に東周の地方に暮らしていた鉄器時代の思想家、孔丘はどのような人物だったのか。孔子を見つめ直すには、その故郷を訪ねるべきだろう。現在、中国北東部の山東省曲阜《きょくふ》市は、北京から簡単に訪れることができる。

真新しい高速鉄道の駅を出発すると、曲阜へ向かう車窓から今日の中国ではめずらしくなっている田園地帯を眺めることができる。列車は主要幹線道路から離れ、田舎の長い並木道に沿って麦畑を抜け、小さな村々を通過する。曲阜では中国で鉄道が開業したばかりの頃、鉄道施設は中心部から遠ざけられた。これは、昔から今に至るまで地元の有力者として知られる孔一族の強い要請によるものだった。おびただしい数に増えた一族の子孫は、現在でも曲阜市の人口の半分を占め、街頭では末裔たちが「孔」の名が書かれたIDカードを誇らしげに見せるだろう。曲阜の中心部の城壁内には、「孔府」と呼ばれる孔子の子孫が暮らした邸宅がある。広大な敷地内にはいくつもの建物と中庭があり、部屋数は四八〇室にもなる。孔子を祀る壮大な霊廟、「孔廟」は中国でも屈指の建築物であり、庭園には歴代の中国の皇帝たちの来訪を記念する石碑や門があちらこちらにある。城壁の北門の先には、何とも言えない趣のある「高貴な賢人の森」が広がる。塀に囲まれ、鬱蒼とした木々が茂るこの森は、「孔林」と呼ばれる一族の埋葬地だ。草に覆われた小さな塚や倒れた墓碑の下には、はるか昔に忘れ去られた何千人もの一族の人々が眠っている。

曲阜自体は、今でもこぢんまりとした愛らしい城壁の町だ。城門では毎晩、昔の衣装に身を包んだ人々が観光客を相手に、槍と太鼓を使った儀式を披露する。日中は自転車タクシーや馬車が忙しく行き交っている。今日、孔子の存在は至るところにあるが、文化大革命時代には共産主義者から忌み嫌われていた。毛沢東の提唱により紅衛兵たちが墓地を破壊し、墓を掘り起こした。孔子を打ち砕くことが、「党と軍、国家のすべてにとっての最重要事項」であるとされた。孔子はそんな弾圧をはねのけ、今では完全に復活している。近年、習国家主席は党に向けた基調演説で孔子を引用し、中国で最近出版された『論語』の普及版では帯に推薦の言葉を寄せ、これはベストセラーになった。曲阜の最高級ホテルでは、エントランスに孔子の像が置かれ、客室のベッド脇のテーブルの引き出しには、まるでギデオン協会の聖書のように『論語』が収められている。

曲阜は東周の小さな属国、魯《ろ》の首府だった。市街地は周囲が一〇キロメートルほどで、泗水《しすい》とその支流の洙水《しゅすい》という川に挟まれている。成立は、古代ギリシアではアルカイック期にあたる紀元前八世紀にさかのぼり、春秋時代から前漢に至るまで、魯国の王宮が置かれていた。西洋では共和政ローマの時代にあたる。曲阜はこれまでに何度も再建されている。かつての城郭都市は孔一族の墓地まで含んでいたが、現在の城内はその南西部を占めるばかりだ。ところどころには古代の城壁が残っており、高さは最大で九メートルほどになる。城内では本格的な発掘は一度も行われたことがないが、サウンディング試験を重ねた地質調査から、都市の主軸に沿って大規模な建物の練り土の土台が存在することがわかっている。(11) おそらく王宮の一部だったのだろう。南城門から城外に出たところにも舞雩台《ぶうだい》と呼ばれる遺跡がある。雨乞いの舞と祈りが捧げられた大きな高台であり、今も木々に覆われた状態で畑のなかに残っている。銅や鉄の鋳造所の跡や、陶磁器や骨角器の工房跡も見つかっている。周の時代の墓地は城内の西側にある。したがって、紀元前六世紀には、宮殿と工房を備えた商の世界の都市計画を引き継いでいたと考えるのが妥当だ。

つぎに、孔子の経歴について紹介しよう。鉄器時代の都市国家に生まれた彼がどのような人物だったのかを知るには、血筋が手がかりになる。[12] 孔子の子孫が暮らした孔府には、現在の孔一族が大切に保管してきた家系図がある。初代は孔子からさかのぼること一五代、紀元前一一世紀の人物だ。添えられた説明は複雑だ。先祖で曲阜に初めてやって来たのは孔子の曾祖父だった。「宋国の人」である彼は、河南にある宋に封ぜられた商最後の王の兄、微子啓《びしけい》の子孫であったという。これが事実であるとすれば、孔子の精神構造と文化的気質を理解する興味深い手がかりになるだろう。ただし、別の言い伝えによると、孔子はじつのところ、魯南部の片田舎に生まれた「無骨な人物」だった。父親は叔《しゅく》梁紇《りょうこつ》という名で一族の年老いた戦士であり、妻のほかに複数の女性がいたという。孔子の母親は、顔《がん》という地元の一族の若い娘だった。こちらが事実なら、若き孔子は文化的アウトサイダーであり、周の文化を受け継いでいたわけではなく、一説ではそれが原因で冷笑され、軽んじられた時期もあった。それでも、父方の一族は昔ながらのしきたりを忠実に守っていることで知られていた。孔子はやがて「諸国を放浪」するものの、一族から受けた教えは、彼が生涯にわたり、かつての周の理想的王政に強い忠誠心を抱いていたことの説明になるのかもしれない。

　孔子は早い時期から才能をみせたが、若き高級官僚として成功することはなく、出世とは無縁だった。おそらく、一族のなかでもしがない家の無名の息子だったからだろう。彼は生涯を通じて貧しかったが、学識があり、周の祭祀のしきたりに詳しかったおかげで、しばらくは宮廷で活躍した。あるときは、対立する有力な三つの氏族〔訳注：斉の第一五代君主桓公《かんこう》の子孫として権勢を誇った魯の氏族。三桓氏《さんかんし》と呼ばれた〕に向き合い、それぞれの要塞を解体する計画に同意させた。だが、従来唱えられてきた年代が正しければ、紀元前四九七年には、すでに五〇代になっていた孔子は官職を解かれ、追放された。それから一四年間は弟子たちとともに中国各地を巡り、最後は魯に戻って学問と教育に取り組んだ。この旅は、孔子の生涯できわめて重要なものだ。歴史家の司馬遷や詩人の杜甫など、中国史の偉人たちも経験した、世界観が覆されるような出来事だった。おそらく、世の中を広く知ったことで、考えの幅と普遍的な物の見方に磨きがかかったのだろう。孔子の素晴らしいところは、東アジアの小さな都市国家の生まれだというのに、人間について、あるいは「人間性」について普遍的な感覚を身につけていたことだ。ただし、東アジアより遠い世界についてどれだけ知っていたのかはわからないし、彼にとっての「人間性」とは、「天下」での、つまり中国での話にかぎられていたのかもしれない。

孔子の肖像画は生前に描かれたものは残っていない。のちの時代になって広まった肖像画は、笑みをたたえ、薄い頬ひげを生やした痩せた老人の姿だ。性格はやや尊大で退屈な人物として描かれている。ところが弟子が残した記録では、孔子は自分自身について、最大の特徴は情熱的なところだと考えていた。「私の情熱的な面についてどうして言及しなかったのか」と、弟子に問いかけている〔訳注：『論語』述而「葉公、孔子を子路に問う」の章を踏まえている〕。中年になってからも行動力は衰えず、教養人がたしなむ野外活動を積極的に行った。馬の扱いに長け、弓や狩り、釣りなどの戸外での運動も得意としていた。また、どこへ行くにも武器を携帯しなければいけない時代にあって、疲れ知らずの大胆な旅人でもあった。身の危険にさらされることも多く、命を狙う敵の攻撃を何度もかわしている。危険な時代には、屈強な若い弟子たちは貴重な存在だった。

統一を求めて

孔子が生きた時代、戦いに明け暮れ、分裂した諸侯国を束ねる周王朝の体制は崩壊しつつあり、長期的な安定を得るには何らかのかたちで政治的統一がなされる必要があった。孔子の思想家としての足跡は、そのような時代背景を踏まえて理解しなくてはならない。彼はおそらく、「天下」の統一支配の利点を初めて提言した人物だ。紀元前五〇五年から五〇二年にかけて故郷の魯国で起きた反乱に言及し、孔子はこう述べている。

天下に道が行われていれば、礼や楽、あるいは征伐はすべて天子から起こる。天下に道が行われていなければ、礼や楽、征伐は諸侯から起こるようになる。諸侯から起こるようになっては、まず十代はもたない。諸侯の重臣である大夫《たいふ》より起こるようになっては、まず五代ももたない。大夫の家臣が国政をとるようになったとしたら、まず三代ももたない。(13)

〔『論語』(齋藤孝訳、筑摩書房)「季氏第十六－2」より〕

これは孔子の主張の核心だ。孔子だけがこのような結論に達したわけではないのは言うまでもない。それでも、賢明で正統な一人の君主に権力を集中させ、「天子」の王権の説得力を回復しようという発想は独自のものだった。それは混乱と社会の崩壊を食い止めるための答えだった。ただし、具体的な実現方法については触れていない。彼は原則について語っているにすぎないが、イデオロギー上の道筋は明らかだ。西周の祭祀の慣例を復活させ、単独の君主がそれを用いること。王の行いの根本には「徳」があるため、理想的な統治者は情け深く、博学でなければならない。要するに、賢者でなくてはならない。もちろん、これはあくまでも理想論にすぎず、現実にはそうはいかなかったが、中国の歴史的伝承では実現できると考えられた。そして実際に遠い昔、周の建国当初には実現できていたのであり、それは孔子が模範とするところでもあった。

知識人の役割として重要なのは、「道」を決めることだった。道が失われた場合、賢者は何をおいても世の中を改革し、道を軌道修正し、しきたりを明確にし、君主に助言する道徳的義務を負う。そこで、孔子にとって最優先の関心は政治となり、その後の中国哲学の主題も政治だった。中国において、思想は二つの中心的問題を軸に展開されていると言える。宇宙における調和、そして社会、宇宙論、政治の調和という問題だ。それから二五〇〇年ものあいだ、中国の思想の中心的な関心事は政治と倫理だった。これは古代ギリシア・ローマ以降の西洋とは大きく異なる。西洋は啓蒙主義と科学革命が到来するまで、一神教の影響によってまったく異なる概念上の道筋を歩んでいたからだ。ヨーロッパでは、ローマ法とゲルマン法によって形成された王権制度は、政治的権力とは分離した法規範を発達させた。これら二つの経緯は、今日に至るまで東洋と西洋のそれぞれの伝統を特徴づけてきた。

孔子の声は『論語』を通じて知ることができる。『論語』は弟子たちによって伝えられた彼の言行を集めたものだ。言語学的証拠から、遅い時期の記述の一部は彼の言葉ではないと考えられるが、大部分は一貫した声を伝えている。その声は力強く、独特であり、作家のエリアス・カネッティ[14]が述べているように、「一人の人物についての真に知的で気高い最古の描写」となっている。マルクスは信奉者たちに、自分はマルクス主義者ではないと戒めた。孔子も同じく、のちの中国文明によって神聖化され、毛沢東時代に批判され、否定されたような儒学者ではなかった。孔子は先生と呼ばれることが多かったが、使命感を抱いた政治的扇動者でもあった。これは過去五〇〇年にわたり築かれてきた文明の崩壊を目の当たりにした、彼の特異な精神構造によるものだった。彼は自分には中国の政治秩序を改革する神聖な使命があると信じ、その強い信念に突き動かされていた。そしてどうやら、人々を周の文王が示したような正しい道へと引き戻し、文明世界を再統一する役割を天から任されたと信じていたようだ。

では、その思想に弱点はないのか？　孔子は不当な統治に異を唱えることが賢者の義務と信じて疑わなかった。しかし、抑圧的体制を強化しようとする者にとっては、法への服従を利用することが好都合なのは言うまでもない。公正な統治という考えは道徳教育に依存している。孔子は法秩序の提唱者ではなく、まして行政権と立法権の分立を主張することもなかった。すべての権力が統治者に集中し、独立性のある法秩序が保たれなければ、知識人は統治者に身を委ねることになり、中国では今日の中華人民共和国に至るまで、その状況が引きずられている。孔子は人の本質を信頼し、法を疑っていた。法による支配は、公正な秩序を築く最善の方法ではないと考えていたのだ。公正な秩序とは、教育によって教え込まれる祭祀と道徳のしきたりを通じて実現されるものだった。だが、これはあくまでも鉄器時代の小さな都市国家の話だ。大規模な帝国となればまるで事情がちがう。この難問は、のちに中国の進歩的な思想家によって探求されることになる。一七世紀に皇帝制と賢帝の役割を変革しようとした取り組み（下巻三八－四三頁参照）や、一九世紀の変法運動などがその例であり、まさに今日においても議論の的となっている。

ローマ法やゲルマンの慣習法を継承した西洋では、人を統治するには強力な法制度による規制がないかぎり、かならず不備が生じると考えられるようになった。国家の統治には被統治者の同意が不可欠であるという思想が、徐々に発達したのだ。すでに宋の時代には、これは西洋との顕著な相違となっていた。例えばイングランドでは、その頃にはすでに、法は王が従うべきものと理解されていた。もちろん、人口一億人の中国に対し、中世イングランドのように数百万人規模の国となれば、自由に対する姿勢が異なるのは自然なことだ。それでも、法の支配を確立できなかった中国は、そのために政治的伝統における最大級の難題を帝国終焉まで抱えることになる。その後、中華民国の時代にはこの流れを修正する動きが浮上するが、毛沢東によって踏みにじられ、一九八〇年代に復活したものの二〇〇〇年代初期以降は失速している。

孔子自身は一貫して、恣意的で不公正な権力に反対することが知識人の義務であると主張した。これは中国史全体を振り返ってもわかるように、言うほどたやすいことではない。それでも、多くの偉大な書物と同様に、孔子の深い洞察の多くは時を経ても色あせることがない。孔子の人間主義的な理想は、一〇世紀になると中国の国家としての教育制度に組み込まれ、その後、数世紀のあいだに朝鮮や日本、ベトナムをはじめとする東南アジア諸国に広まった。二〇一六年に曲阜の孔子の墓で行われた特別な儀式のなかで、韓国の儒学者たちの一団は、伝統的な衣をまとい、高位の学者に許される帽子を被った姿で、二一世紀に求められる孔子のメッセージをこう要約した。「子《し》は勤勉、義務、仁という人類共通の価値観を定義された。個人主義が蔓延するこの時代において、普遍的人類愛を信奉する子の言葉は、二五〇〇年の時を経てもなお全世界に響くものなのです！」

枢軸時代

このような流れを踏まえ、本章の最後に興味深い問いを投げかけたい。今日の世界観にも重なる問いである。ユーラシアのグローバルな文化史という枠組みにおいて、孔子を、そして思想家たちを多く輩出した中国のこの時代——紀元前六世紀から五世紀にかけての時代——を、どのように位置づければよいのか？　一九四九年、世界的な武力衝突とホロコーストが西洋文明の功績に暗い影を落としていた第二次世界大戦直後の苦々しい空気のなかで、ドイツの哲学者カール・ヤスパースは、孔子が生きた時代について重大な主張をした。彼はこの時代を人類史上のきわめて重要な時期とし、「枢軸時代[15]」と名づけ、こう説明している。「人類の精神的基盤が、中国、インド、ペルシア、ユダヤ、ギリシアにおいて同時期にそれぞれ独立した状態で構築され、人類は今もなおそれを拠りどころにしている」

ただし、これは新説ではない。一八世紀には、インド学者の草分けでフランス人のアンクティル゠デュペロンが、紀元前五〇〇年頃に世界各地にみられた思考の革命的変化について語っている。「この世紀は人類の歴史において特筆すべき時期であると理解できる……世界の複数の場所で同時期に天才を生み出したある種の革命の時代であり、ギリシア人、ペルシア人、ユダヤ人、インド人たちが未来の基調を打ち出した」。アンクティル゠デュペロンは、一六八七年にパリで出版された『孔子の生涯』を読んでいた。これは『論語』などの翻訳の序文としてラテン語で記されたもので、孔子について「純粋に自然的理性によって、このうえなく卓越した道徳体系」を構築した「もっとも賢明な思想家」であると称賛している。啓蒙主義の考えを受け、アンクティル＝デュペロンは、歴史の様相を変え、その後も東の世界全体にとって「神託」、つまり知恵の源泉であり続けているもっとも偉大な三人の人物に孔子を含めている。

では、このように驚くほど時期が一致しているのは単なる偶然だったのか。紀元前第一千年紀のなかば、ユーラシア大陸では、各地で物質的文化に関するいくつかの共通の出来事があった。当時、社会は青銅器時代から鉄器時代へと移行しつつあり、強力な君主と大規模な都市が生まれていた。商人階級の出現に伴い、宗教や政治を司る支配層以外にも初めて書き言葉が広まった。そして、それ以前とはまったく異なる感覚の世界観が生まれた。この時期の重要な人物はすべて、紀元前五五〇年代から紀元前四世紀にかけてのほんの四、五世代に収まっている。孔子や釈迦、ソクラテス以前の数人の偉大なギリシア哲学者など、何人かはまったく同時期に生きていた可能性さえある。

確実に言えるのは、孔子とその弟子たちは、歴史上、青銅器文明が消滅した時期を生きたということだ。そのあとを引き継いだのは、古代ギリシア、ガンジス川流域、戦国時代の中国において覇権を争う鉄器時代の都市国家だった。これらすべての地域で社会は多様化し、そして天才的な思想家たちが登場した。古代ギリシアのイオニアからは、ヘラクレイトス、ピタゴラス、アナクサゴラスなどの哲学者や科学者が輩出された。釈迦と同時期には、ジャイナ教徒やアージーヴィカ教徒、懐疑主義者、合理主義者、原子論者が生まれた。いずれも精神の本質と物理的宇宙について探求していた。中国でも、この時期は思想家の時代として知られ、道家や墨家、そして孟子などの儒教の信奉者から成る「諸子百家」が現れた。ギリシアやインドでもそうだったように、中国の思想家たちのあいだには人間と宇宙に関するさまざまな見解が存在した。もしかすると、類似点はあくまでも大まかなものかもしれない。孔子の政治的関心と、釈迦がガンジス平原の他の宗教集団と交わしたカルマをめぐる議論に共通点が多いというのは無理があるだろう。注目すべきは、彼らの関心が人間と、宇宙における人間の立場について向けられていたという点だ。

孔子が戦国時代の各地の支配階級に提示した政策は魅力的なものだった――彼が掲げる厳格な基準に基づく徳と知恵に従って行動し、人間のために「大同」〔訳注：天の公理に基づき、人心が和合し、よく治まった公平で平和な社会〕に向けて邁進すること。だが、諸国を巡る彼と弟子たちは、最初は大歓迎されても、宮廷内の派閥や腐敗した重臣たちから敵視され、追い出されるのが常だった。結局、使命を果たせずに終わった孔子は魯に戻り、残りの人生をひっそりと過ごした。のちの名声とは裏腹に、孔子は生きているあいだは日陰の存在だった。周は「天下」を束ねた天命によって形成されたというのに、徳に従って国を改良すべきとする彼の提案は受け入れられなかった。そんな提案に乗る道理はなかった。中国には、文化と文字を共有しているという感覚と、先史時代の大禹《たいう》の伝説にさかのぼる統一の深遠な神話は存在していた。だが、誰一人として、衰退しつつある周の体制に支配権を譲るつもりなどなかった。当時の周は、高潔な周公旦の凡庸な後継者たちが治めていたにすぎない。では統一はどのように成されたのか。じつのところ、統一は合意ではなく、力によって実現されることになる。そしてそれを成し遂げたのは、中国史上もっとも著名な統治者の一人、秦の始皇帝だった。

第4章　始皇帝と中国の統一

秦帝国の誕生は「人類の歴史上もっとも壮大な出来事の一つ」と捉えられてきたが、確かにそうだろう。秦と同時期に存在した国としてマケドニアがあるが、アレクサンドロス大王が登場する以前のマケドニアと同じく、秦という国は文明の中心から遠く離れた「野蛮な」王国であり、隣接する諸国からは「狼などの獣のすみか」とみられていた。ところが紀元前二四〇年代になると、秦は王の嬴政《えいせい》のもとで、歴史の舞台に躍り出て周を滅ぼし、中国を統一した。そして嬴政は始皇帝となる。中国全土を支配したのはわずか一五年にすぎなかったが、秦は中国の物語を永遠に変える超大国となり、今日まで続く支配構造と思想の輪郭を残した。秦については近年、考古学的史料と文献の驚くべき発見が相次ぎ、その華々しくも暴力的な世界についてまったく新しい実態が浮かびあがっている。(1)

中国統一への道は、それまで二世紀にわたって敷かれてきた。ときは戦国時代（前四八〇年代－前二二一年〔訳注：日本では前四〇三年の晋の分割を戦国時代の開始とする考え方が有力〕）にあたるが、思想についても激しい論争が交わされた時代だった。前述のとおり孔子の存命中（前五五一年頃－前四七九年）、周の価値観を守り、模範的行動を自ら示し、他者にも奨励するような、すべてにおいて賢明な統治者が国を統一するという彼の考えはまったく受け入れられなかった。「無秩序が蔓延」する時代にあって、衰退する周の支配者たちに支配権を譲ることや、現実的政治が不可欠な時代に「徳」という概念を受け入れようとする人々はいなかった。こうした現実との矛盾に対して解決策を示したのは、孔子の死後に登場した思想家たちだった。

思想家の墨子[2]（前四六八年頃－前三九〇年頃）は、蔓延する無秩序への対応策として、ただ一人の君主を擁立することを推奨した。墨子は実力主義による官吏の任命、役人に対する監視、思想と行動の統一などを構想したが、厳格な秩序に基づく社会において思想を型にはめるような面もあった。紀元前六世紀頃に老子が記した著名な書物『道徳経』においても、統一の先にあるものを政治的秩序と形而上学的秩序の一致と捉えている。「道、天、地、王は偉大である。これらは国家における四つの偉大なものであり、王はそのうちの一つである」。ここでは、宇宙と政治が一体化した、絶対的な王権というビジョンが示されている。中国で孔子に次ぐ聖者と称される孟子は、「天下」を安定させる方法を問われると、安定は統一にあると答えた。統治者が慈悲深く公正なら、「天下の人民はみな首をのばしてその君をながめるでしょう。ほんとにそうなると、人民のその君に帰服することは、まるで水が低いほうにざあっと流れるようで、だれがその勢いを止めることができましょうか」〔『孟子』（貝塚茂樹訳、中央公論新社）「梁恵王章句上」より〕。

果たしてそのとおりだった。紀元前三世紀には、統治体制の統一は「道」の原則を実践する前提条件であり、したがって平和と「大同」に至る道であると誰もが納得した。だがどうやって実現するのか。もちろん、儒学者をはじめとする思想家たちは、暴力によって実現すべきだと唱えるわけにはいかなかった。人を殺して権力を得ようとする公正な君主などあり得ない。かといって、大きな国が自ら権力を引き渡すとは思えなかった。結局、きわめて多くの歴史の例にもれず、変化は戦争によってもたらされた。中国は剣によって、そして儒教の理想からかけ離れた統治のイデオロギーによって統一されたのだった。

統一をあと押しした重要な文献は『商君書』[3]だ。紀元前四世紀に秦王朝の思想家、商鞅《しょうおう》が著したと伝わるこの書物は、東西の古代世界を見渡しても抜きんでた影響力を持つ内容である。史上初の全体主義の宣言書と呼ばれ、「伝統的文化と道徳的価値観に対するあからさまな攻撃」とも受け止められてきた。中国においても、手段を選ばないゆがんだ権力行使による圧政を擁護する恥ずべき主張として、一部の識者からは軽蔑された。だが、このうえなく便利な道具とみなす向きもあった。それどころか、今の世の中においても称賛されることがある。全体主義的統治を「社会主義に向かう第一段階」として、つまりマルクス主義的ユートピアに至る道筋の一時的な局面として正当化しようとする立場からは、きわめて都合がよい。そのような考え方の原点が『商君書』だった。

　この書物の主要部は紀元前三四〇年代頃に書かれているが、一部は翌世紀になってから加えられた。法家の視点から国家の新しい形態について議論が展開される。社会秩序の底辺まで政府の権力を浸透させ、すべての農民が勤勉に土を耕し、すべての兵士が勇敢かつ忠実に国を支え、すべての役人が厳しい懲罰法を断固執行するような社会の構築を説いている。商鞅は、このような新秩序の導入を促すために現実的な改革を奨励し、それらは基本的に中国の歴史をとおして生き延びてきた。その筆頭は社会を県と地区、村に分ける改革だ。基本となる最小単位は五戸を一組とする集団だった。五戸は互いの行為に責任を持ち、あらゆる犯罪に責任を負う代表者を一人設けるものとされた。これはすべての住人の誕生から死去までを記録する戸籍制度へとつながった。記録には、名前や出身地、性別、名前、子どもの数と名、労働できる年齢か否か、社会的格付け（法律書の規定に従う）、馬や牛をはじめ保有する動物など、一三におよぶ項目があった。このような行政システムと容赦なく執行される法のピラミッド構造によって、民衆全体を厳格に支配することができた。孔子は「大同」の実現の答えは仁だと考えていたが、現実はそうではなかった。将来、統一と服従が完全に定着したあかつきには、仁がうまく機能するかもしれない。だが、さしあたり優先すべきは厳しい法だ。『商君書』にはこうある。かの高潔な武王でさえ「武力によって世界を掌握し、義によって武力を控えたのはのちのちのことだ。だが今の世は、強国が弱国を併呑し、弱国は併呑されまいと必死に守っている……殷《いん》の湯王《とうおう》と周の武王の道は行き詰まり、万乗《ばんじょう》の国〔訳注：兵車一万台を出せる大国のこと〕はみな戦争をしかけ、千乗の国はみな防戦している」。

そこで、実効性のある王権を確立するには武力衝突が避けられず、王権を維持するには厳格さが求められた。整備された戸籍制度から統治に関するあらゆる思想までのすべてが、全体主義国家の青写真となる。商鞅の「豊かな国と強い軍隊」を築くべしという勧告は、現在の中華人民共和国と、周恩来および鄧小平が掲げた「四つの現代化」に至る中国史におけるひな型になったのだ。

紀元前三世紀には、軍事技術が著しく進歩した。高度な兵器と弩《ど》が開発され、統制の取れた大規模な軍隊を派遣できるようになり、ようやく国家統一が現実のものとなった。秦は周の中心部の西側に位置し、歴代の周の王を承認する多くの諸国の一つにすぎなかった。秦の人々は長いあいだ周の文化を共有し、周の王族と婚姻関係を結んできた。ところが、周が一世紀ほどのあいだに衰退すると、秦は独自の文化的アイデンティティを強く意識するとともに、屈強さを重んじるスパルタ的な思考を発達させた。紀元前二五六年、秦は紀元前一一世紀から存続してきた古い政治秩序の最後の象徴である周の領土を併合した。(4)「今は暗い時代である。市井の人々が際限なく苦痛を味わっている」とある年老いた愛国者は書いている。「周の家系が滅ぼされた。天子の血筋が断たれた……天子の不在より嘆かわしいことはない」(5)

秦は急襲を繰り返し、「万乗の国」とも称された六つの主な競合国を征服した。中国の帝国の歴史がここに始まった。(6)その勢いはすさまじいものだった。紀元前二三〇年から紀元前二二一年にかけて、戦国時代に割拠していた国々を征服したのち、法家の商鞅が描いた青写真を実現する手段を講じた。新たな法制度のほか、改良された度量衡と貨幣、文字を導入した。領土の統一を目的とした新しい国の習わしもあった。厳しい強制移住と他民族の一掃により、征服した国々の「富豪」一二万戸を都周辺に移住させた。そして皇帝は目覚ましい勝利を記念すべく、「大同」が成し遂げられたことを告げる碑文とともに、宮殿に巨大な銅像を設置した。つぎの世代の前漢の政治家、賈誼《かぎ》は、王朝が権力を握るまでの経緯をこう説明している。

秦は海に囲まれた地のすべてを占領し、近隣諸国を併合した。彼は南を向き、自らを皇帝と呼んだ。かくして、彼は四つの海に囲まれた地のすべてと、彼の力におとなしく服従する「天下」の従者たちを養った。なぜそうなったのか？　当時、世界は長いあいだ統治者が不在だった。周の王家は取るに足りない存在へと身を沈め、強者が弱者を威圧し、少数が多数を威圧した。武器とよろいが脇に置かれることはついぞなく、民衆は疲れ果て、貧困にあえいでいた。民衆は平和と安全を手に入れたいと願い、心からの敬意をもって仰ぎ見ない者はいなかった。この瞬間に権威が守られ、功績が安定し、永続的な平和の基盤が築かれたのだった。(7)

近年、考古学上の驚くべき発見により、秦の覇権と諸制度について新たな知見がもたらされている。行政上の必要性から全国を三六の郡に分け、全長六八〇〇キロの道路網によって交通を整備した。中国北部から北西部にかけて、すでに存在した国境の防御壁につなげるように長い壁を築き、壁の全長は四〇〇〇キロに達した。(8) 現存する「万里の長城」の前身だ。都の咸陽《かんよう》（現在の西安近く）から北部の軍事基地には八〇〇キロにおよぶ軍用道路が整備され、基地には三〇万もの兵が駐留していた。こうした大規模な事業はすべて強制労働によって賄われていたため、のちの歴史家たちによると、民衆からは強い怒りを買ったという。この時期の発展はきわめて迅速で広範囲にわたり、これに並ぶものがあるとすれば、一九四九年の革命後と、一九七九年に始まり現在まで続く改革開放路線が導入されて以降の発展しか見当たらない。

当時、秩序をもたらすことは秦のプロパガンダの中核であり、国家統一に対する民衆の支持により、政府の冷徹かつ残忍な支配体制は正当化された。大きな変化の時が到来していることは、この時代の誰の目にも明らかだった。始皇帝は征服した領土と聖なる山に建てた記念碑に、自らが「天下に平和をもたらし……庶民は平和に過ごし、二度と武器を手に取る必要がない」と刻んだ。彼は「有力者と反対勢力を一掃し、四方に安定をもたらした」。かくして、統一された帝国こそが正しい統治形態となる。その後、国が崩壊したときでさえ、(唐や宋、明の滅亡後のように)求心力によって国がふたたびまとまった。始皇帝以降、統一は正当化されたのだ。

それにしても、ひじょうに多くの地域と文化と言語がある大陸において、中国の統一という考えは、どうして再三にわたって復活するほど根強いものだったのだろう。注目すべきはその考えがときどき崩れたことではなく、かならず元に戻ったという事実だ。ヨーロッパでは、カール大帝の時代など、大陸の大部分が一人の統治者によって支配された時期もあったが、そのたびに分裂が起きて国民国家へと戻った。アラブのカリフも広大で異質な要素から成る地域を政治的に強引に統一しようとしたが、地域ごとの文化や帰属意識があまりに強く、実現できなかった。それに比べ、インドは比較的中国に近いかもしれない。固有の宗教によって、亜大陸全土に強い文化的一体感がもたらされていたからだ。また、マウリヤ朝やグプタ朝、ムガル帝国、南部のチョーラ朝の支配下では、インドにも大規模な国家が存在した。にもかかわらず、ヒマラヤ山脈からインド最南端のコモリン岬までが政治的に統一されたのは、部外者のイギリス人に強制されてからのことだ。それに対して中国では、「大同」は秦以前から脈々と受け継がれたイデオロギー上の神話に近いものであり、壊滅的な崩壊に見舞われた時期でも、決して放棄されることはなかった。

始皇帝

始皇帝本人に着目すると、王子嬴政は紀元前二四七年に一〇代にして秦の王になった。紀元前二二一年、秦が戦国諸国をすべて征服して中国統一を果たすと、彼は神話に登場する太古の支配者たち〔訳注：三皇五帝〕の称号を用いて「始皇帝」と名乗った。中国史上もっとも注目され、物議を醸す指導者であり、のちの儒学者たちからは「身体切断などの刑罰に頼るばかりだった……子《し》は書物と墨に訴えたというのに」と忌み嫌われた。ある有名な逸話によると、始皇帝は書物を燃やし、四六〇人の学者と歴史家を生き埋めにした（焚書坑儒《ふんしょこうじゅ》）[9]。始皇帝が強硬だったことは疑いようがないが、このような否定的評価は近年になって変わりつつある。考古学的発見により、始皇帝に関する恐るべき叙述の裏側へと初めて踏み込み、中国史のこの根本的な転換点における秦のしくみを草の根レベルで理解できるようになってきたのだ。そして何よりも、私たちが抱く残酷なイメージに反し、秦の統治が法に従って行われていた点は特筆すべきである。

　近年、秦の地方行政によって記録された文書が大量に見つかっている。例えば二〇〇七年の冬には、香港の骨董市で二〇〇〇枚以上の竹簡が見つかった。これらは秦の長江流域のとある県の文書で、その土地の「司法官」たちが取り扱った模範的な刑事事件の詳細が記録されている。これは適切な法的手続きとはどのようなものかを示す史料として保管されていたものだ。内容は強盗、強姦、窃盗、墓荒らしの事件や、性的同意に関する事例、さらには再審請求にまでおよぶ。秦の法制度は残忍だったと評されるが、この文書からは、法的手続きや裁判官らの行動についてちがった側面を知ることができる。彼らは目撃者から話を聞き、証言に注意深く耳を傾け、処罰の等級を確定した。裁量権や情状酌量の余地もあったと考えられる。

　その一方で、法の適用は非情だった。例として、新たに発見されたある事件について見てみよう。秦の軍が南の王国、楚を征服したときのことだ。問題とされたのはある秦の裁判官で、告発の内容は彼の判決が寛大すぎるというものだった[10]。その裁判官は、戦時下において地元の徴兵軍から脱走し、本来ならば死刑に値する兵士たちに減刑を言い渡そうとした。これは「罪人を解放して逃走させる」

も同然だ。秦の兵士に課された「勇気をもって戦う」意志に欠ける行動をとった罪は極刑に値する。裁判官は兵士の罪に甘かったばかりか、隠れ儒学者とみなされ、「犯罪者として剃髪し、薪集めの労役」が命じられた（秦の刑罰で重いものとしては、身体の一部の切断、腰の部分で胴をまっぷたつに切断、さらには一九〇五年にようやく廃止された凌遅刑《りょうちけい》の「肉削ぎ」などがあった）。裁判官は妻子と財産も取り上げられたにちがいない。秦の忠実な法務官には、慈悲心が過ぎるとこのような運命が待ち受けていたのである。

この裁判官の例は成文法の存在を裏づけるとともに、後世の帝国の法体系の起源がはるか昔にまでさかのぼることを示している。これら法律に関する文献には、裁判で的確な審問を行う秘訣や、優れた裁判官の昇進を促すのにふさわしい制度指針も含まれている。もちろん、初期の中世ヨーロッパと同じく、理想と現実に差があることは興味深い。近年新たに発見された文書の一つとともに、西安北東部の渭水《いすい》近くの田舎を訪れてみよう。時は紀元前二四二年、嬴政（のちの始皇帝）が秦の王になってから五年目の冬のことだ。

畔によって区切られた麦畑には、簡素な小屋などが点在し、大勢の貧しい労働者が暮らしている。小さい区画を耕しているのは、家族や独身の男、ときには身寄りのない女たちだ。ある小屋では二人の男たちが寝起きしていた。「労役刑に処せられた男」の安と「一般庶民」の宜である。二人は夜中に襲撃され、刺されて死んだ。犯人は衣服や道具を盗んだ。現場に残された手がかりは「受刑者の赤い囚人服のみ」だった。以下の記述は、新たに公表された文書のウルリッヒ・ラウとティース・シュタークによる英訳に基づく。

この地域の三人の書記官が現場を訪れて遺体を検証し、その後法務官吏のもとを訪れた。觸氏は四〇代初めで、二〇年にわたりこの土地の役所で誠実に勤務している。彼はまず、県内の受刑者名簿を調べ、話を聞ける相手から聞き取りを行い、失踪した人物の名前をすべて記録板に書き出した。つぎに觸氏は同じ役所の協力者二人と手分けをして安の小作地に隣接する畑で働く者たち全員の聞き取りを行った。夜は畑の主要な道に見張りを立て、人の出入りを確認し、不審な点がみられる者には尋問を行った。それでも何の手がかりも得られなかったため、觸氏は現場で見つかった赤い囚人服を再度検証した。殺人犯は労役の受刑者だったのか、あるいは捜査の目を逸らそうとおとりの遺留品を残したのか。觸氏はつぎに、近くの城壁に囲まれた溧陽《りつよう》という町に出入りする人々の調査に取りかかった。五日後、同という男の名が浮上した。[11] 急に羽振りが良くなり、「腰には鞘に納めた真新しい大きな刀を差している」という。尋問のために召喚すると、「態度からどこか好ましくない印象を受けた」と觸氏は書いている。「視線には虚ろなところがあった」。同の話には矛盾がみられた。最初は地元の役所の奴僕だと言っていたが、やがて近隣の県の召使だと言い出したのだ。記録の確認も行ったところ、事実が明らかになった。

「私の戸籍上の名は魏です。出身は塩城《えんじょう》。戦争が終わったときに降伏し、受刑者として奴僕になり、思聡《しそう》県に送られたあと、逃亡してきたのです」

「上着に継ぎを当て、鞘と刀を買う金はどこで手に入れたのだ」と觸氏は尋ねた。

「雇われ仕事で稼ぎました」と容疑者は答えた。

やがて矛盾をごまかせなくなると、同は自分が常習犯であり、家族を養うためにほかの犯行も企てていることを認めた。「私には母と妻、子どもたちがいますが、罪を犯したので罰を受けます。もう何も言えません」

話はさらに続き、つぎの竹簡には犯罪者の性格について、調査官たちによる注釈が記されている。

> 魏は晋の生まれである。攻撃的な気質をしている。受刑者の赤い衣服を買い、役人の目を逸らすために利用した。畑で人を殺し、その足で都市の市場にある宿屋に向かうような、厚顔な男だ。

普通の人間ではない。強盗を働くときに人を殺すつもりで刀まで購入している。こうしたことはすべて、彼が社会にとって大変危険なことを物語っている。

同は死刑となったが、この事件の記録の最後には、調査を行った觸氏のための推薦の言葉が添えられている。

この事件はきわめて手がかりが乏しく、解決するのが難しかった。觸氏とその同僚たちはこの難解な事件を巧みに検証した。觸氏は二二歳で県の書記官になった。今では四三歳となり、同僚の彭沮と衷も同じく経験と年齢を重ねている。全員が人として高潔で、純粋に善悪を判断する公職者であり、非の打ち所がなく忠実である。心の底から公平で実直であり、慣例から外れることなく行動する。我々は彼らを推薦して保証人となり、彼らを地域の最高書記官の地位に昇進させるべく、彼らの業績の評価を要請する。彼らの事例が他の役人の励みになるようにという願いも込めて……

伝えられているように、この記述は「模範例」であり、ある地域の役人とその地方の上司が介在していることは言うまでもない。それでも、この記録には、田舎の寒村の小屋や、市場に宿屋のある小さな町に出入りする人々、田舎の小自作農の暮らし、受刑者と奴僕などが描かれており、秦の地方の暮らしを鮮やかに想起させる。この記録からは、秦の征服による戦争と混乱に彩られた大きな舞台を背景に、捕虜が奴隷になっていたことや、強制労働者たちが異なる私有地へ移動していたことがわかる。そして私たちは、中国社会の上流階級ではない人々の声を初めて耳にしている。しかも、全住民の戸籍とあわせ、裁判所の記録から驚くほど詳しく語られているのである。

人々の暮らし――里耶の竹簡による新たな証拠

秦の時代、中国の人口の九〇パーセント以上は、觸氏が解決した殺人事件に登場したような貧しい農業労働者だった。税を納め、食糧を得るために田を耕す小作農だ。庶民の暮らしについては、二一世紀の中国でもっとも重要な考古学的発見と言われる遺跡から得られた驚くべきデータにより、さらなる詳細が明らかになっている。二〇〇二年六月、湖南省の酉水《ゆうすい》北岸の濠に囲まれた遺跡、里耶《りや》古城で発掘が行われていた。城壁内では、現在の地表から三メートルほどの深さの場所で、いくつもの古井戸が見つかった。そのうちの一つで、ゴミ捨て場として使われていた深さが一四メートルほどになる古井戸から、秦の役所の記録が書きつけられた三万七〇〇〇枚以上の竹簡が発見されたのだ。[12] こんな場所に眠っていたのは、戸籍、書簡、税の計算、郵便制度の記録、軍の食料の月間消費量、軍服の支給数などだった。民族に関する覚書まであった。また竹簡によって、郡の権力者、公共事業や防衛の代表者、この土地の法務官たちにも出会うことができる。

こうした貴重な発見から明らかになったのは、秦にとって、情報収集がきわめて重要だったということだ。秦の社会の基本単位が、法治主義を説く商鞅らが提案したように、五戸（伍）を一組としていたことも確認できる。戸籍を作成し、この制度を具体的に整備したのは、始皇帝の重臣の李斯《りし》だった。ある一枚の竹簡をみると、家の主とその妻子の名が記されている。世帯主の黄得が南陽で生まれ、民族的には楚の出身であり、身分は四位であることがわかる。[13] 妻は嗛と呼ばれ、子どもが四人いる。そして彼は五戸の長である。

黄得は五戸の長として、多少の読み書きができたと思われる。記録を確認して署名できる程度の、基本的な読み書きはできたはずだ。年齢や職業など、記載されていない情報もある。健康状態は推測できる。というのも、慢性疾患や障害などがあり、働く能力に支障がある場合はその旨が記載されているので、一家は健康だったのだろう。家族の記録は各地域の役人が直接会って確認し、毎年更新されていたようだ。少しあとの前漢時代には、政府は十分に読み書きができる役人一三万二八五人を直接雇い入れていたが、文字を読むだけならば、村の教師を含め、田舎の隅々に至るまではるかに多くの人々がその能力を有していたにちがいない。中国ではこのように、古くから民衆のあいだに教育が根づいていた。秦の時代には、政府は専門の書記官だけでなく、幅広い層の基本的な言語能力を頼りにしていた。前漢時代には、書記官の見習いになるには、五〇〇〇の文字の識別を含む筆記試験に合格しなければならなかった。これは現代の中国では、児童が一二歳になるまでに習得すべき字数に相当する。

このように読み書きと情報は、秦の専制政治には欠かせない道具だった。紀元前三世紀には、政府はすでに租税や犯罪、労働者の徴用に用いる標準化された人口データと、農村戸籍の制度を開発していた。この制度は、明朝の「賦役黄冊《ふえきこうさつ》」や、さらに一九八四年に中華人民共和国が導入した現在の「居民身分証」制度などにみられるように、のちの時代にも登場する。

兵馬俑の肉声――戦場の兄弟

書き言葉と並び、秦の重要な支柱となったのは軍隊であり、現在では、その姿は兵馬俑《へいばよう》の大発見によって世界中に知られている。この遺跡は一九七四年に西安近郊の広大な秦の始皇帝陵で発見され、現在も発掘が続いている。私には、兵士は厳しく統制された名もなき群衆に見える。しかし最近では、そんな見方を覆すような新たな発見もあった。長江流域の武漢市近郊の睡虎地《すいこち》では、墓地の調査が進められた。

ある墓に納められていたのは、竹簡に書かれた黒夫と驚という兄弟の手紙だった。中国全土の統一を実現した秦の征服軍の一般兵士だった兄弟は、紀元前二二四年から紀元前二二三年にかけて、南の楚への侵攻に参加していた。中国に統一をもたらす戦いだった。母親とそれぞれの妻、そして彼らのいちばん下の弟は、故郷である、現在の湖南省北西部、雲夢《うんぼう》県近郊の安陸という町で暮らしていた。故郷から何百キロも離れた地に送られた兄弟は、自分たちの言葉で率直に思いを語っている。イギリスのハドリアヌスの長城近郊の要塞、ヴィンドランダで見つかったローマ時代の手紙に見られるような、生き生きとした内容だ。弟の喜には仕送りを求め、母親には衣を作って戦場に送ってくれるように頼んでいる。エノ・ギーレの英訳に基づき、その内容を紹介しよう(14)。

四月六日、黒夫と驚は弟の喜にこんな手紙を送っている。

母上はお元気ですか？　こちらは元気です。我々はここのところ離れていましたが、今はまた一緒にいます。私は黒夫からお前に助けを求めるように頼まれ、これを書いています……夏用の衣は持ってこないで、お金を送ってください。母上、この手紙を受け取ったら、安陸で安い絹の布を探してください。裏地のない上着と下衣にできるものが見つかったら、作ってお金と一緒に送ってもらえますか。布が高価すぎるなら、お金だけ送ってもらえれば、私が麻布で作ることにします。

続いて戦の話になり、始皇帝の軍の攻勢が繰り返されていることが書かれている。「私の部隊は、これから河南の淮陽《わいよう》の反乱都市への攻撃を援護するところです。どれくらいかかるのか、何人の兵士が捕らえられ、負傷するのか、誰にもわかりません……」

つぎに、家族のようすを尋ねる記述がある。「おばさんと妹の康楽は元気ですか。よろしく伝えてください。小さな子にもよろしく。それから、例の件はどうなりましたか。もう決まったのでしょうか」（来るべき結婚についてだろうか）。それから妻たちの一人に向けて、彼らの両親の面倒をよくみてくれるようにという言づてがある。「新しい義理の妹……最善を尽くしてください」。手紙の最後には古くからの隣人や友人の名前が列挙され、よろしく伝えてほしいとあり、「近くに住む閻諍さん」にも忘れずにと書き添えられている。

二通目の手紙もある。驚から故郷の弟に宛てたものだ。金銭と衣を改めて催促していることから、やや差し迫った状況に陥り（兄弟には借金があったのかもしれない）、送金を急かしていることがうかがえる。驚は、おばが無事出産したかどうかを尋ね、周辺では大勢の反逆者たちがうろついているので治安が心配だと伝えている。

そして最後に、妻たちを気遣う言葉をかけ、年老いた両親の世話をしてくれるように頼んでいる。それから弟に、彼の新妻が薪を集めに行くときはあまり遠出をさせないようにと忠告し、「私は抵抗勢力の町のことで手一杯なので、私のために祭壇に生贄を捧げてくれていないなら、どうか捧げてほしい」と言い添えている。「追伸――新しい領土には強盗が出没しています。だから喜よ、差し当たりそこには行かないように。それでは元気で」

これらの書簡からは、兵馬俑の背景にある生身の人々の生活を垣間見ることができる。秦の平凡な兵士が家族に手紙を書き、心情や不安を伝えるようすや、軍がこのような私的なやり取りを許していたことがわかる。どうやら戦争中でも、前線からの郵便制度は定期的にやり取りができるほどうまく機能し、家族は衣類や食料、金銭を届けに野営地を訪ねられたようだ。

だが、驚は自分で手紙を書いたのだろうか。竹簡に書かれた文字は端正なので、下書きを書き写したもののように見える。もしかすると、兄弟は読み書きのできる同僚に助けてもらったのかもしれないし、金を払って専門職に書いてもらったのかもしれない。手紙に「私（驚）は黒夫からお前に助けを求めるように頼まれ」とあるので、軍隊で彼と同じ階級の兵士たちが読み書きできた可能性は十分にあるだろう。のちの漢の記録からは、役所以外でもかなり多くの人々が文章を書く能力を身につけていたことが示唆されている。例えば、ある兵士についてこんな評価がある。「上官への報告書を作成し、事務的事項や人員を管理する能力がある。法令や命令の文章にも少しばかり親しんでいる。歳は三二歳である」。秦の帝国には、彼のような人物が大勢いたものと思われ、驚もそんな読み書きのできる兵士だったのかもしれない。これらの発見がすべて公表されたのは二〇一五年になってからのことだ。古代中国についての知見はめまぐるしく変化している。

秦の軍隊に女性の姿はなかったが、つぎの世紀になると、西方に駐屯する夫に妻も同行するようになった。また、秦と漢の時代の戸籍調査には女性の戸主が認められるため、女性も政府の戸籍制度に組み込まれていたようであり、ある程度は文字を書く能力があったにちがいない。秦帝国の女性は事業にも携わっていた。歴史家の司馬遷は、巴《は》郡の清という寡婦の商才について触れている。彼女は家業である辰砂《しんしゃ》の採掘事業を引き継いでいたが、[15] これは中毒を引き起こす危険な仕事だった。精製の作業にもかかわっていたならなおさらだ。採掘の目的は、化粧や貴重品の装飾、陶磁器の色付けに用いる赤色顔料の調達だった。辰砂はすでに先史時代の仰韶《ぎょうしょう》文化において、装飾目的で用いられていた。さらに、伝統医学では、現代でも不眠症などの薬としてよく使われている。だが、とくに需要があったのは秦の時代だ。始皇帝の墓のために大量の水銀が必要だったからだ。

始皇帝の建設事業

歴史上のあらゆる威勢ある専制君主の例にもれず、始皇帝も自分自身のために壮大な記念碑を残した。司馬遷は、始皇帝が征服した国々を象徴する宮殿や館を建て、それぞれの財宝や工芸品、女たちで満たし、自分の征服地を再訪できるようにしていた逸話を伝えている。

秦が諸侯を破るたびに、彼はその館や宮殿を再現した建物を、南に渭水を望む咸陽《かんよう》北部の斜面に建設した。擁門の東から渭水と涇河《けいが》にかけて、屋敷や歩道、柵で囲まれた東屋などが連なり、どれも秦が諸侯から得た美女や鐘、太鼓で満たされていた(16)。

やがて、皇帝による征服はいわば広大な思い出の部屋のように、首都の風景に描き込まれていった。征服した諸国の様式を模した建物は、皇帝がそのあいだを歩き、略奪した青銅器や鐘、神器などを見て勝利に思いを馳せることができるほどの規模があった。また、この場所では、捕虜として連れ帰った元王族の女性たちを思いのままに所有することもできた。

のちに詩や絵画によってとくに称えられたのは、渭水の南に建てられた阿房宮(17)だ。その贅沢な装飾は他に類をみないと言われた。考古学者たちが現存する大規模な土台から推測したところ、正殿は一辺が六九〇メートル、もう一辺が一一五メートルほどの規模だった。その巨大な屋根の下には一万人が座ることができた。屋根つきの歩道を通って一〇キロほど離れた咸陽には、行政を執り行う別殿があった。渭水には橋がかけられ、天の秩序を反映する広大な象徴的風景のなかで、地上の天の川をイメージしていた。そしてその風景の中心に位置したのが「天極の宮殿」である阿房宮だった。

ギリシア人の影響？

結局、完成せずに終わった、これらのとほうもない建築が参考にしたモデルは多岐にわたり、秦王朝と外界との関係性について興味深い視点を提示している。なかでも議論が多いのは、始皇帝のために一二体の巨大な銅像が鋳造されたという司馬遷の記述だ。「帝国全土で武器を没収して咸陽に集め、それを溶かして釣鐘と金属の人物一二体を鋳造した。これらは最終的に一体の重さが一〇〇〇担《たん》〔訳注：原文は一〇〇〇石《せき》〕となり、宮殿に設置された」

一担とは人が天秤棒で担げる重さの意味で、約六〇キログラムに相当する。つまり、一〇〇〇担の銅像なら六〇トンになり現実にはあり得ない。だが、銅像は本当に存在したのだろうか。そして存在したなら、背景にはどのような影響があったのだろうか。大規模な人物像はおろか、人体を写実的に表現したものは当時の中国の中心部では知られていなかった。一九八六年に四川省の三星堆《さんせいたい》遺跡で、かなり様式化された人の等身大の銅像が発見されて大きな話題になったが、それはずっと古いもので、のちの時代に受け継がれたと考えられる芸術的遺産は見当たらない。では、ほんの短期間に開花したこの大規模な具象芸術は、何から影響を受けたのだろうか。最近になって浮上しているのは、中央アジアの砂漠のかなたのヘレニズム期ギリシアの影響を受けたという興味深い説だ[18]。兵馬俑の兵士像は直立不動で解剖学的にも不正確だ。ところが、一九九九年に別の坑で見つかった、曲芸や重量挙げ、舞踊をしている人物の一一体の像はまるで異なる（さらに多くの像が現在も修復中である）。この時代に、人体を解剖学的にそれほどよく観察して解釈したものを製作できたのはギリシア人だけだった。

紀元前四世紀末、秦が中国で勢力を拡大し始めたまさにちょうどその頃、アレクサンドロス大王はペルシアを征服し、インドと中央アジアになだれ込んでいた。その後の二世紀にわたり、大王の後継者たちはガンジス川流域を東進してベンガル湾に迫り、中央アジアではバクトリアやソグディアナを植民地化した。今のところ直接的な証拠はないが、彼らが中央アジアを越えて中国と交流したのは確かだろう。中国のもっとも西では、ヘレニズム期ギリシアの文物として織物などが見つかっている。思想も東に流入した。ピタゴラスの定理は、アレクサンドロス大王の死から二世代も経たないうちに中国に伝わった。中国の使節団が中央アジアのヘレニズムの都市に派遣されたのは、確認できる事例としてはそれから一世紀後のことだが、もっと早い時期にそのような交流があったと考えるのは自然だろう。アレクサンドロス大王が中央アジアに建設したホジェンドは、現在もフェルガナから西に二四〇キロほど移動した、タジキスタンのシルダリヤ川のほとりにある。アフガニスタン北部のアム川（オクソス川）のほとりには、アイ・ハヌムという都市があった。古代ギリシア様式の集会所や劇場、

また、新疆《しんきょう》では二体の小さな戦士の像が、甘粛ではヘレニズム様式の美しい器が見つかっている。

競技訓練施設などが、紀元前二世紀に破壊されるまで存在していた。前二五〇年代から前二三〇年代にかけて、これらの都市は、東ははるかフェルガナ盆地まで支配したバクトリアの強大なヘレニズム王国の一部だった。そしてこの時期は、ギリシア人が「セレス」と呼んだ人々との交流が始まったとする時期だった。

そこで興味深いのは、つぎのような逸話である。秦の始皇帝は「はるか西の宮殿」の描写から着想を得て、咸陽の自身の王宮に異国の長衣をまとった「大きな人物」の像を一二体作らせた、というのだ。詳しい説明はないが、のちの史料によると、像の高さは一一メートルほどだった。[19] これはおそらく誇張と思われるが、等身大よりは大きかったようだ。像にはこんな碑文が刻まれていたという。「皇帝は在位二六年目に天下を初めて統一し、中国を初めて県に分け、度量衡を統一した」。空洞や部分ごとの鋳造、その他の特徴からは、像が中国以外の「異国のモデル」から影響を受けていたことがうかがえる。この像については、中央アジアのヘレニズム文化から着想を得ていたとみるのが自然と言えるだろう。ヘレニズムの世界では、大規模な銅像をつくる技術が磨かれ、ギリシアの美術や彫刻は世界の半分の視覚的言語になっていた。したがって、中国の商人や大使たちが西に赴いたとき、そうした像を目にした可能性は十分にある。秦の始皇帝の存命中、インドのマウリヤ朝の王アショーカ（在位前二六八年頃-前二三二年頃）は、西アジアのシリアや、ギリシアの地中海沿岸に大使を送っている。またインドでは、彼が仏陀の遺物を中国に送ったという言い伝えもある。マウリヤ朝では少なくとも秦の存在は周知され、その名も知られていたようだ（「チャイナ」という西洋名は「秦」に由来しており、マウリヤ人がサンスクリット語とペルシア語によってギリシアに伝えた可能性が高い）。

秦の一二体の大きな銅像は、はるか昔に消失した。一〇体は一九〇年に溶解され、二体は四世紀まで存在していたことが知られているが、今日ではヘレニズムと秦の驚くべき融合の痕跡は残っていない。兵馬俑こそが唯一の痕跡なのかもしれない。

陵墓の陶工ベル

兵馬俑については、陵墓に並ぶ彫像の製作に携わった職人に関する興味深い事実がわかってきている。近年の調査によって、人と馬の彫像から約九〇人の製作者の名前が見つかったのだ。造形は主に男性の仕事だったが、彩色は女性が行っていることが多く、陶工のなかにも女性の姿はあった。彼らは宮廷の陶芸工房に雇われた国の職人であり、水道管、屋根瓦、彫像を担当するグループに分かれていた。この事業のために、普段は咸陽周辺の私営工房で働いている職人たちも集められ、粘土製の彫像にはその名前が刻まれた。居住地や経歴が刻まれていることもあった。番号が刻まれているものもあり、どうやら製造番号のようだ。工房の構成がうかがえる刻印もある。一人の優秀な陶工もしくは親方が、少なくとも一〇人の陶工や見習いから成るチームを率いていたようだ。像の製作には一〇〇人ほどの職人が動員されていた可能性がある。陶工はほとんどが男性だったが、「越」という名の陶工は、女性の美を表す場合にのみ用いられる女性的な表示を伴っている。そこでこの陶工のことを「美女《ベル》」と呼ぶことにしよう。彼女は教養のある女性の親方として、自分の工房を構えていたのかもしれない。あるいは、書記官の娘がその職業を継ぐ例があったように、ベルも家族経営の陶芸工房の親方の娘として修業を積んだ可能性もある。工房で育ち、基本的な読み書きや計算、そして陶工の仕事を覚えたのかもしれない[20]。そういった知識がなければ、作品に標準的な表記で自分の名前と地位、県、製造番号を刻むことはできない。刻印の目的は品質管理だったが、後世の考古学者にとっては、陵墓の建設という巨大事業に徴用された大勢の職人の一人について掘り下げる、喜ばしい手がかりである。

始皇帝陵

秦の始皇帝が自らの陵墓[21]の建設事業に着手したのは、王位を継いだわずか一三歳のときだった。前二二一年に皇帝になると、その計画と建設に膨大な資源が注ぎ込まれた。地下の巨大な埋葬空間を掘り起こし、その上に人工の丘を築く重労働は、囚人奴隷と強制労働によって賄われた。労働者の墓地から出土した陶器の破片から、一部の労働者の名前と出身地が判明している。陵墓で働いていたある奴隷労働者の名前は余という[22]。肩書は下級の役人を意味する「不更《ふこう》」で、出身地は咸陽から帝国の北東の端に一〇〇〇キロ以上も離れた博昌《はくしょう》という村だ。教育を受けた元役人の余は、秦に滅ぼされる前の斉の役人だったのかもしれない。何らかの罪で重労働の刑に処せられ、ほかの罪人たちとともに鎖につながれて黄河沿いの道を西へと連行され、驪山《りざん》のふもとの巨大な建設現場にたどり着いた。故郷へ帰ることは二度となかった。それどころか、墓の完成時に殺された可能性もある。

奴隷の余は、秦帝国の飽くなき建設事業に駆り出された[23]数十万人の一人にすぎなかった。もっとも重要な事業は、驪山のふもとに建設された皇帝の墓にほかならない。現在の西安から西に二五キロほど離れたこの墓は、世界でも一、二を争うほど有名な遺跡だ。皇帝の死から一世紀ほどのちに、司馬遷は忘れがたい一節のなかで、墓の建設について語っている。

さて、始皇が初めて皇帝の位に即いたとき、既に酈山に深い坑を掘って墓を作った。天下を并合するに及んで、天下の徒刑者でここに送られた者七十余万人にものぼり、これらを使役して地下の水脈に達すること三回まで掘り下げ、銅板を下に敷いて棺を安置する椁《かく》とした。いま埋葬するに当たって、この家の中に宮殿門観を造り、百官の席を設け、珍奇な器物を御府から移してここに充満した。工匠に命じて機械じかけの弩矢《どし》を作らせ、冢《はか》を穿って近づく者があると、すぐさま矢が飛び出すようにした。また、水銀を流して百川・江河・大海を作り、機械で水銀を絶えず注ぎこむようにした。上の方には天文を具え、下の方には地理を具えて自然に象《かたど》り、人魚の膏《あぶら》を燭《ともしび》に使用して坑内を照らし、永久に消滅しないように工夫した。二世皇帝はいった、「先帝の後宮の女性で、子のいない者は、後宮から出すのはよろしくない」と。こうして、みな殉死させたので、死者がかなり多くなった。埋葬のことがやっと終わると、ある人がいった、「工匠は機械を作ったので、埋蔵の様子をよく知っている。埋蔵のことはきわめて重大で、もしこれが世にもれた場合は、或いは発掘の憂いもあって、葬祭の重大事は終わりとなりましょう」と。そこで、すでに埋蔵が終わると、冢の中の神道を閉じ、冢へはいる外部の神道門扉をおろして、工匠の埋蔵に関係した者をことごとく閉じこめて、出られないようにした。そして冢の上に草木を樹えて山のように象った。

〔『新釈漢文大系38　史記一（本紀上）』（吉田賢抗著、明治書院）「秦始皇本紀第六」より〕

これは永遠の墓を想定したものだった。迷宮のような場所で、皇帝の魂は幽霊のような軍隊と従者たちによって守られる。地上では、始祖のための祭祀が子孫によって永遠に執り行われるはずだ。陵墓の敷地は一〇〇平方キロメートル以上に及び、発掘が終わっていないのはもちろん、全貌も未だ明らかになっていない。墓の周辺の坑からは、これまでに八〇〇〇体以上の陶製の兵士、一三〇台の戦車および車馬五二〇頭、騎乗用馬一五〇頭、曲芸師、役人、楽師、さらには力自慢の男までが見つかっている。最近発掘された坑には、切断された遺骸があった。司馬遷によると、皇帝の埋葬時、子どものいない側室たちは殺されたというが、もしかするとその亡骸なのかもしれない。

巨大な盛り土の下にある墓そのものは、発掘されていない。内部にはまだ膨大な量の、損傷しやすい遺物が存在する可能性がある。ひとたび外気に触れると価値が失われかねず、考古学者たちは、発掘に必要な人材や専門技術の不足を懸念している。そのため調査は慎重に進められているが、地球物理学的調査[24]によって新たな興味深い知見がもたらされている。墳丘の規模については長い年月によって風化と浸食が進んでいるが、もともとは南北が五一五メートル、東西が四八五メートルだったことがわかった。計画には、地下水を迂回させるための密閉された瓦張りの排水溝を備えた地中のダムも含まれていた。墓は浸水を免れたようなので、設計者の計画は功を奏したのだろう。地下宮殿は長方形で、商の時代の王族の墓に近いが、規模ははるかに大きい。巨大な墓室は当時の地表から少なくとも三〇メートルは掘り下げられていた。この地下宮殿は、南北が四六〇メートル、東西が三九〇メートル、高さが約四メートルという大規模なレンガの外壁に取り囲まれ、その内側には内部が空洞になった大きなレンガの構造物があり、埋葬室はそのなかに収められていた。

二〇〇三年、土壌の地球物理学的および地球化学的分析の結果から、水銀の濃度が異常に高い地点があることが判明した。その分布は、司馬遷による始皇帝陵の設計と建設に関する説明を裏づけるように、墓の床面に中国の偉大な河川を再現した痕跡があることを示唆している。水銀は巴郡の寡婦、清が営む工場などで採掘された辰砂から抽出されたものであり、これらの河川の完成に必要な水銀となれば気が遠くなるほどの量である。

墓の上の構造物は、皇帝の死後に帝国を滅亡させた大規模な反乱によって破壊された。そのときに墓の内部が略奪された可能性もある。だが、埋葬室の主要部は崩壊しておらず、墳丘の下には巨大な木製の構造物が依然として存在する。水銀の濃度が高いことも、埋葬室が外気にさらされていない証かもしれない。したがって地下宮殿のなかには、始皇帝の亡骸が従者たちの骨に囲まれて今も横たわっている可能性がある。

秦の滅亡

この堂々たる墓は、皇帝の死後もその権力を世界に永らえさせる祭祀の中心地となるはずだった。

いわば「万世」続く記憶の宮殿だ。ところが、そんな皇帝の願いも虚しく、帝国は瞬く間に崩壊した。皇帝の死から六年足らずで、秦は中国史のいくつかの偉大な王朝と同じく、大規模な農民反乱によって滅亡した。例のごとく、天はさまざまな暗示や予兆によって、天命が変わることを告げた。前二一一年には黄河の下流域に隕石が落下した[25]。隕石には、何者かの手によって「始皇帝が死に、その地が分断されるだろう」との言葉が刻まれていた。司馬遷によると、この一件は死が迫りつつあった始皇帝によって徹底的な捜査が行われた。誰の手によるのか特定できなかったため、隕石が落下した周辺地域の住民は皆殺しとなり、隕石は火であぶり、粉砕された。このときすでに皇帝は精神不安定な状態にあった、とのちの歴史家たちは指摘している。皇帝は誇大妄想に駆られ、朝露を集めるため聖なる山々に登ったり、童男童女を伝説の聖なる島を探す航海に遣わしたりした。結局、皇帝は侍医たちが不死の薬として調合した秘薬のせいで衰弱し、前二一〇年九月一〇日に五〇歳の手前で亡くなった。

中国史上初の天才政治家ともいうべき秦の始皇帝は、武力による統一国家という先例を中国に残した。そしてまた、「全能の皇帝」という暗澹たるモデルを後世に示した。強制力、道徳、法のすべてが融合した人格の持ち主だ。これら二つの遺産は、中国の政治的文化の中心に絶え間なく続く緊迫感をもたらすことになる。後世の詩人、杜牧はこんなふうに述べている。

もしも秦のほうでもまた、すでに滅ぼした六国の人民をいつくしんでいたならば、秦は三世から次々と伝えて万世に到るまで、君主の地位を保ちえたことであろう。［中略］しかし後世の人々が悲しむだけで秦の亡びかたを教訓として戒めなかったならば、やはり今度もまた、より後世の人々に自ら生きる国家の滅亡を悲しまれる事態となろう[26]。

〔『杜牧詩選』（松浦友久／植木久行編訳、岩波書店）「阿房宮賦」より〕

中国初の革命？

始皇帝の治世は中国史上もっとも重要な時期の一つである。秦代における社会と文化の変化はまぎれもなく革命である。それは、二〇世紀以前の唯一の本格的な革命と言ってよいだろう。始皇帝は新たな時代を切り拓き、統治者を歴史の物語の中心に据えた。国土の統一を成し遂げた彼は、中央集権化された官僚制度を導入した。政府は民を家族単位で管理し、土地を細かく測定し、こうした施策を通して皇帝の意思に従う単一国家という理念を強化した。秦帝国は短命ではあったが、その後いくつもの王朝を経て、中華民国、毛沢東時代、そして現在の中華人民共和国に至るまで、あらゆる時代の政府の特徴となる財産を残した。その財産とは、統一された中国に対する支配権は、行政機関と法の制定者を兼ねた単一の立場を源泉とする、という原則である。

中国史においては、秩序が脅かされるような時期が訪れるたびに、秦の考え方は賛同を得てきた。毛沢東は自らをマルクスと秦の始皇帝の融合と称した。孔子の「聖王[27]」という魅惑的なイメージと、法家の商鞅が提唱した強制力は、やがていずれも独裁者が掌握する道具となる。だが、中国を統一したのは秦にほかならない。統一のあとは幾多の浮き沈みがあったが、単一の文明としての中国という概念は、立ち返るべき目標として生き続けた。一五世紀以上を経て書かれた明代の有名な小説『三国志演義』の冒頭には、つぎのように記されている――「そもそも天下の大勢は、分かれること久しければ必ず合し、合すること久しければ必ず分かれるもの」〔『三国志演義1』（羅貫中著、立間祥介訳、KADOKAWA）より〕

第5章　漢帝国

農民出身で反乱を率いた劉邦が興した漢は、中国でもっとも偉大な王朝の一つである。(1)漢王朝がその後の歴史に与えた影響は大きい。現在の中国人の大多数を占めるのは「漢」民族を自称する人々である。漢は四〇〇年にわたり、統治と文化においていくつもの偉大な成果を残した。古代ローマの共和政時代後期から帝政時代前期と同時代に存続し、中国が外交と貿易の面で初めてローマと接点を持ったのもこの時代だ。近年では、秦と同じく考古学的発見が相次ぎ、私たちの目の前でその世界が蘇ろうとしている。そうした発見のなかには、役人や兵士、中央アジアのシルクロード沿いの望楼や中継地の管理人など、名もない人々の手紙もある。彼らの物語は、秦の始皇帝の突然の死に続く混乱と、彼が定め、忌み嫌われた支配が瞬く間に崩壊するようすで幕を開ける。

秦の打倒

秦の始皇帝は前二一〇年九月一〇日、数度目の巡遊中に中国の北東部で亡くなり、息子の胡亥《こがい》が二世皇帝に即位した。統一からわずか一一年後のことだった。民衆のあいだで不満が高まり、反乱の波が高まるのを危惧した重臣たちは、都に戻る二カ月のあいだ皇帝の死を隠していた。言い伝えによると、遺体の腐敗臭を隠すため、一行には魚を積んだ荷車が随行した。重臣と王族が後継者をめぐって対立するなか、まるで激しい雷雨の前触れのように反乱の機運が高まっていた。翌年夏、混乱は一気に広がった。

この出来事は当時としても並外れて劇的だった。「神のようであり、残忍な」始皇帝の死後、恐怖の呪縛が解け始めた。前二〇九年七月、蒸し暑い雨期のさなか、強制徴兵された九〇〇人の農民たちが秦軍の兵士に率いられ、現在の安徽《あんき》省を通過して北部の辺境に向かっていた。淮河《わいが》にさしかかったところで夏の豪雨に見舞われ、一帯が水浸しになった。道中の大沢郷《だいたくきょう》という村で水位が増し、先に進めなくなった。秦の容赦ない法のもとでは、いかなる理由であろうと期日までに到着できなければ死刑となる。農民を率いたのは二人の無名の男だったが、中国の歴史に長きにわたりその名を残すことになる。陳勝と呉広である[2]。秦軍の兵士だった二人は、何もせず命を捨てるくらいなら戦おうと決意した。国がすでに混乱に陥っていることは明らかであり、後継者となるはずの皇帝の長男は父の命令という名のもとに自害を強いられ、今は末子が即位していたものの、地方では忠誠心が失われつつあった。そこで、呉広は「陳勝が王となるだろう」と布に予言を書き、それを魚の腹に入れ、炊事係が見つけるようにした。そして彼らは、反対する者をすべて殺害し、挙兵した。すると不満を募らせていた周辺地域の役人や農民も加わり、勢力はたちまち一万人に達した。それまで無敵だった秦帝国に対し、初めての反乱が起きたのだった。

翌年には各地で反乱が起きた。陳勝と呉広のもとには不満を抱く農民や地方の守備隊がさらに加わり、彼らは農民軍を都へと進めたが、戦車や弩《ど》を備え、訓練された秦の軍隊に打破された。その後、陳勝と呉広は部下によって殺害されるが、民話のなかで語り継がれた。また、道教や村の寺院では、現在でも門神《もんしん》として描かれるさまざまな人物のなかに姿をとどめ、線香が供えられている。さらに、人は生まれで評価されるべきでないと訴えた、「王侯将相いずくんぞ種あらんや」という彼らの言葉も後世に受け継がれた。

秦に対する蜂起は、やがて主に二つの反乱の動きへと集約された[3]。まずは農民出身で、田舎の役人から県令となった劉邦が率いる反乱だ。劉邦は中国史では傑出した人物であり、のちに彼にまつわる多くの伝説が生まれ、今でも民間伝承や物語を聞かせる場などで語られている。言い伝えでは、劉邦の母は激しい雷雨のなか、橋の下で子を産んだ。橋の上では、夫がある予兆を目にした。雲間に龍が舞っていたのだ。始皇帝の治世末期、劉邦は始皇帝陵建設の労働力補充のため囚人を送り届けるよう命じられたが、道中で一部の囚人が鎖を壊して逃亡した。秦の法では、劉邦は責任者として死刑を免れない。そこで彼は、残りの囚人を逃して自らも首に懸賞金がかかる逃亡者となり、河南平原の芒碭《ぼうとう》山《ざん》周辺の岩が多く露出する森林地帯へと逃れた。廃墟となった砦に隠れた彼のもとに、かつて彼の支援者だった名士を含む無法者たちが集結した。彼らは機が熟すのを辛抱強く待ち、翌年に中央で反乱が起きると挙兵した。

劉邦は、非凡な統率力を備えた勇猛な武将、項羽が率いるさらに規模の大きい反乱軍に合流し、二人は連携して秦の都を攻撃した。攻防の末、項羽は秦の軍を破り、新たな皇帝を討ち取り、都を破壊した。始皇帝の立派な王宮も焼き払われ、これには未完成の阿房宮も含まれていたと言われる。その後、阿房宮は歴史上でもっとも壮麗な宮殿として記憶されることになる（幻想的な絵画や詩のなかで不老不死の世界として描かれているこの宮殿は、現代でも東アジア各地の映画やテレビ、テーマパークなどでさまざまなかたちで再現されている）。

項羽は中国中央部の広大な領土を掌握すると、自らを覇者の長である「覇王」と名乗り、従属する劉邦を漢中の地に封じて「漢王」とした。だが、二人の関係はすぐに緊迫したものとなり、かつての盟友は皇帝の座を巡って熾烈な戦いを繰り広げた。三年におよぶ争いののち、項羽は劉邦に敗北して自害した。項羽の超人的とも言うべき勇猛さと残忍さから、彼は死してなお、民話や詩、小説、歌劇、そしてのちには映画や漫画、ビデオゲームのなかで長いあいだ生きることになる。

かくして、劉邦は皇帝となった。天からの承認を得るため、臣下の占星術師が、前二〇五年五月の五惑星会合をもって漢に対して天命が下されたと告げた。前二〇二年、劉邦は新たな王朝の皇帝となったことを宣言した。王朝の名は、自らの領地の名をとり漢とした。

漢の形成

劉邦は農民出身だが、法や行政にもある程度の経験があった。そこで、皇帝となった彼は、秦の官僚機構を維持しつつ、とくに抑圧的な法を廃止することから着手した。もう一人の農民出身の偉大な皇帝である明の朱元璋《しゅげんしょう》と同じく、貧しい人々を助ける改革を推進した。具体的には、農地改革や地租の引き下げ、不満の種となっていた強制労働の負担軽減などである。漢はしだいに強大な力を獲得した。劉邦の後継者たちのもとで、新たな都が長安（現在の西安）と洛陽に築かれ、大規模な宮廷建築が生まれた。漢の軍事力と文化が全盛期を迎えたのは、西洋では共和政ローマ後期にあたる武帝（在位前一四一年－前八七年）の治世だった。

漢の初期の統治者たちは、統治の大きな方向性として秦の法治主義を踏襲した。だが、武帝とその後継者たちのもとではふたたび孔子が重視され、宮廷の学者たちは国のためになる新たな学問体系の検討を委ねられた。そこで彼らは秦の時代に禁じられた儒教の古典を再編し、孔子が編纂した正典に注釈を加えた。これには歴史も含まれており、孔子自身が編纂したとされる歴史書『春秋』がとくに重要である。これらの文献は学問の場と官吏の登用試験に欠かせない書物として公的な地位を得た。そしてこのとき以来、儒学の古典と中国の政治論のあいだに二〇〇〇年におよぶ結びつきが生まれ、それは伝統的な中国における政治思想と個人の行動にも影響を与えた。漢の儒学者、董仲舒《とうちゆうじよ》は、漢は王政の真の模範である周王朝の正統な後継者であることを証明したと論じた。儒教的ヒューマニズムと法治主義的な苛烈さが融合した漢の体制は、孔子の歴史観によって力を得て、二〇世紀まで生き続けることになる。

匈奴との戦い(4)

ローマ帝国が、イギリス北部やライン川、ドナウ川、ユーフラテス川などの国境防衛線で直面していた状況と同じく、漢にとっての地政学上の大きな問題は、国境の向こう側に住む、漢の習慣や法体系とは相容れない民族との関係性だった。中国は有史以来、東アジアの土地を周辺の勢力と分け合ってきた。その地域の一部のみを支配する時代もあれば（宋の時代など）、全域を支配することもあった（元や清の時代など）。定住民と遊牧民の対立は絶えなかったが、漢の時代において、主役の座に躍り出たのは半遊牧民の部族連合である匈奴《きょうど》だった。

匈奴は帝国の北端に沿って、西は現在のカザフスタンのイルティシュ川から東は東北部のアムール川（黒龍江）にかけて、北はバイカル湖から南はオルドス高原を流れる黄河中流域にかけて、大きな弧を描くように勢力を伸ばしていた。前二〇一年、皇帝に即位してまもない劉邦は陝西《せんせい》北部で大敗した。その後、中国は戦争ではなく外交による「和平と同盟」の政策に舵を切った。これは漢王朝と匈奴の支配者との婚姻関係、そして漢から匈奴への貢物によって実現される。実質的に、漢は匈奴の属国となったのである。それでも漢は幾度となく攻撃を受け、数十年にわたる争いを経た前二世紀の末、武帝は匈奴に自らの優位を知らしめる決意をした。武帝は前一三〇年から匈奴の領土に繰り返し大々的な軍事遠征を行い、数万の騎兵隊によって大規模な攻撃を仕掛け、敵をゴビ砂漠へと退けた。これらの戦いは、世界を見渡しても前代未聞の規模であり、ペルシアやインドに侵攻したアレクサンドロス大王の軍隊をはるかにしのぐものだった。これ以降、漢は優位に転じた。

歴史の誕生

前一一〇年春(5)、武帝自らの指揮により、一二の部隊から成る「とほうもない規模」の漢の軍隊が、長安から南東に三〇〇キロほど離れた湖北の鄖陽《うんよう》に集結した。漢水のほとりの鄖陽を出発した軍勢は黄河流域を北上し、オルドスで河が大きく湾曲する地点を越え、秦代の長城を通過し、ゴビ砂漠を迂回して居延海《きょえんかい》という湖を越え、「単于《ぜんう》〔訳注：匈奴の君主の称号〕の高原」に至った。この高原は、バイカル湖へ注ぐトール川の源流の一つに近く、現在のウランバートルからそう遠くないところにある、匈奴の重要な野営地だった。漢の軍隊は圧倒的な力を見せつけると、ようやく黄河の北岸に戻った。「兵站学的には見事だったが、実際にはあまり成果がなかった」と、のちのある著述家は記している。

この遠征には、結婚してまもない三五歳の学者が、祭祀を行い、記録を残す宮廷の役人として同行していた〔訳注：このときの遠征は単なる軍事行動ではなく、天下泰平を天に報告する「封禅《ほうぜん》」の儀式であった〕。この人物こそが、やがて太史令となる司馬遷だ。(6) 司馬遷にとって、戦争の現実と漢の軍事力を目の当たりにしたのは有意義で刺激に満ちた経験であり、それが題材と事例となり、歴史書を著す新たな手法の確立に役立ったにちがいない。中国の文化を知るうえで歴史は重要な手がかりだ。いかなる国でも、統治者は人々が共感し、忠誠心を高めるのに役立つ共通の過去を伝える物語を創造するものだが、中国ほどそれが重要な国はない。秦の始皇帝が歴史家を殺害し、書物を燃やしたのは象徴的だった。皇帝は「現在への戒めとなる過去の力を恐れた」のだった。

歴史は真の意味で政治的なものだった。中国では帝国期のあらゆる時代において、ヘロドトスやトゥキュディデスのように、自分のために歴史を書いた歴史家は存在しない。歴史は天命が示した見通しを裏書きするために記されたのだ。また、歴史を記すのは、時代を超えて正統な伝統の価値観を守るためでもあり、その価値観の中心にあるのは孔子と弟子たちが定めたように、祭祀と道徳、歴史だった。だからこそ、最近発掘された漢代の墓から、地方の判事や行政官によって『春秋』の一節が記された竹簡が出土したのは偶然ではない。(7)『春秋』は歴史書の正典の中核を成すものであり、役人の教育にも欠かせなかった。司馬遷はこうした初期の思想を見事に取りまとめ、模範的な儒教の道徳観を示すとともに、中国における歴史の記述と解釈の将来の道筋を示したのだった。

ギリシアの歴史家ポリュビオスの少しあとの時代に活躍した司馬遷は、秦の始皇帝が亡くなってから六五年後の前一四五年頃に生まれた。彼が生きた時代には始皇帝の記憶がぎりぎり残っていたが、それはもちろん、詳細ではあっても間接的に耳にする言い伝えだった。彼の故郷は西安の北東に位置する現在の韓城市郊外の名士の土地だった。南へ大きく湾曲した黄河が深い峡谷を抜け、まもなく平原へと流れ込もうとする風光明媚な土地である（周辺の風景は夏の大禹《たいう》の物語と深い結びつきがあり、それは幼い司馬遷が何度も耳にして育った物語だ）。

中国の基準からすれば小規模な韓城市は、今のところ近代化による破壊を免れ、狭い通りには依然として多くの歴史的住居が並んでいる。司馬遷の墓は、木製の門のあるレンガ敷きの急な階段をのぼった先の、木々の茂る小高い丘の上にあり、眼下には黄河が流れる素晴らしい眺めが広がる。ここははるか昔から巡礼の地となり、敷地には先祖を祀る霊廟があり、唐以降のあらゆる王朝によって改修されてきた。レンガで覆われた円墳からは、古い柏の木が伸び、清朝の役人による墓碑は、歴史家ではなく、暦と天文を司る「漢太史公」としての司馬遷に敬意を表している。

父の司馬談《たん》は武帝のもとで官職についていたが、厚遇されることはなかった。彼もまた「太史令」と呼ばれることが多いが、それは彼の役職について誤った印象を与えるだろう。司馬遷の家系は周代以来、宮廷での出来事や生贄、予言などを記録する祭祀官の子孫だった。祭祀官は、太陽、月、星の動向から政局を判断し、予言する重要な役割を担っていた。言い換えるなら、人と宇宙の流動的な関係性を読み解く立場にあった。鳥を観察して神意を占う古代ローマの公職「アウグル」に近い、天文学者とも言える。周の創成期から、暦の管理者は王による行動や巡行、布告、祭祀を記録してきた。司馬遷は父からそのような仕事を受け継ぎ、やがて中国初期の歴史に関する決定的な書物を著すことになる。

司馬遷の旅

司馬遷は、中国史の書物として最高峰に位置づけられ、漢代の偉大な成果の一つである超大作『史記』のなかで、自身の経歴を三人称で簡潔に振り返っている。一人称に置き換えて読めば、中国文明屈指の偉人の知性と感情、思想の原点に触れることができる、興味深い自伝的記録である。

> 遷は竜門に生まれ、黄河の北、竜門山の南で農耕・牧畜に従事していた。十歳の時には古文で書かれた書物を読誦することができた。二十歳の時には、南方の長江・淮水《わいすい》一帯の地を歴遊し、会《かい》稽山《けいざん》に登って禹穴《うけつ》を探索し、九疑山《きゅうぎさん》に登って舜の遺跡を観察し、沅水《げんすい》・湘水《しょうすい》に船を浮かべ、北方の汶水《ぶんすい》・泗水《しすい》を渡り、いにしえの斉・魯の都の地で学問について研鑽し、孔子の残した風習を参観し、鄒国《すうこく》や嶧山《えきざん》で行われた郷射の儀式に参加し、鄱《ひ》県や薛《せつ》県や彭城《ほうじょう》の地では困難な目に遇ったが、梁国・楚国の地を通って帰郷した。
>
> （大旅行を終えて長安に帰った）司馬遷は、郎注に任官する[8]。
>
> 〔『新釈漢文大系１２０　史記十四（列伝七）』（青木五郎著、明治書院）「太史公自序第七十」より〕

二〇歳になってから中国各地を巡った旅は、その後の司馬遷の人生を決定づける。孔子にとってもそうだったように、中国の多様な文化と地理について、またそこに伝わる物語の奥深さについて、肌で感じることができたからだ。彼は禹や舜など、中国の礎を築いた伝説上の王たちが葬られた場所を訪れたが、孔子の生誕地である曲阜《きょくふ》など、比較的新しい史跡も巡った。曲阜では、孔一族を通じて血の通った孔子の伝統に直接浸ることができた。彼はどこへ行っても、老人たちに昔話や言い伝えにまつわることを尋ねたが、公的な文献に記されているような、一般的に知られた内容とはまるでちがう話を耳にすることもめずらしくなかった。

彼は故郷に戻ると結婚し、二男一女をもうけた。官職に就いてからは、職務の一環として武帝の巡遊に付き従うこともあり、先ほど触れたモンゴルへの軍事遠征もその一つだった。ちょうどその頃、父の司馬談が病に倒れた。司馬談の机には、私的に編纂していた歴史書が未完成の状態で、または草稿の段階で残されていた。それは単なる記録の羅列ではなく、判断や批判的な選択といった編者の視点を通して見た歴史書を打ち立てる試みだった。その目的は「千年の皇統」を継ぐことであると、司馬談は息子に語った。そして問題は、近世では、「諸侯は互いに兼併を繰り返し、各国の歴史記録も散乱・中絶してしまった」ことであり、その最たる例は秦の始皇帝による焚書《ふんしょ》であるとし、自分が成し遂げられなかった構想について、こう続けている。「今や漢王朝が興って、天下は統一された。明主・賢君・忠臣・節義に死んだ人物を、わしが太史となりながら論述・記載しなかったならば、天下に残存する史文を廃絶させてしまうことになる。わしはそのことがひどく心配なのだ」。司馬談がどの程度まで書き進めていたのかは、正確にはわからない。それはともかく、父はこのとき、「遷の手を執り涙ながらに」それを完成させるように誓わせた。「わしが論述・著作したいと思っていたことを忘れないでくれ」[9]〔この段落の「 」内の引用はすべて、『新釈漢文大系120　史記十四（列伝七）』（青木五郎著、明治書院）「太史公自序第七十」より〕

前一〇九年に父が亡くなると、司馬遷はこの使命に着手した。三年後、彼は太史令となった。前一〇五年には、秦の暦を改正し、漢の新たな暦を制定する学者の一人にも選ばれた。司馬遷の学識は誰もが認めるところとなり、五〇代半ばで在位四一年を迎えた偉大な皇帝の相談役として高く評価されるようになった。ところが、まさにこのとき、彼の運命を激変させる出来事が起きる。

蚕室

前九九年、司馬遷は国の事件に巻き込まれた。李陵という将軍が匈奴に敗北して責められた。司馬遷は彼と懇意にしていたわけではないが、忠実な臣下として尊敬していたため擁護した。ところが、擁護したのは司馬遷だけだった。激高しやすい武帝は司馬遷が大胆な意見を述べたことに憤り、死刑を言い渡した。減刑されるには大金を積むか、宮刑を受けるしかなかった。紳士ならば、去勢は「自害する許可」を求めずにいられないような刑だった。だが司馬遷は、偉大な歴史書をかならず完成させると父に固く誓っていた。そこで父への孝行から、薄暗く暖かい「蚕室」[10]で「刃に屈した」のだった。司馬遷は痛みと屈辱に耐え、牢獄で三年間過ごしたのち、宮廷の行政府で宦官《かんがん》として生きながら、ひそかに歴史書を著す道を選んだ。「過去の偉人たちの功績が忘れ去られ、自分の文章が後世に伝わらないという恐怖に駆られ」たからだ。彼は中国史上もっとも有名な手紙のひとつとして知られる、友人の任安《じんあん》（任少卿《じんしょうけい》）に宛てた手紙のなかでこう記している。

私は身の程を顧みず、近年、拙い文章に自分の思いを託して、天下に散逸した過去の史実や伝聞を漏れなく収集し、その事績を概観し、その原因・結末を総括し、成敗・興亡の法則を考察し、上は黄帝から始めて、下は今の世に至るまでの歴史を、十表・十二本記・八書・三十世家・七十列伝、合わせて百三十篇とする構想でした。それによって天道と人事との関係を究明し、古今の歴史の変遷に通暁し、独自の見識を具えた著述を完成させたいと思っていました。しかし、草稿がまだ出来上がらないうちに、たまたまこのたびの災難に出合ってしまったのです。この書が完成していないのを残念に思う一念で、宮刑という極刑をも甘受して、恨みの表情も見せませんでした。私がもしもこの書を撰述し終わって、それを帝王の書府に収蔵し、志を同じうする人や大都の坊間に伝えることができれば、先に受けた恥辱に対する責めを償うことができるわけで、その時はどのような刑罰を受けようとも、決して後悔などいたしません。

〔『新釈漢文大系120　史記十四（列伝七）』（青木五郎著、明治書院）付録1「報任少卿書（任少卿《じんせうけい》に報《ほう》ずるの書《しょ》）」より〕

惨事に見舞われたとき、執筆はすでに進んでおり、前九一年に完成した。中国の歴史的記録の礎としてきわめて名高いにもかかわらず、全一三〇篇の大半は最近になるまで、東アジアでしか翻訳されてこなかった。しかも中国以外の国でよく知られているのは、「書」の一部と「列伝」の主要部、秦についての「本紀《ほんぎ》」のみだ。すべての歴史家と同じく、司馬遷にとっての問題は、過去という像をどうまとめるかだった。西洋の例を用いるなら、ヘロドトスやポリュビオスのように物語風にすべきか、プルタルコスのように伝記風にすべきか、アリストテレスのように制度について分析すべきか？　こうした比較は二〇〇〇年前の著者の知的創造力を誇張するものと思われるかもしれないが、司馬遷は直感的に、あるいは意識的に、歴史を著すには一つの手法だけでは不十分だと理解していたのだろう。複雑な出来事や歴史的経緯を直線的な叙述で表現するのは不可能であり、いくつかの表現形式を融合させなくてはならない。司馬遷はこの問題を独自に解決した。伝記に加えて暦や宗教、音楽などについても広範に考察する五つの構成部に対し、一律に同じ記述方法を用いるのを断念したのだ。とはいえ、第一千年紀半ば以前の中国に、現代の意味での歴史観を持つ人物がいたと考えるにあたっては慎重さも必要だ。司馬遷の記述は宗教と神話の要素がひじょうに強く、道徳的要素もまた色濃い。それどころか、彼にとって歴史は道徳の最大の源だ。そして根底には、自ら述べているように、父への孝行というさらに重要な原動力があった(11)。彼は実際に文章を書くのは自分でも、父が歴史の価値について述べた偉大な言葉を通じ、顧みられることのなかった父の記憶を後世に伝えたいと願っていた。

第二次世界大戦とホロコーストの直後に、哲学者のハンナ・アーレントは、歴史において善の規模は限定的だが、悪は無限であると記している。歴史を振り返れば、平和な時期よりも混乱や残酷さ、暴力に彩られた時期のほうが普通かもしれないが、中国では歴史はおおむね楽観的だ。司馬遷の考えでは、悪は一時的に勝利を収めるかもしれないが、善行や人の道、正義の記録が長きにわたって受け継がれるよう計らうのが歴史家の役割だ。したがって、記憶を残すことには道徳的な意味もある。その点で、仁と徳を繰り返し説いた孔子は、司馬遷の世界観に大きな影響を与えた。司馬遷自身の経歴と彼が被った苦難、そして「報任少卿書」にみられる彼の率直さから、後世の人々は彼に共感せずにはいられなかった。

司馬遷が遺したのは、その後の中国の歴史家たちにとって模範となる歴史書だった。『史記』の冒頭は概念的枠組みとして、有史以前と最初の三つの王朝についての物語で始まる。秦代以前の文献や言い伝え、さらには青銅器などを含む物質的な遺物から苦心して再構築したものだ。続いてその後の王朝の歴史が記され、最後は漢の平和で締めくくられる。その後、道徳が歴史の推進力になっているという考えが示される。つまりここでは、周の歴史観が模範になっている。天によって示唆された天命が歴史のなかで姿を現し、過去において理解され、歴史家によって将来の模範として定義されるのだ。孔子と同じく、司馬遷にとっても、歴史は現在の指針となるものであり、それは今日の中国にもあてはまり、中国ではその傾向がどの国と比較しても顕著である。

漢の統治下の暮らし――鄭村からの眺め

近年では考古学の進展のおかげで、漢の社会秩序の実態についても草の根レベルで明らかになりつつある。漢代の中国は農耕文明であり、それは二〇世紀末まで続いた（今日では農業従事者は人口の四分の一程度だが、一九八〇年代には依然として五分の四にのぼった）。秦の統治下での過酷な労働と搾取の結果、各地の農村は疲弊していた。漢の法に基づく処罰は、前章で触れた秦のそれと大差はない。それでも漢の政治家たちは、地税の軽減や強制労働の緩和を行い、秦の滅亡後の大混乱に飲み込まれて奴隷となった人々を解放し、農民の生活環境の改善に努めた。最新の考古学の成果により、こうした農民たちの暮らしの実態を初めて詳しく知ることができるようになった。

湖北省江陵県の長江のほとりで行われた漢の墓の発掘現場で、張偃《ちょうえん》という人物の墓が見つかった。張氏は江陵県の町の地主にして役人であり、前一五三年に没した。その地方の農民から税を徴収するのが彼の役目だった。前述の秦の地方役人のように、墓には地方行政に関する記録が記された木簡を含め、彼が役人として携わった文書が収められていた。そのなかに「鄭村の穀物記録」と呼ばれる一連の竹簡がある。これらは断片的に残る古代ローマの土地調査や、中世西洋の土地台帳「ドゥームズデイ・ブック」に匹敵するほど興味深い、服従の記録である。

鄭は湖北省北部の長江の右岸に位置し、河が大きく湾曲するこの地域はしばしば洪水に見舞われる土地だった。[12] 漢の時代には灌漑《かんがい》システムが普及し、夏の洪水対策として河川には堤防が建設され、農業が定着した。労働者たちは村や共同の住居に暮らし、主人のために田畑を耕した。領主は皇帝から与えられた領土として土地を保持し、その一部の「私田」が農民たち家族の食を賄うために用いられた。出土した竹簡には、鄭の村の二五家族に穀物の種を貸し付けた地元の役所の記録が含まれていた。こうした農民は、貧困層の大半が歴史を通じてそうしてきたように、自分たちを後回しにして裕福な人々を養うために働いていた。受領記録には耕作地の規模と村の全人口が記録されており、私たちは漢の全盛期の一つの共同体を例にとり、ありふれた人々の最低水準の暮らしを知ることができる。

鄭の村の二五世帯の人数は、幼児を除くと合わせて一〇五人になり、そのうちの六九人が農作業に従事していた。領主の土地から得た収穫の一部は労働者のものになったが、この土地を除くと、村の農地は合計で六一七畝《ほ》。一畝の面積には幅があるが、おおむね六七〇平方メートル、もしくは六分の一エーカーほどだ。つまり、この村で農地として利用できる土地は合わせて一〇〇エーカーほどになる。だが、一世帯当たりとなると四エーカーにも満たない。そこで、この例から判断するなら、漢の平均的な農民が所有する土地は西洋の基準からするとわずかだった。とくに古代ローマの土地調査や、アングロ・サクソン期のイングランドと比べると小さい。イングランドは人口密度がはるかに低かったのは確かだが、それでも一世帯が一二〇エーカーも所有していたと思われる。漢代の中国では、民衆は日常的にかなり余裕がなく、凶作に見舞われたときはなおさら失敗できなかった。

張氏の墓の記録には、ある農民の名が記されている。彼は八人家族で、おそらく妻と子、親たちから成り立っていたと思われる。所有する土地は一五畝で約一万平方メートルほど。二・五エーカーに満たない面積だ。江陵の黒い土壌は当時も今も、長い歳月をかけて肥沃な土壌をつくってきた長江の氾濫のおかげで豊かであり、灌漑が充実し、多毛作が可能だ。南部では三種類ないしは四種類もの作物を同時に育てることができた。かの農民と家族もそうやって自分たちの食料を確保し、わずかに余った作物を売ったり交換したりしたのだろう。だが、生活条件や労働はきわめて過酷だったにちがいない。

中国の農業形態は販売目的の菜園に近かった。これは現代のアグリビジネスが地方を席巻するようになるまで大きく変わることはなかった。現在でも長江デルタの一部ではそうだが、かつてはどこもかしこも小規模な小作地ばかりで、田畑は農場というより菜園と呼ぶのがふさわしい広さに分割されていた。漢代の墓に残された絵には、雄牛を使って田畑を耕すようすのほか、日干しレンガの塀に囲まれた菜園で鍬を手にする農民の姿や、鶏や豚、桑の木立や果樹なども描かれていた。このような小規模農場は、その土地の住人の最大数を養うために集約化されていた。

「四〇〇〇年にわたる農民」

特筆すべきは、中国の歴史をとおして、このような特徴にほとんど変化がみられないことだ。一九〇九年、アメリカの土壌科学者で農学者のフランクリン・キングが極東を九カ月かけて巡り、山東省にとくに長く滞在した。そしてそこで、彼が「四〇〇〇年にわたる農民」と呼ぶ人々の暮らしを調査した。話を聞いた農民の一人は、両親と妻、子どもたちと暮らす一二人家族で、使役用のロバ一頭と牛一頭、豚二頭を飼っていた。二・五エーカーの畑を耕し、小麦と雑穀、サツマイモ、マメを育てていた。また、別の農民は一と三分の二エーカーを保有し、一〇人家族を支えていた。[13]

平均すると、豊かな農民は八人家族に対して一五〜二〇畝ほどを所有していたようだ。あまり豊かでない農民は二〜五畝ほどの田畑と、牛を二頭、ロバを一頭、豚を八〜一〇頭ほど保有していた。この数字は漢の時代の記録と見事に整合する。もちろん、清朝末期の人口は漢代よりはるかに多く、二〇世紀初頭には耕作地も大幅に広くなっていた。だが、キングが七つの小作地の平均値から推定したところ、人口密度は一平方キロメートルあたり七〇〇人近くであり、これに家畜が加わる。漢代以降の政府は、それまでの中国でみられた農業への圧力を緩和しようと試みてきた。キングが観察したように「中国の農民たちがはるか昔に効率性を手に入れ、現在までほとんど失うことなくそれを維持してきた点は、徹底した研究に値する」。そして、これほど人口密度が高い状況では、「相当に効率的な農法が実践されているか、さもなければ極端な倹約が行われているのは明らかだ」。答えはもちろん、その両方だった。

キングは現地での観察から、中国の地方文化の特徴についていくつかの結論を導いているが、それは漢の張氏の墓の記録にあった農民にも当てはまったことだろう。

何よりも嫌がられたのは不必要な出費、あらゆる浪費、誤った判断による買い物だ。過密な人口によって何世紀ものあいだ強いストレスがかかり、そのストレスのもとで遺伝の法則が人々に作用し、気質や習慣、性格に影響を与えてきた。私たちはその証拠を目の当たりにして日々驚きを深めた。牛や羊さえも、その抗しがたい力から逃れていない。

こうした観察は、新たに発見された秦と漢の農業の記録から明らかになった事実とも重なり合う。まったく新しい史料によって、知識階級が残した記録や規則、文献に生命が吹き込まれている。漢代の農民たちは、それまでの数世紀のあいだに蓄積された経験に基づき、自らの腕と創意とエネルギーを用い、大地から生きる糧を得た。平常時は、あらゆる点に絶えず注意を払い、休みなく働き、果てしない忍耐によって、何とか暮らしを維持できる。それでも均衡は崩れやすく、洪水や飢饉といった災害時にはいとも簡単に失われてしまう。その結果として育まれたのが、前八世紀『詩経』の農民の詩にみられるような、無欲さと宿命論である。

古代から今日に至るまで、中国人を観察した多くの人々が、「彼らの楽観主義や忍耐、実直さ、共同体意識といったいくつかの人間性」が、繰り返し降りかかる災いに向き合う力にもなっていると述べている。一九二〇年代にヨーロッパからやって来た旅人[14]はこう評した。

世界中で、これほど大地に根を下ろしている印象を受ける農民はほかにいない。ここでは生と死のすべてが、受け継がれた土地で完結する。人は大地のものであり、大地が人のものであるわけではない。大地はその子どもたちを手放すことは決してないだろう。彼らはどんなに数が増えようと大地にとどまり、「さらに粘り強い労働によって、自然からわずかな恩恵をひねり出す」のだ。

そればかりか、農民たちは税を納め、強制労働の義務を負い、破産と隣り合わせだった。破産した農民の土地は大地主が買い取り、土地を失った人々は雇われ労働者になるしかない。これは中国の歴史をとおしてつねに起きていたことだ。もちろん、中世のヨーロッパでも、イスラム帝国時代のイラクの広大な平原の領地でも、チョーラ帝国時代の南インドで米を栽培していた村々でも、同じことが起きていた。初期のあらゆる農業社会において、これが大衆のおかれた状況であり、彼らの労働が信じがたいほど裕福な上流階級を支えていた。漢代の終わりには、裕福な一族はかつて独立していた小規模な農地を多数所有するようになっていた。そんなようすは漢代の墓の壁の絵にも描かれている。大きな屋敷には、納屋、家畜小屋、菜園や果樹園、製造所、ビールや果実酒の醸造所などが備わっていたようだ。こうした私的な領地の拡大は、土地所有貴族の誕生の初期段階であり、彼らはその後数世紀のあいだに勢力を増し、唐代末期に消滅するまで中国の中心部を支配することになる。

奴隷の身の上

農民一揆に関する文献に描かれるような貧しい人々の場合、質素な墓から出土するのは一、二枚の硬貨や木製の道具、素朴な素焼きの陶器などだ。貧困者のなかでも最下層に位置するのは、刑罰によって奴隷となって土木工事に従事する者や、破産した農民や捕虜から成る囚人の作業集団だった。彼らは宮殿や城壁、道路、橋の建設など、国家事業を支える強制労働の担い手だった。こうした人々の身の上は、一九七二年に陝西省において、漢の景帝の陵墓近くで行われた大規模な発掘からも窺い知ることができる。

八ヘクタールほどの墓地には、一万人以上の囚人労働者が埋葬され、なかには足や首に鎖がついたままの者もいた。彼らは、枷をはめられた状態で労働していた。洛陽の城壁のすぐ外で発掘された墓地は、地元の農民が昔から「骸骨の溝」と呼ぶ場所にあった。全体で五ヘクタールほどの広さになる。一九六四年に掘り起こされた区画には五〇〇の墓があった。長方形の穴は細長く、深さは一メートルもない。そこにぎっしりと詰められていたのはほとんど男性だが、女性もわずかにみられた。大半が若年層で、多くは骨に戦争による傷跡が残っている。硬貨が少しばかり収められている墓もあったが、ほとんどの墓では副葬品は見当たらなかった。

それぞれの遺骨には、文字が粗く刻まれた、一、二個のかけたレンガが添えられていた。それには所属する班、囚人に技能がある場合はその技能、枷の有無、洛陽に移される以前に収容されていた牢獄の名前、所属していた組織、死亡日、刑罰の種類が刻まれていた。大多数は労働者だが、上流階級や役人もわずかながら含まれていた。彼らは強制労働者として洛陽各地と中国全土から集められ、二つの大規模な建設計画の一環で城壁を築いていた。五〇〇を超える墓は、一〇七年から一二一年のものだ。埋葬者の死因はおそらく過酷な労働、劣悪な環境、食糧不足、虐待などだろう。墓は新たに亡くなった囚人を埋葬する空間を確保するために、掘り返されているものもめずらしくない。刻まれた中国語の多くは理解不能だが、わずかながら理解できる貴重なものもある。あるレンガには、洛陽の南の南陽出身の奴隷の名前が刻まれている。[15] 南陽は中国で現在まで継続して用いられている都市名としては最古に数えられる。

(三九墓、一一列)
名前：フー・シェン
死亡時期：一一九年閏月初旬
五つの分野で技能を有する：この者は木、金属、革を扱い、染料をつくり、植物から何らかのものをつくっていた[この時期の中国語はかなり曖昧なため、仕事内容は正確にはわからないが、ロープ用繊維や衣服に用いる麻に関する作業をしていた可能性がある]。収監されていた牢獄は南陽路。刑は三級の奴隷労働で、男性なら木の切り出し、女性なら製粉などの肉体労働を命じられた。

さらに過酷な運命をたどった囚人もいる。墓番号七番、八列にはシー・シュウヨンという名前があった。死亡したのは一〇八年一月二八日。洛陽盆地では寒さがひときわ厳しかった年だ。黄河をかなり下った、現代の済寧市の任城にある牢獄からやって来た。技能はなく、罪はもっとも重い五級を言い渡された。髪は完全に剃られ、首には鎖のついた枷をはめられていた。これは過酷な労働中もつけたままだった。ちょうど南北戦争前のアメリカ南部で、鎖につながれて働いていた囚人のようだ。

一六〇年代にローマ皇帝アントニヌスの使者が訪れたと言われるこの偉大な帝国には、こういった世に知られることのない人々の存在があった。もちろん、古代ローマの属州だったブリテン島や、インドのサカ人やクシャーナ朝が支配した領地の奴隷たちの扱いも同じようなものだった。それどころか、一八世紀のカリブ海地域や、一九世紀のアメリカ南部では、その時代になっても、フー・シェンと同じような囚人の記録があり、名前とともにそれぞれの技能が記されていた。

書記官たちの帝国

漢の政府は秦ほど抑圧的ではなかったが、秦の延長線上にあった。孔子とその弟子たちが道徳重視の支配という理想を定着させ、秦が法治主義に基づく統治モデルをつくったとすれば、漢の統治者たちはその概念を取り入れ、四〇〇年にわたって自分たちの意思に沿うよう修正した。そして後世のすべての帝国はそれを基礎としたのである。

農民や奴隷の身の上まで記録するほど徹底した管理体制は、文字が普及していたからこそ実現できたことだ。文字は秦代には標準化され、漢代には国のあらゆる階層で用いられるようになった。なかでも書記官は、複雑さが増す官僚制度には欠かせない存在だった。政府の力を帝国内の州や町や村に行き渡らせる役割を担ったのが書記官だった。国は彼らを通じて民を監督し、労働を搾取し、管理し、罰していたのである。

漢代には書記官になるための学校があったことがわかっている。[16] 書記官の仕事は家族で営まれ、占いなどの術を身につけた方士《ほうし》や暦の管理者と同じように代々受け継がれることが多かった。帝国が人口六〇〇〇万人に拡大すると、世襲により供給される人数よりもはるかに多くの書記官が必要になった。漢では一二万人以上の需要があり、しかも全員が訓練を積み、試験を受けなければならなかった。志願者は一七歳までに家庭で読み書きを習得し、それから三年間正式に学ぶため学校に通う。生徒が落第すると、教師は罰金を科せられた。秋の半ばには口頭と筆記の試験があった。これはいわば中国初の「公務員試験」だ。志願者には暗唱と、筆記の手引書から五〇〇〇字を書き出すこと、文字を八つの書体で書くことが課された。

方士の試験は形式が少しちがっていた。候補者は同じ筆記の手引書から三〇〇〇字を読み書きし、さらに占い師用の書物から三〇〇〇字を暗唱し、その後審査官の前で筮竹《ぜいちく》を用い、六つの試験的な占いを行う。そのうち少なくとも一つは占いを的中させなくてはならない。初心者レベルではそれが条件だった。最上級の方士は三万字を把握していなければならず、これは後世の一流の学者に匹敵する水準だ。

このように、統治の道具として筆記を管理する手法は、漢の支配体制の中核に位置づけられた。人類学者や社会科学者があらゆる原初の社会について指摘するように、初期の中国では、「筆記は人類の啓蒙よりも搾取に有利に働いた……コミュニケーションの手段としての本来の機能は、人間を隷属化することを助長したのである」。

西との関係――シルクロード[17]

漢代の中国と西の世界に直接的な交流が生まれたのは、司馬遷が生きた時期だった。少し前の古代ギリシアのメガロポリスに生まれた歴史家ポリュビオスは、[18]ローマ軍によってカルタゴが滅亡する姿を目撃し、前一一八年頃に没した。彼は未来を予言するかのような記述を残しており、世界が変わりつつあることへの認識が高まっていたことを示唆している。

かつて世界の歴史は無関係な出来事の連続だったが、これからの歴史は有機的に結びつけられ、一体となる。ヨーロッパとアフリカの出来事がアジアの出来事と関連し、その逆もしかりであり、すべての事象が絡み合い、一つの結果の要因となる。

前述したように、中国と西アジアの交流は、秦の時代にはすでに始まっていたようだ。中央アジアはアレクサンドロス大王とその後継者たちの征服によって扉が開かれ、ギリシアの文化が浸透していた。古代ギリシアの時代は国際色が豊かで、複数の言語や民族が行き交っていた。アフガニスタン北部のアム川（オクソス川）や、タジキスタンのシルダリヤ川のほとりには、多様な民族が暮らすギリシア風の都市が建設された。この地域では八〇の都市がギリシア人によって築かれた、と地理学者のストラボンは述べている。サマルカンドなど、シルクロード沿いの主要なオアシス都市にはギリシアの文化や産物が伝わっており、漢の世界のもっとも西に位置するタリム盆地からそう遠くない距離だった。これらの都市が中央アジアに住む漢の人々と交流するのは必然であり、それ以降は継続的なつながりが生まれ、アントニヌス帝の時代にはローマの大使が中国に派遣されるようになる。

のちに歴史家の司馬光は漢の史料をもとに、「そのときから、西域への旅は開かれた道となった」と記している。[19]漢は中央アジアのさまざまな王国に使節を派遣し始めた。その範囲は現在の新疆《しんきょう》からイランの高原までの広い範囲におよび、彼らはパミール高原を越えてサマルカンドやパルティアへと向かった。西域に派遣された最初の使節団の長を務めたのは張騫《ちょうけん》だった。調査を目的とした最初の派遣では、匈奴に捕らえられて長らく拘束されたが、のちに三〇〇人の従者と二〇〇〇〇頭の馬や牛、羊、それに金や銀、絹織物といった豪華な贈り物を携えた使節団を率いた。皇帝から西域諸国を訪ねるよう命じられた彼は、現在のキルギスのイシク・クル湖に近い烏孫《うそん》という遊牧国家にたどり着き、そこで支配者の客として迎えられ、通訳を雇った。さらにはコーカンド（現在のウズベキスタン）、サマルカンド、クンドゥーズ（アフガニスタン北部）、ペルシアに部下たちを派遣した。彼らはインドへ南下するルートや、中東へ至るルートの情報を集めた。これ以降、西域は漢との交易を開始した。これにより、張騫は「漢の宮廷で大いに尊敬される名士となった」のである。

「以来、西域諸国は漢と交易を始めるようになった」と司馬光は書いている。中央アジアを目指して西に向かった漢の使節団の規模は大小さまざまだった。数百人を上回ることもあれば、一〇〇人前後のこともあった。やがて西域で漢の宮廷のことがよく知られるようになると、使節団の規模は縮小した。わずか一〇人ほどで西へ向かい、ときにはたった五、六人ということもあった。こうした使節は、おそらく地中海沿岸と思われるはるか遠い「極西」まで赴き、往復するのに八年から九年もかかることがあり、「いちばん短い旅でも帰還するまでに数年を要した」。だが、のちにシルクロードとして知られるようになる路が開けたことで、ユーラシアの地政学は変化した。これ以降、西アジア諸国との交流が途切れることはなかった。

漢帝国の運営――シルクロード沿いの駅站の暮らし

明代の万里の長城の最西端にあたる甘粛省嘉峪関《かよくかん》は、長いあいだ中国の西の果てだった。旅行者は城壁に立つと、日干しレンガを積んだ漢代の国境の壁がうねりながら西の砂丘のはざまへと消える風景を眺めることができる。広がっているのは、恐るべき砂嵐がたびたび押し寄せる砂漠だ。その先に延びる、西へと向かう古《いにしえ》の道には、日干しレンガでできた要塞や駐屯地、望楼の遺跡が、崩れかけた状態で姿をとどめている。これらは中央アジアへの道中に点在するオアシス都市の中継点として機能し、いずれも帝国の郵便制度によって結ばれていた。ここでもまた、最近になって発見された文献により、漢の辺境の地に暮らす人々の生活が色鮮やかに浮かびあがる。

郵便制度は秦の統治下にすでに存在したが、漢代にははるか遠い新疆や内モンゴルまで広がった[20]。郵便の集配所のネットワークにより、人が走るか馬に乗るかして、公文書や私的な書簡をリレー方式で届けた。文字は竹や木の札や板に記されたが、紙や絹が使われることもあった。乾燥した気候のもとで発見された絹の封筒に収められた書簡には、宛先や配達の指示の表書きが残っている。この地域では、直近の二〇年ほどのあいだに多くの書簡が発見され、現在もまだ調査中である。そういった書簡によって、私たちは漢の辺境の地に宿営していた人々の思いを知ることができる。こうした人々はシルクロードが通る新疆だけでなく、内モンゴルの居延《きょえん》でもみられ、一九三〇年代からの複数の発掘によって二万点の文書が回収されている。これらの文書からは、日々の決まりきった仕事や退屈さ、砂ぼこりのようすがよく伝わってくる。まるで漢代の『高原平話集』〔訳注：一八八八年刊、インドでの生活を描いたラドヤード・キプリングの短編集〕のようだ。

懸泉《けんせん》の駅站《えきたん》（郵便の中継拠点）は、敦煌《とんこう》から東に六四キロほど離れたシルクロード沿いに位置していた。ここは西の国境の玉門関《ぎょくもんかん》へ向かう出発点にあたる。この区域では、二つの狼煙台《のろしだい》と三つの馬の中継地とともに、九つの郵便拠点が確認されている。漢代の文献には中央アジアの五〇前後の王国や都市国家の名前が残されているが、玉門は漢代の中国からそれらの土地に向かう最後の拠点だった。一九九〇年代初頭、漢代の前一〇〇年頃から四世紀まで使われたある駅站の遺跡が発掘された。中心となるのは四六平方メートルほどの正方形の区画で、二つの角には七メートル四方の小塔があり、一方はおそらく狼煙台だったと考えられる。中央の建物には二七の部屋があり、旅人用の厨房つきの宿泊所も含まれていた。見つかった文書に記された職員のなかには料理人の名前もあった。この場所の指揮官は、東や西へ旅する役人については、中国人でも外国人でももてなす必要があったからだ。旅の一行は大半が少人数だったが、大規模な訪問者もあった。あるときは、ホータン王国の王が一七〇〇人の従者とともに立ち寄ったが、そのうちのほとんどはテントで寝起きしたのだろう。こうした大規模な一行を迎えるときは、事前に物資や人手が送りこまれた。この拠点には、郵便の配達人や守備隊のための部屋や廏舎もあった。

書簡や行政上の文書は、残飯や穀物、動物の骨などのほか、硬貨や道具、古い武器、荷車の部品、櫛、塗り箸とともに、ごみとして捨てられていた。見つかった札は合わせて三万五〇〇〇枚という驚くべき数にのぼった。そのうち二万三〇〇〇枚は主に木の板や札で、一万二〇〇〇枚は竹の札や切れ端だった。そのうちのごく一部だけが複写され、公開されている（今のところ数百点）。中国学者のエノ・ギーレが最近行った翻訳によると、年代はおおむね前一世紀から一〇七年にかけてとなっている。

手紙の内容は日常生活にまつわることで、頼み事や物資の配達に関する問い合わせ、近況報告、そしておそらく昇進を求める記述もみられる。旅人や商人が公的な郵便を運ぶこともあった。懸泉の駅站に宛てられたある手紙は、辺境の要塞で店を営む元《げん》という名の男性から差し出されたものだ。[21] どうやら、旧友のやや身分が高い人物に向けて書かれていると思われる。子方《しほう》というこの旧友は大がかりな旅で東を訪れ、さまざまな品物が売られている、かなり豊かで大きな都市に滞在しているようだ。友元は、近隣では手に入らないものの買い物リストを送っている。もしかすると、彼は余裕がなく、友人にねだるつもりなのかもしれない。「薄手だが丈夫な絹と柔らかい革」でできた新しい靴を何足かほしいと伝え、足の寸法も書き添えている。さらに、「機会があれば今度あなたの家で代金を支払う」として、上質な毛筆も五本調達してもらえないかと頼んでいる。とにかく、彼は良い靴が必要だったらしい。タクラマカン砂漠の自然環境では、必需品だったのだろう。

どうか靴を見繕ってもらえませんか。徒歩で移動するのにふさわしい丈夫なものが希望です。ふたたび手間をかけて申し訳ありませんが、いい靴を入手するのが大変困難なのです。使う時期に間に合うよう、つぎにこちらに来る役人に託して届けてもらえるようにしてください。そうするとひじょうに助かります。何卒よろしくお願いします。[22]

ハドリアヌスの長城で発見された手紙の中にはローマ人の誕生日パーティーの招待状があったが、中国でもやはり祭りや祝い事にまつわる手紙が見つかっている。正月を盛大に祝う習わしは漢代にも受け継がれ、守備隊は上層部から新年の手当てを受け取り、友人同士で贈り物を交換していた。手紙の内容は、衣食についての気遣いなど身近なことだ。ここでは、内モンゴルの漢の国境の町に駐屯する兵士が弟に宛てた手紙を紹介しよう。弟は甘粛省の居延《きょえん》オアシスから二〇〇キロ南の、約一〇〇人の守備隊が駐屯する辺境の要塞に赴任していた。

親愛なる幼孫と奥さん、この辺境の地での暮らしはたいそう過酷です。そちらでは二人とも暑い季節にはふさわしい衣を着て、よいものを食べ、くれぐれも気をつけて過ごすことを願っています。国境に向かう途中で立ち寄り、二人の元気な姿を見られて嬉しかったです。兄さんも元気にしています。この手紙は駅站を管理する幸に臨渠の塔の指揮官に届けてもらい、彼にお前がいる詰所を訪ねてもらおうと思っています。手紙は今日発送の予定で準備が進んでいますが、配達役の幸がまだ来ていません。いろいろとうまくいくように願っています。どんな部署でも最後にならないように。そして昇進の競争でくれぐれも後れを取らないように。[23]

敦煌の狼煙台の遺跡で見つかった、薄い絹に書きつけられた封筒入りの手紙からは、最盛期の帝国のとてつもない規模を想像することができる。解釈が正しければ、差出人の政は内モンゴルのフフホト近くの植民地に住んでいた。手紙が見つかった敦煌からはじつに二〇〇〇キロも離れた地だ。派遣されてから五年も経っていた政は世の中から隔絶されたように感じていた。そこは主要な交易ルートから外れているため、社会的交流は地域のごくわずかな軍の上層部と、ときおりやって来る商人や旅行者だけだった。彼が旧友の幼卿とその妻君の明に宛てた手紙からは、北の辺境の地が退屈で暑い場所であることがうかがえる。

政よりご挨拶申し上げます。親愛なる友と明夫人。お元気ですか？　ご無沙汰しています。暑い季節ですから、あなたと明夫人が快適な衣をまとい、よく食べ、そちらでの仕事をうまく進められるよう心から願っています。私は成楽に赴任して五年になり、いまだ転任していません。ここまでの道は長く遠く、人が通ることもめったにありません。私の役職は取るに足りないもので、地位も低いです。手紙を書いても聞き届けてもらえずにおります。私の若い同僚の王子方が敦煌の魚沢隊長の仮補佐官に任命されましたので、この手紙を彼に託してあなたにお届けすることをどうかお許しください。そして、何卒、問い合わせてくださるようお願いします……(24)

手紙は不完全だが、政はどうやら、「みすぼらしい北の僻地」の暮らしについて、友人から上司に抗議してもらいたがっているようだ。手紙からは落ち込んでいるようすもうかがえる。彼は報告が遅れたことを謝罪しており、赴任先の属州の長官が最近亡くなったことも相まって、鬱屈とした感じが伝わってくる（長官の座が空いたということは、彼は昇進を望んでいたのかもしれない）。最後はこう締めくくられている。「我が友と明夫人から励みになる知らせをもらい、お子さんたちのようすを聞かせてもらえればとても嬉しく思います……親愛なる友と明夫人よ。お宅のお若い長実、子仲、少実にどうかよろしく伝えてください」

そう言ったきり、ゴビ砂漠の端の小さな植民地は砂嵐に包まれ、政はほんの一瞬だけ登場した歴史の一幕から姿を消した。見つかった書簡のなかで、政の名はほかに見当たらない。彼は任期を終えて「中国《ミドルランド》」に帰還することができ、故郷で小さな庭を耕しながら細々と引退後の生活を送ったのだろうか？

三国時代から隋の時代へ

「天下統一が長く続けば分裂するというのは誰もが知る物の道理である」――小説『三国志演義』の有名な冒頭をわかりやすく言い換えるなら、おおむねそんな意味だ。二〇〇年頃、漢〔訳注：ここでいう漢は前漢滅亡後に再興した後漢《ごかん》を指す〕は内戦により分裂した。トルストイの『戦争と平和』にあるナポレオンのロシア遠征のように、漢の滅亡期を舞台とした一四世紀のこの偉大な小説においても、戦争は中心的題材となっている。クライマックスとなる赤壁の戦いは、二〇八年から翌年にかけての冬、分裂した南北の勢力によって争われた。南では武将の孫権と劉備、北では丞相《じょうしょう》の曹操が台頭し、曹操は長江以南を征服し、漢を再統一しようと目論んでいた。赤壁の戦いは、軍勢の数では史上最大の水上戦とされる。場所については現在でも白熱した議論が繰り広げられているが、武漢の南西の長江沿いのどこかだ。有力視されるのは現在の湖北省赤壁市の「三国赤壁」(25)と呼ばれる場所で、河岸の岩には八世紀か九世紀に彫られた「赤壁」の文字が今も残っている。大規模な水上戦で敗れた曹操はかろうじて北に撤退し、漢水にたどり着いたものの、残っていた船隊を焼き討ち船によって破壊された。そこで、長江の北の湿地帯を必死に北へと逃れたが、飢えと病によって大打撃を受けた。赤壁の戦いは、漢王朝の終焉として語り継がれる。中国はふたたび永遠に分裂しかねない状況に直面したのだ。

武将でもあった曹操は死を前にして「天下はいまだ安定していない」として、墓に宝物は入れず、葬儀は短く済ませるようにと指示を残した。

中国は二分された。南北に分裂し、中国史上もっとも長い、三五〇年以上にわたる分裂期に突入したのだ。魏晋南北朝――この分裂期はそう呼ばれることもあるが、名称は定まっていない。だが、この時期にはいくつかの重要な発展があった。まずは人口の変化だ。漢代には、人口の大半は黄河下流域に集中していた。ところが、長江流域の亜熱帯地域への移住が始まり、無人だった土地に人々が住み、山腹や森が切り開かれ、湿地の水が抜かれ、南の米文化が発達、拡大した。二八〇年から四六四年にかけて、中国の人口は四、五倍に急増したものと思われる。五〇〇年代には、南は中国の米どころにして文化の中心となり、長江流域には戸籍に登録された人口の四〇パーセントが暮らすようになっていた。

六世紀、中国は北の有力者、楊堅により再統一された。隋王朝を開き、文帝(26)となった人物だ。文帝は中国以外ではあまり知られていないが、中国史上もっとも偉大な君主の一人である。彼はきわめて興味深い人物であり、自らの暮らしについては質素倹約に努め、「慎重で厳粛、勤勉で実直に働く人物」だった。貧困層の税負担を緩和し、息子が戦死した世帯には補償を行う制度を導入した。ただし猜疑心が強く、批判的で潔癖なところもあり、多くの支持者や友人、ついには自分の息子たちまで失うことになった。

隋の時代、中国は三、四世紀ぶりに繁栄の時期を迎えた。帝国の穀物倉には、干魃《かんばつ》、洪水、飢饉などのあらゆる危機に対応できるように、五〇年分の物資が蓄えられていたという。人口は増える一方だった。司馬光によると「治世が始まった頃には登録された世帯は四〇〇万戸に満たなかったが、終盤には九〇〇万戸に増加した。冀州《きしゅう》（現在の河北省衡水市《こうすいし》）だけでも一〇〇万世帯にのぼった」。隋の治世は短命ではあったが、多くの革新的取り組みは、その後のはるかに長く、華やかな時代の基礎を築くこととなる。その時代とは、唐である。文帝は五八一年から北の統治者となった。そして中国の再統一を目指し、五八七年に大規模な軍事遠征を開始した。大きな河川と南の沿岸に軍船を投入して三方から攻撃した。五八八年、彼は中国史上屈指の重要な遠征によって現在の南京を占領した。こうした出来事は地中海地域まで話が伝わり、南が占領されたことがコンスタンティノープルで記述された。

隋は四〇年足らずで滅びたが、六世紀に起きた内戦を経てこの短い期間に南北を再統一し、シルクロード沿いに中央アジアまで進出した。そして中央アジアでは、文帝自身が信仰した仏教の普及を奨励した。彼がビザンツ世界と交流したのはこの時期だったのかもしれない。国内では、官僚登用試験の新たな制度である科挙を導入し、科挙のなかでももっとも格式の高い科目となる進士科を設け、その後のすべての王朝がこれに倣うことになる。また、文帝はかつての秦と漢の都の近くに新たに都を築き、隋を漢の遺産に結びつけた。都は大都市へと発展し、唐代には国際都市となる。これが長安(現在の西安)である。

隋は農業分野で抜本的な経済改革に着手したほか、大運河(27)の建設という中国史にきわめて大きな影響を残す巨大インフラ事業も成し遂げた。運河の建設は五八四年に北部で始まり、六〇五年から六〇九年にかけて拡張され、南北の地方がつながった。労働力として男女合わせて最大五〇〇万人が動員された。この運河は史上最大の人工水路として、南北を融合する重要な要因となる。また、南北の水系を結びつけたことで、経済と人口の中心が従来の黄河中流域から、長江流域および南部へと移行するのを加速させた。こうした変化はその後三世紀にわたり、中国の経済と社会の重要な基盤となる。

ところが、さまざまな功績にもかかわらず、隋は拡大しすぎたために滅亡した。文帝の跡を継いだ煬帝《ようだい》は、高句麗との泥沼の戦いに引きずり込まれ、六一四年に敗北した。国内でも反乱が勃発し、さらには贅沢な宮殿や虚栄心を満たすための建設事業に莫大な費用をつぎ込んだせいでますます状況が悪化した。その後、王朝は急激に衰退し、民衆の暴動が立て続けに起こり、煬帝は六一八年に家臣によって殺害された。

そしてこのとき、中国北部を治めていた李淵が自ら新皇帝を名乗った。廟号として「偉大な創始者」を意味する「高祖」の称号を贈られた彼は、はるか遠い北西部の将軍の一族である李氏の生まれだった。辺境の地に住む屈強な騎馬民族だ。隋の滅亡直後は競合する勢力を退ける必要があったが、六三五年に死去した時点では国を再統一していた。中国史上もっとも輝かしい時代のひとつ、唐の幕開けである。

ユーラシアの文化と歴史の視点では、まるで灯りがともったようだった。新王朝の影響は、はるか遠い地中海世界にまで及び、古代後期の最後の歴史家テオフィラクトス・シモカテス(28)がコンスタンティノープルにおいて、イスラムの侵攻前夜の六三〇年頃に中国の再統一について記している。「我らが皇帝マウリキウスの時代、隋の文帝のもと、北部人が中国南部の対立王朝の陣を征服し、大河「長江」を越えて南下した」

シモカテスは中国の地理と文化にも触れ、当時の最新情報を伝えた。中国について「偶像を崇拝するが、『神の子』を意味する偉大な皇帝タイソンのもとで賢明な統治を行う」偉大な国として描いている。これは西洋で中国の皇帝に言及する初めての記録であり、その皇帝とは唐の太宗にほかならない。当然と言えば当然のことかもしれない。太宗は七世紀の世界史において、もっとも偉大な人物の一人であり、活力と自信に満ちた時代をあと押しした。中国はこの時期にオアシスと狼煙台を経由しながら、シルクロード沿いに中央アジアへの影響力を拡大した。これらの地は漢代に一時的に占領されたことはあったが、唐代に中国の西の領土となった。西ははるかアラル海やカラコルム山脈のすぐ近くまで、南はベトナム、北は朝鮮半島北部にまで勢力をのばした唐は、中国の歴史に新たな方向性を示した。中国は初めて国際的な時代を迎えたのである。

第6章　唐の栄華

七世紀になると、中国の文明に中東、中央アジア、インドなど、周辺の文化から異質な要素が流入し、中国史の軸が移動した。日本もこの時期に中国の軌道に引き込まれる。唐王朝は一八世紀以前では、中国最大の帝国を築いた[1]。隋の時代の行政改革を基礎とし、郵便制度が改良され、都から西域と北東部まで放射状に延びる大規模な道路網や運河網を擁し、中央集権化された帝国が築かれたのだ。美術、文学、歴史における文化的功績は目覚ましかった。人間味があり、自己認識に裏づけられ、世界と人々への共感にあふれる数々の詩は、現在でも中国詩の最高峰とみなされている。世界に扉を開いた唐だが、この時代に由来する外国の影響でもっとも重要かつ長く続いているのは仏教だろう。仏教とともに交易が始まり、知識や芸術、哲学や精神をめぐる多様な概念がもたらされた。媒介したのは海路と陸路だが、とくに重要なのは中央アジアとインドから続くシルクロードだった。そしてその地こそ、これから語る中国史上もっとも高名な人物の一人、玄奘三蔵《げんじょうさんぞう》[2]の物語の舞台である。

六三二年の夏、中国人の旅人がジャエーンドラの僧院に立っていた。やわらかな緑に包まれたカシミール渓谷と青い湖の向こうには、雪を頂くヒマラヤの峰々を見渡すことができた。彼は同胞の中国人からみても目を引く人物だった。身長は一八〇センチを超え、いつも茶色い毛織物の衣をまとい、幅広の帯を締めていた。カシミールは夏でも肌寒いので、このときはさらに着込んでいたかもしれない。三〇歳の彼は瞳が明るく澄みわたり、端整な顔は砂漠を長く旅してきたせいで艶やかだった。あまりの美貌と優雅さから、「落ち着き払ったまなざし」でまっすぐ前を見て歩く姿は、人々の視線を集めた。彼は言葉を交わしてもまた魅力的だった。洛陽で若くして出家し、子どもの頃から修行を積んでいたため、声は「澄んでよく響き」、語り口は流麗だった。カシミールの老僧たちは、彼が理想主義の本質や仏教のさまざまな宗派について、自身の言葉でよどみなく語ることに驚き、喜んだ。「立ち居ふるまいの独特の優美さ」も相まって、王たちさえも彼と会いたがったほどだ。

玄奘三蔵は二〇年近くのあいだ、インドに憧れていた。洛陽近郊の村に生まれた彼は、縁日や祭りの時期には家族で白馬寺を訪れ、彼が生まれる五〇〇年以上前に、中国に仏教[3]が初めて伝えられたときの神秘的な物語を聞きながら成長した。とくに興味を掻き立てられたのは、漢の皇帝の夢に「身長が三・五メートルを超え、黄金の肌をして、光を放つ頭部が太陽と月、星に取り囲まれた」不思議な男が現れたという話だ。宮廷の占星術師と占い師は、黄金の男は西からの来訪者であり、仏陀自身にちがいないと告げた。皇帝は興味を抱き、さらなる情報を求めて調査隊を派遣することにした。一八人の廷臣と学者が従者たちとともに西へ旅立ち、漢の長城の最西端の望楼や狼煙台《のろしだい》を越え、広大なタクラマカン砂漠周縁のオアシスに沿って進んだ。一行はついに、アフガニスタンのある僧院で二人のインド人僧侶に出会い、ともに中国に来るようにと話をまとめた。二人は経典と貴重な遺物を収めた袋を携え、白馬に乗って洛陽に到着し、のちに白馬寺と呼ばれる場所に居を定めた。そしてその寺で仏教初の漢語訳となる経典、『四十二章経《しじゅうにしょうぎょう》』の翻訳を行った。以来、この経典は中国の仏教徒の心のなかで特別な位置を占めている。インドの僧侶たちは亡くなるとこの寺に埋葬され、彼らが眠る塚は今日でも境内の一角に残っている。インドと中国の交流はこれが初めてではなかったが、文明同士の対話が絶え間ないものとなったのはこれ以降のことである。

玄奘はこうした逸話とともに成長した。まじめで学問好きな少年は兄と同じく仏門に入るが、一〇代の後半になると、隋王朝の破綻を受けて彼の将来に暗雲が漂い始めた。中国は秩序を失い、「隋の帝国は滅び、全土で暴動や飢饉が起きて混乱状態に陥った」。洛陽周辺はとくにひどい状況だった。六一八年の冬には食糧不足から、生まれ故郷の村の近くでは、人が人の肉を食べているというおぞましい話が広まっていた。彼は兄とともに大勢の避難民に交ざり、山を越えて成都へと逃れ、そこで学び続けた。しかし、知識が増えるにつれ、仏教の伝統を理解するには原典を紐解くしかなく、それはインドでしかできないと確信するようになった。

その頃、時代は唐の太宗の治世となり、北西で突厥《とっけつ》との戦いが続いていたため、中国人は国外への旅が禁じられていた。ただし、中央アジア、ソグディアナ、チベットの商人は、旅行証明書があれば支障なく往来できた。六二九年四月、玄奘は信頼できる仏教徒の護衛の助けを借り、現在の甘粛省から青海省を抜け、「西の国境の要衝」である玉門関《ぎょくもんかん》を越え、トゥルファンに至った。トゥルファンの王は、玄奘のためにソグド語で紹介状を書き、道中で換金できるような織物など、貴重な品々を与えた。玄奘は天山山脈沿いにタクラマカン砂漠の北縁を西に進んだ。あるときは貴重な飲み水をこぼし、悪夢のような五日四晩を過ごして命を落としかけた。冒険と危険に満ちた旅だったが、度胸や冷静さだけでなく、彼の魅力のおかげで救われたこともあった。キルギスからウズベキスタンにかけては、支配下にあるテュルク系の友好的な宮廷の支援を受け、交易路沿いの都市から都市へと旅を続けた。その後サマルカンドで南に折れ、パミール高原の端を南下し、「鉄門」と呼ばれるデルベントの峡谷を抜け、アム川（オクソス川）の渡河点であるテルメズにたどり着いた。

当時、アフガニスタンはまだ仏教の拠点の一つではあったが、玄奘が訪れた多くの場所は、五世紀末のフン人の侵略によって廃墟となっていた。ヒンドゥークシュ山脈を通過中の六三〇年四月末、彼はバーミヤンの肥沃な渓谷に到着した。ピンクがかった砂岩の崖には、かの有名なクシャーナ朝時代に彫られた複数の巨大な石仏がそびえていた。もっとも大きな像は仏陀の立像としては世界最大だった。高さは五五メートル、クシャーナ朝ならではの大きなブーツを履き、深紅の鮮やかな上衣に青い外套をまとい、当時はまだ輝かしい姿をとどめていた。白亜の顔に黒い髪、頭頂部の盛り上がりは仏陀の魅力的な姿を伝え、玄奘を新たな世界に招き入れたと思われる。

　バーミヤンはアジアの十字路として、ヘレニズムと中央アジア、インドの文化が出会う場所だった。アレクサンドロス大王はこの地を通り、アム川（オクソス川）沿いとカブールの平原に、集会場や競技訓練施設を備えたギリシア式都市を建設した。玄奘は古代インド仏教の部派の一つである大衆部《だいしゅぶ》（マハーサンギカ）の僧院に滞在した。この僧院の書庫には、二世紀から三世紀にかけてのクシャーナ朝の時代に体系化された大乗仏教の伝統の起源にさかのぼる文献が保管されていた。近年になって、この書庫から樺の樹皮や椰子の葉に記された経典の断片が発掘された[4]。いわば「仏教の死海文書」とも言うべき、現存する最古の仏教写本だった。なかにはそれまで漢語訳でのみ伝えられていたものもあるが、多くはまったく知られていないものばかりだった。この発見は驚くべきものだが、玄奘がそれらを目にし、手にしたときも興奮したことだろう。ただし、これはその先に待ち受けている数々の驚きの序章にすぎなかった。

　カブールの平原からカイバル峠を越えると、玄奘はガンダーラ地方[5]の中心部に差しかかった。ここでは仏陀の伝説的生涯を、ギリシア、ペルシア、インドの主題や象徴と融合させて描く、とほうもなく豊かな芸術的伝統が発達していた。今日では、ギリシア風のトーガをまとった仏陀像は世界中で知られているが、これもガンダーラで生まれた。ペシャワールでは、玄奘は巡礼の名所を見て楽しんだ――聖なる菩提樹、仏陀が托鉢に使った鉢が保管されている寺、ハドリアヌス帝と同時代に生きたクシャーナ朝のカニシカ王が建てた巨大なストゥーパ[6]（仏塔）。このストゥーパは高さが約一二〇メートルもあり、仏教の世界ではもっとも壮麗なものだった。三〇平方メートル近い基底部の側面は彫像で覆われ、その上で磨きあげられた銅製のドームが光を浴びて輝いていた。尖塔では絹の旗（いちばん大きな旗は漢の皇后から贈られたと言われた）が龍の尾のようにはためき、「この地上のあらゆる塔のなかでもっとも高い」塔だった。

そして玄奘は、のちに「大幹道」と呼ばれる主要ルートを進み始めた。インダス川を渡り、インドの比較的平坦な地域へと出ると、一路カシミールへ向かい、六三〇年の末に到着した。この地の渓谷は仏教研究の一大拠点であり、一〇〇以上の僧院と五〇〇〇人以上の僧侶が集まっていた。玄奘の噂は彼が到着する前にすでに広まっていたため、都の近くまで来ると王の迎えを受けた。王の家臣が日よけをかかげ、王旗を振り、香を焚《た》き、玄奘の前に花を降らせた。彼はまさに別世界からの訪問者といったようすで、王とともに豪華に飾りつけられた象に乗って中心部へ入るよう促された。

玄奘は滞在先としてジャエーンドラの僧院に招かれた。そこから渓谷を望めば、現在でも巨大なストゥーパの遺跡を見ることができる。玄奘の使命に対する支援として、複数の召使のほか、数世紀にわたる教えをまとめた経典を書き写すために、二〇人の書き手があてがわれた。書き写した文献は経典だけでなく、論理学や認識論、昔の仏典に対する学術的注釈なども含まれていた。彼にとってはきわめて充実した月日となった。また、サンスクリット語の理解に磨きをかけ、読み書きと流暢に話す力を身につける機会にもなった。六三一年から六三二年にかけて、彼はカシミールで偉大な師から教えを受けた。年上の僧侶たちと受ける講義は伝統的な解釈を吸収するのに役立った。また、大乗仏教と上座部仏教、顕教と密教など、異なる伝統の背後にある、複雑でしばしば対立する考えを理解する必要もあった。こうしたことはすべて、中国に戻ってから取り組む予定の壮大な翻訳に向けての準備となるのだった。

ユーラシア全域における七世紀の変革

ときとして、歴史の同時性は注目に値する。六三二年といえば、その夏に預言者ムハンマドがマディーナ（メディナ）で没した年だ。それから三年も経たないうちに、アラブ軍は堰を切ったようにアラビア半島からシリアと北アフリカへとなだれ込んだ。中国では、西は中央アジアまで勢力を拡大し、東では日本と朝鮮、さらには東南アジアまで文化を広めようとしていた。本人は知る由もなかっただろうが、玄奘は歴史の転換期を生きていた。

この時期はユーラシア全域が変革期にあった。西洋の古代文明が栄えた東地中海の中心部では、ビザンツ帝国が生き残りをかけ、アラブ軍と壮絶な戦いを繰り広げようとしていた。アラブ軍は一世紀もかからず、イスラム文明をスペインや中央アジアまで広めた。それどころか八世紀には、カザフスタンのタラス河畔で唐と衝突する。一方で、ユーラシアの端の、文明から外れた「未開の西」では(当時の人々にはそう見えていただろう)、ゲルマン語を話すアングル人とサクソン人、フランク人、西ゴート人、東ゴート人が、ローマ帝国が放棄した土地に移り住んでいた。そしてそれぞれが王国を築き、ラテン系の文化や文字、文献を通じてローマのキリスト教文明を復活させる第一歩を踏み出した。中国では、長安(現在の西安)を首都とした唐が、おそらく世界最大の国際文明へと発展した。ペルシア人やインド人、ソグド人、アラブ人、キリスト教徒、ユダヤ教徒、ゾロアスター教徒、イスラム教徒が、彼らがもたらす産物や贅沢な品々、宗教、芸術、思想などとともに歓迎された。

これから語る中国の物語では、文化のみならず、社会と経済の変化をも促し、中世と近代初期の世界の基礎を築いた一つの偉大な時代についてみていく。ローマはラテン文化を西洋全体に伝えることになるが、唐も同じように、帝国の文化を現代の韓国や日本をはじめとする東アジア全域に伝えた。これはすなわち、ユーラシア大陸全土において、人類の文化の現代的様式が醸成され始めた時代と言えるのかもしれない。

内向きの文明だったのか?

そこで、現代の西洋において、中国は一枚岩の不変の文明であり、内向きで、外部からの影響に抵

サブスクの子と呼ばれて

山田悠介

人材サブスクサービスの闇に飲み込まれていく怜と仄花は、狂気を越えて幸せを摑めるのか？ 鬼才・山田悠介が放つ最高傑作！

▼一五四〇円

Ultimate Edition

阿部和重

暴動、陰謀論、暗殺計画、反転する日常――すべて実在の楽曲名をタイトルに掲げ、奇妙に響き合う至高の十六篇。九年ぶりの短編小説集。

▼一八九二円

皆川博子随筆精華Ⅲ 書物の森の思い出

皆川博子／日下三蔵編

幼少期の追憶、舞台の魅力、『死の泉』と戦禍の中の子供たち、執筆の秘密――物語を愛し幻想の世界に遊ぶ小説の女王の随筆集、第三弾。

▼三三〇〇円

ゆれる階《きざはし》

村松友視

これまで黙して語らなかった「母」との複雑な関係。「一度死んだ」母とは？ 静謐な筆致の中の圧倒的迫力に、作家の覚悟が漂う感動作。

▼二一七八円

出セイカツ記

衣食住という不安からの逃避行

ワクサカソウヘイ

誰しもが日々の中で抱く「漠然とした不安」に対して、衣食住の観点から著者本人が体を張って抵抗を試みた、爆笑と感動の生活探索記。

▼一七〇五円

有吉佐和子の本棚

有吉佐和子

ベストセラー作家、有吉佐和子が再注目されている。本や書斎、原稿などの写真と単行本未収録小説やエッセイを収録、人と作品に迫る。

▼二〇九〇円

抗してきたという考えが根づいているのは不思議なことだ。このような考えは、西洋の歴史家や政治家、宣教師などによって人為的につくられた歴史的概念であるにもかかわらず、中国は政策として外界と断絶し、自発的な発展ができず、意図的に孤立しているという印象が生まれた。いわば、人や思想を遮断する防護壁として建設された万里の長城の奥に閉じ込められた文明だ。

こうした見方はまちがっている。例えば唐の時代、外交や交易における国際的なつながりはとほうもなく広かった。国内では、仏教徒、キリスト教徒、イスラム教徒、マニ教徒のために寺院や僧院が建てられた。シルクロード沿いでは、ペルシア語、ソグド語、シリア語、さらにはヘブライ語で記された文書が見つかり、東では日本語の文書なども見つかっている。あらゆる文化と同じく、縮小した時期はあるものの、中国文明はじつのところ、外部からの影響につねに門戸を開いてきた。シルクロードは唐の時代に西は地中海、東は日本まで拡大した(7)。それがのちの東アジアの文明に与えた影響は大きく、文化や文字、言語において今日に至るまで生き続けている。

シルクロードにて

キルギスの最北部、カザフスタンとの国境のチュイ川から二、三キロのところに、スイアブの遺跡がある(8)。雪を頂いた天山山脈のふもとに存在したスイアブは、五世紀にサマルカンド周辺からやって来たソグド商人によって建設された隊商都市だった。唐代のシルクロードにおいて、ソグド人は大きな役割を果たした仲介者であり、彼らが交わした手紙からはこの広大な地域での日常生活のようすが生き生きと伝わってくる。その交易網は統治体制の変遷を経て、ペルシアやインド、中国の中心部まで到達した。この遺跡があるのは、鋼色のイシク・クル湖を過ぎ、ビシュケクへ向かう道路と鉄道沿いの、東西を結ぶシルクロードの回廊が狭まった場所だ。

玄奘はスイアブをこう描写している。

素葉《スイアブ》水城。城の周囲は六、七里で、諸国の商胡（商業に従事する胡人）が雑居している。土地は穈《きび》・麦・葡萄によく、木立ちはまばらで気候は風寒く、人々は氈《せん》（細毛の織物）や褐《かつ》（粗《あら》い毛織物）をきている。素葉より西に数十の孤城があり、城ごとに長《おさ》を立てている。命令を稟《う》けているのではないが、みな突厥に隷属している。

〔『大唐西域記1』（玄奘著、水谷真成訳注、平凡社）より〕

六四〇年代、唐の皇帝太宗は西に軍を派遣した。隊商による長距離交易はひじょうに重要なものになっていたため、帝国としてルートを確保し、守らなければならなかった。まずは現在の新疆《しんきょう》に進出し、続いて六五〇年代になると狼煙台や望楼を備えた漢代の要塞化された町のネットワークのさらに先へ進み、商人が行き交う道をたどって中央アジアのフェルガナやサマルカンドに至った。その頃には、中国人はソグド人の仲介者たちによる交易を中断させるわけにはいかなくなっていた。唐には都市文明が花開き、首都やその他の大都市での消費が膨大になった。交易は必需品だけでなく、贅沢品をも支えていた。現在の新疆を通過するシルクロードは、中国人が六四〇年に「安西都護府《あんせいとごふ》」という機関を設置し、唐の支配下に入った。彼らの目的は、クチャ、カシュガル、トゥルファン、ホータンに設けた中国の重要な軍事拠点とともに、タリム盆地のオアシスを支配することだった。六五八年には、部隊がさらに西のスイアブまで派遣され、六七九年にはその地に新たな防御用の要塞が築かれた。そこで同地は、西の前哨基地として唐帝国の緩やかな宗主権のもとに吸収され、中国の民間人たちが守備隊の兵士たちとともに長城を越え、スイアブに移り住んだ。

唐の詩人で政府の役人としてトゥルファン周辺の駐屯都市に派遣されていた岑参《しんしん》[9]は、七〇〇年代半ばにこうした場所について描写している。武将たちが開いた宴のようすはこう記されている。「酒は奥の部屋に用意されていた。大きな敷物が広げられ、歌を歌う娘たちは頬に紅をさしたばかりでたいそう魅力的で……赤い蠟燭の前で酔いしれている」。宴が開かれたのは冬が始まる頃だったため、「部屋には刺繡が施された簾《みす》がかかり、床では暖炉が紅く燃えて室内は暖かかった。また、壁は織り上げた壁掛け、床は花模様の毛織物で覆われていた」。中央アジアの辺境暮らしに対する岑参の視点は現実的で、この土地に対する関心は環境の過酷さによってつねに抑制されていた。変化に乏しい砂漠に太陽が昇って沈む風景は単調そのものだった。このような軍事基地での暮らしは厳しく、夏には「砂ぼこりを巻き上げる熱風」とともに、六〇度に達することもある暑さに襲われた。客を迎える喜びは格別で、別れは悲しみをもたらした。

軍中に酒席を設けて　帰《かえ》りゆく人と飲む
胡琴に琵琶　それと羌笛《きょうてき》と
粉粉として暮雪は　軍門に降り積もり
風は紅旗を引っ張るが　凍ってしまって翻らない
輪臺《りんたい》の東門で　あなたの去ってゆくのを送る
去ってゆく時　雪は天山の路に満ちている
山は廻り路は転じて　あなたの姿は見えなくなり
雪の上には馬の足跡だけが　空しく残っている(10)

〔『岑嘉州集』（森野繁夫／進藤多万編、白帝社）「白雪歌　武判官が京に帰るのを送る」より〕

当時、ここは帝国の中心から遠く離れた世界だった。考古学者たちによってトゥルファンで発見された記録や書簡からは、ソグド商人が暮らす過酷な辺境地の暮らしが明らかになっている。仲介者として政治体制の変化を切り抜けるのは不安定な立場だった。それでも、彼らが取り扱う軟玉や硬玉、絹、敷物、刺繍、薬草、香辛料、ドライフルーツなどは、唐の首都に大量に流入し、王朝の最盛期には三万人ものソグド人が都に住んでいたようだ。

唐――国家と首都

西域の世界は、唐の統治者たちにとっては懐かしい風景だった。彼らは三世代前に中国大陸の端の甘粛からやって来たため、れっきとした北西人だった。騎馬文化をルーツとし、隋の時代には軍事貴族だった。また、道家の伝説的賢人である老子の末裔を名乗り〔訳注：老子も唐の皇帝と同じく李姓とされるため〕、さらにはもう少し信憑性のある主張として、キルギスのハンと親族関係にあるとしていた。王一族は六一七年の戦いで名をあげ、隋の最後の皇帝を退位させて、新たな王朝の樹立を宣言した。王朝名は陝西省《せんせい》の土地にちなんで命名された。伝説によると、一族がかの黄帝《こうてい》から賜った土地だったという。新王朝の誕生により、帝国の重心は中国の歴史がつまった黄河中流域から、タクラマカン砂漠や中央アジアの方向へと移り始めた。シルクロードが彼らの頭のなかにある地図の、自然の中心線になったのだ。秦の長城や漢の狼煙台や駅站《えきたん》から現在の新疆の砂漠、青海やチベットの高原、ヒマラヤ山脈、峠を下りればインドの平原に至るパミール高原へと、中国の地平線は広がりつつあった。八世紀末には唐の人口は五〇〇〇万人に達し、世界でも類をみない大国となった。九世紀になると中央の情勢は揺らぎ始めたが、それでも国の統制はうまくとれていた。食料や原料は遠方から複雑な供給網によって調達され、生活や財産は各地の専門の行政官が管理する法典によって守られていた。国内を旅する場合は、整備された道路か運河を利用してどこへでも行くことができ、寝泊まりする場所や食事に困ることはなかった。行政が各種サービスを提供し、追いはぎや暴漢に備えた警備を行っていたからだ。しかも、あらゆる道は現在の西安にあたる首都の長安に通じていた。(11)

長安は中国におけるシルクロードの終着点であり、中国の物語にきわめて大きな影響を与えてきた五つの首都のうち最初の首都となった。政治と祭祀の中心として一〇〇〇年以上の歴史を誇り、官僚制の中枢や軍の主な部隊の本部が置かれ、官吏の登用試験が行われる場所でもあった。当時の調査で一〇〇万人近くが暮らすとされた長安は、都市生活の変化の先駆けだったのである。

長安の建設が始まったのは、隋の時代にさかのぼる五八〇年代だった。王都の設計は、縁起を重視する中国の古代からの伝統に則り、占星術に基づいて決定された。北斗七星の形の一部を模した巨大な長方形をしていて、東西は一〇キロ近くあり、宮城の南から皇城（官庁街）の南門である「朱雀門」へとのびる大通りは、幅が二〇〇メートルに及んだ。宮城の北には巨大な宮殿が建ち並んでいた。柱に支えられ、壇上にそびえるこれらの宮殿は世界最大の木造建築であり、大きな観賞池を備えた庭園もあった。この池の輪郭は、近代化された市街地の外れの畑のなかに、今日でも姿をとどめている。

長安城内は一〇八の「坊」と呼ばれる区画によって碁盤の目のように整備され、各坊はそれぞれ塀で囲まれていた。塀の内部は直線的な通りによって分割され、寺院や家屋は曲がりくねった細い道で結ばれていた。城内の東側には貴族の大邸宅があり、中庭が複数あって数ブロックにおよぶこともあった。庭園や木々は至るところで見られた。唐の都の旅行案内書には、牡丹や桃の景勝地や、芙蓉園や杏園、果樹園、曲江池《きょくこうち》沿いの庭園などが記されている。土地が低くなっている南側と南東部は大雨が降ると浸水しやすく、もっとも貧しい地区として、下級役人や商人、出稼ぎ労働者などが暮らしていた。長安城内には、菜園や果樹園、畑など、広い耕作地もあった。唐のある詩人にとって、長安はこんなふうに見えた。「百千の家々が碁盤のように見えた。一二の大通りは菜園のあいだに整然と配されている道のようだった。遠くには、馬に乗って宮殿に向かう人々の松明《たいまつ》が、小さくかすかに見える。まるで五門の西に浮かぶひとつの星座のようだ」

城内には東西に二つの市《いち》があり、規模はどちらもおよそ一キロメートル四方で、中央には大きな広場があり、儀式や祭り、軍による見世物、公開処刑などが行われた。街中では、ほとんどあらゆる物が手に入った。東市には二〇〇以上の通りや路地があり、「全国各地から集まっためずらしい品物や変わった品物」がつまった問屋に取り囲まれていた。金物、布地、肉、酒、筆と墨などが売られ、旅回りの楽士や奇術師、軽業師、語り手などもいた。西市は、アラブやペルシア、インド、チベット、テュルクなど、外国からやって来た人々が暮らす地区だった。唐代の中国人は自分たちとは異なる人種や民族に大いに興味を抱き、交流するようになった。絵画や小説にそういった異郷の人物たちを登場させ、岩に等身大の像を刻むこともあった。郊外にある陵墓の前には六一の大使の石像が、唐の君主に敬意を表するかのように並べられていた。そのなかには西城から来た人々や、スイアブのソグド人、テュルク人貴族などの姿があった。テュルク人貴族の華やかな衣装は都で大いにもてはやされ、流行に敏感な唐の皇子たちもテュルク風の衣をまとい、テュルク式に髪を結いあげた。西市では、市民の好みや人的ネットワークを反映して、じつに幅広い商品やサービスが提供されていた。隊商の装備、乗馬用の鞍、天秤、物差し、工具、シルクロードから持ち込まれた外国産の宝石や布地など。東市周辺の、反対側の区域には、身分の高い役人や貴族が集まっていた(12)。例えば、安邑坊《あんゆう》には、後述する宰相の李一族（上巻一八九頁参照）の都での邸宅があった。中庭に観賞用の庭園、李宰相〔訳注：李徳裕のこと〕が備忘録を記した「精思亭」などもある大邸宅だった。東のこの辺りには、学者や宮廷の楽師の家や、上流階級向けの結婚式場、位があまり高くない皇族の邸宅などもみられた。

中国の都市の歴史において、唐は都市が変貌し始めた時代となった。都市は皇族とその召使や職人、妻たちが暮らす特別な空間から、市井の人々が生活し、自由を追求し、富を築く場へと変わり始めたのだ。

典型的な例は、皇城と東市のあいだにあった平康坊《へいこう》だ。唐の偉大な画家による有名な壁画がある仏教の寺は、この坊の顔の一つだった。寺院は南門の近くにあり、皇族のために六世紀に建てられたものだった。だが、それにも増して知られていたのは「青楼」だ——長安の格の高い妓女たちが暮らす場所である。唐代の長安では、こうした女性たちの世界は厳しく管理されていた。営業には許可が必要で、調査を受け、納税する義務があった。公的な指示や日程に従い、大きな祝日や皇族の儀式があるときは営業をやめ、歴代皇帝の命日には入口に色を塗った板を取りつけ、音楽の演奏を慎んだ。妓女は暦に精通し、『易経』を学び、音楽、詩、舞踊、酒や食事、茶の支度を習得した。伝統的な儒教思想に基づいて女性が厳しく差別されていた世の中で、高位の妓女が本格的な作家や詩人になることもめずらしくなかった。だが、そんな人生には影の部分があった。歓楽街に暮らす少女や女性たちの多くは妾の娘だった。また、大勢が幼い頃に買われてこの世界で育てられた。最初は客を茶でもてなすことから始め、一二歳か一三歳になると妓女として着飾り、年上の男たちの相手を始めた。男性のあいだで、子どもを含む少女たちとの性交が当然視されたのは、アラブから唐に至る世界各地の伝統的な文明においては何らめずらしいことではなかった。

玄奘の帰国

六四五年に玄奘が帰国したのは、このような活気ある都市生活が営まれる世界だった。彼の旅については、カシミールに滞在したところまで語ったが、彼はその後ガンジス平原を南下し、ガンジス川で船に乗ってマウリヤ朝時代の古都パトナに移動した。[13] そしてついに六三七年、乾期で水のないファルグ川の広い砂地の川底を歩いて渡り、ブッダガヤに到着した。中国を旅立ってから八年、ブッダが根元に座り、悟りを開いた菩提樹の前に、とうとう立つことができたのだ。彼は感情を抑えることができなかった——「私は座り込み、涙を流すばかりだった」。

玄奘はナーランダ僧院で二年を過ごした。この僧院は、唐代には仏教の国際的大学のような存在になり、南アジアと東アジアの各地から学者や巡礼者を引き寄せていた。玄奘は、この頃にはインドの現地語を自由に操り、サンスクリット語と、インドの仏教の諸宗派で用いられていたパーリ語を読むことができた。彼はもはや新たな人格を身にまとっていた。それでも、まだ得られていない経典を見つけて書き写すため、さらに旅を続け、仏教が盛んなベンガルまで足を運んだ。ベンガルは現在のバングラデシュにあたる。その後インドの南のカーンチープラムを訪れ、さらにはインド西部の仏教が盛んなマールワー、グジャラート、シンドを訪れた。ようやく帰国の途につき、カイバル峠を越え、東に進路を変えて一路中国を目指した。長安に着いたのは六四五年の早春のことだった。旅立ってから一六年が経っていた。彼が戻るという知らせは事前に都に届き、大行列によって迎えられた。街頭には興奮した群衆が詰めかけ、別世界を目にしてきた旅人を驚きのまなざしで見つめた。当時、宮廷は洛陽に置かれていたため、彼は陸路でさらに東に向かい、太宗に謁見した。太宗は口を開くやこう言った。「一六年ぶりによくぞ戻った、玄奘よ。だが、そなたは出国の許可を求めなかったぞ！」「じつは」と玄奘は応じた。「外国への旅の許可を何度か求めたのですが、うまくいきませんでした」。皇帝は咎めず、これほど長い年月を経て生還した人物に会う驚きの気持ちを伝え、「すべての人々のために」命の危険を冒したことをねぎらった。太宗は彼の態度や知性、世界に関する知識に感心し、僧侶の衣を脱いで宰相となり、その知恵を用いて国を治める手助けをしてくれないかともちかけた。しかし玄奘はこう言って断った。「それは船を水から引き上げるようなものです。役立たずになるだけでなく、やがて朽ち果てるばかりでしょう……」

翻訳事業——中国の精神の開放

玄奘が持ち帰った仏教の経典や仏像は、ある文明から別の文明へと運ばれた文化的荷物としてはこのうえなく貴重なものだった。旅は探検にほかならなかったが、未知の土地を探るというよりは、新たな精神的領域を探る旅だった（肉体的にも危険を伴う冒険だったことは確かだが）。玄奘は仏教を信奉するインドで培われた英知を中国に持ち帰った。その後彼は、計画していた通り、翻訳に取りかかった。[14]これに比肩する翻訳事業といえば、イスラム帝国時代にギリシア語をアラビア語とペルシア語に翻訳した取り組みか、八世紀から一五世紀にかけてのヨーロッパにおける三度のルネサンスに、ギリシア語をラテン語に翻訳した取り組みしかない。

そのようすは、玄奘の弟子の一人によって書かれた伝記にまとめられている。玄奘は経典を書き写した六五七の巻物と、持ち運び可能な遺物や仏像などを二〇頭の馬に積んで帰国した。そして残りの生涯をかけて、翻訳事業に全力を注いだ。皇帝の支援を受けて翻経院《ほんぎょういん》を設置し、長短合わせて約一三三〇巻の経典を翻訳した。だが、それにも増して重要なのは、異文化交流に対して彼が果たした役割だ。その後数十年のあいだに、中央アジア、インド、中国、朝鮮、日本を含む広い地域で「仏教コスモポリス」と呼ばれる国際空間が誕生した。[15]この時期には、大勢の僧侶たち、そして無数の商人や外交団がこれらの国を行き来した。海路ではスマトラやスリランカ、ベンガル、南インドのタミル地方へ、陸路では中央アジア、チベット、ビルマを通ってインドまで人々が移動した。七世紀の国際空間の広がりは、地理的感覚を変化させた。

玄奘は過去一〇〇〇年、あるいはそれ以上の中国史を振り返り、つぎのような理解に到達した。それはすなわち、かつて人々が、儒教の精神を土台にして中国という国を築き、その精神は秩序ある宇宙に欠かせない価値観の根源であるが、その一方で、人々は道教により伝統的宗教の精神的広がりを得ていたこと。そしてこの二本柱があってこそ、国家がうまく機能していたということを理解したのだ。「我が国では、裁判官は威厳に満ちた装いをし、あらゆる場所で法が尊重されています」と彼は述べている。

皇帝は高潔にして臣下は忠実、父母は愛情深く、息子は従順、思いやりと正義は高く尊重され、老人や賢人は敬われます。しかも、その知識はきわめて深く神秘的であり、彼らの知恵は神霊の知恵に匹敵する。彼らは天を模範とし、七曜〔訳注：火星・水星・木星・金星・土星と、日（太陽）と月（太陰）の七つの星のこと〕の動きの計算に通じています。そしてあらゆる道具を考案し、一年の季節を定め、六調と楽の隠れた特性を見いだし、陰陽の相反する影響を判断し、それによって万物にとっての平和と幸福を得ているのです。(16)

だが、儒教と道教が中国特有であるのに対して、仏教は国を超越した普遍的な信仰である。仏教は、中国にとっては学問的にも、精神生活においても広大な世界を開き、それまで中国文化の中心と思われてきたものや、それに基づく文化的発展の方向性に正面から疑問を投げかけた。

漢代までさかのぼる数世紀のあいだにも大勢の旅人が存在したし、翻訳を手がけた人々もいたが、玄奘は皇帝から惜しみない強力な支援を受け、文明に大きな変化をもたらした。中国における仏教は、七世紀後半から八世紀にかけて、とくに文学や美術、彫刻、寺院を庇護した則天武后のもとで発達した。その結果、九世紀には中国も聖なる国となった。聖地を見ようとインドや日本から人々が訪れ、五台山は巡礼の中心地となり、「中国の大河はその清らかな流れを、ブッダガヤの聖水と融合させた」。人と思想は東の日本と朝鮮にも流れた。この頃は、日本が中国の文化的伝統を吸収し始めた時期だった。七世紀の初めから唐王朝のもとで密接な交流が始まり、中国の思想や文化、言語、文献が大量に輸入されるようになる。やがて日本の貴族の子弟は中国で学び、巡礼者は中国を訪れるようになった。西洋中心の歴史的視点から一歩下がって眺めると、東アジア全域でこのようにして仏教文化が確立されたことは、文明の歴史においてもっとも重要な出来事の一つである。

これは国際的大都市としての長安の地位と魅力を引き上げた。日本では七一〇年から七八四年にかけて奈良に新たな都の平城京が置かれたが、これは唐の長安をモデルとしていた。奈良は現在でも、(17)

唐の偉大な王都の当時の姿を垣間見るには最良の場所だ。東大寺の大仏殿は、最近まで世界最大の木造建築だった〔訳注：現在はスペインのメトロポール・パラソルなどが上回る〕。近くにある宝物庫の正倉院[18]には、シルクロードを東の終着点まで渡ってきた貴重な品々が山のように収められている。この数千点にもおよぶ八世紀の驚くべき工芸品の数々は、近年まで木造の宝物庫のなかで杉製の収蔵箱に収められた状態で保管されていた。日本最古の記録保管所にして、現存する世界最古の博物館である。ここを訪れると、唐の琵琶や管楽器、ペルシアやアレクサンドリアの漆器、絹などの織物、ガラスの器やグラス、水差し、ローマのガラス、ペルシアの錦、インドの彫刻、中国の敷物、衣類、武器、隋代・唐代中国の仏教の巻物などを観ることができる。宝物のなかには、八世紀の儀式に使われた衣装や仮面、楽器などもあり、シルクロード沿いのさまざまな民族の顔が浮かびあがる。中国では、戦争や革命などの事態により、このような素晴らしい工芸品はほとんど残っていない。ところが日本の奈良には、当時の開放的時代に唐がシルクロード沿いで繰り広げた文化交流の、唯一無二のもっとも力強い象徴が残っている。

したがって、世界をまたぐ帝国が複数存在したこの時代には、まれにみる開放がもたらされた。精神的領域において、思想のグローバル化のかすかな兆しに相当する変化が生まれたのだ。しかし、中国の文化的要素の主軸とも言うべきものは、今も失われていない。根底には有史以前の「政治」と文化の基盤があり、そこに賢明な君主の役割、先祖への崇拝の念を含む儀式と家族にまつわる伝統、儒教による道徳的秩序、形而上学的な仏教哲学による影響が積み重なっている。中国文明の中心には今日に至るまで、こうした要素の相互作用が存在しているのである。

中国では従来の歴史の傾向に変化が生まれつつあった。玄奘が生きている時代にイスラム教徒が中国の地を踏んだ。彼らは昔からアラブ人やペルシア人が住んでいた広東に、海上ルートでやって来た商人たちだった。東地中海とシリアのビザンツ世界から、キリスト教の使節団が初めて中国にやって来たのもこの時代だった。それ以前にもペルシアや中央アジアからは、シルクロード沿いに暮らすネストリウス派のキリスト教徒（景教徒）がやって来ていた。だが、初めての正式な使節団の来訪については、現在西安に保存され、中国有数の貴重な宝となっている石碑に、心を奪われるほど詳しく描かれている。

「大秦景教流行中国碑《だいしんけいきょうりゅうこうちゅうごくひ》」と題されたこの石碑は、七八一年につくられ、一五〇〇年近くにわたる中国へのキリスト教伝道の道のりを振り返っている。表題の上にはネストリウス派の東方教会の十字架が刻まれ、その十字架は道教の雲の合間からそびえ、左右には仏教の蓮の花が描かれている――中国の世界観を見事に表現した図案だ。[19]碑文はまずキリスト教の概要を述べ、創世記と人間の堕落、キリストの到来について触れているが、「陰」と「陽」という道教の言葉や、仏教の八正道《はっしょうどう》などで表現されている。また、老子が記したと伝わる道教の偉大な古典、『老子道徳経』からの引用まである――「真理の道は不思議で名付けられません」〔『景教』（川口一彦編著、イーグレープ）より〕。

石碑は六三五年の宣教師の来訪について伝えている。西からやって来た阿羅本《あらほん》と呼ばれるキリスト教の修道士が、キリスト教の教典を中国に紹介し、その修道士が「状勢を占い、困難にも耐え」長安に到着したことが刻まれている。阿羅本は長安で皇帝太宗に謁見した。キリスト教の教えについて説明を受けた皇帝は、宮廷内の書殿でキリスト教の教典を翻訳するよう命じた。

太宗はその内容を理解し、異なる文明の相対的価値について異例の言葉を述べ、つぎのような勅令を発した。

「道には常名（定まった名前）がなく、聖には常体（定まった本質）がない。だから多くの民衆にこの教えを説き、民衆を救え。

大秦国の宣教師阿羅本は遠き地より聖なる書と像を携え、我らの都にてそれを示した。この信仰の教えを吟味したところ、まことに優れ、理にかなっている。その源を調べると、重要な真理体系から生じていることがわかる。その説教に不可解なところはなく、言葉を超えた原理があり、生きとし生けるものにとって有益であり、人々にとって好都合である。これを天下の至るところに広めよ」と。そこで役人は都に大秦寺を建て、二一人の僧たちを迎えることになりました。

〔須川訳〕

もし、六三五年に道教や仏教の使節団がコンスタンティノープルに到着していたとしたら、これほど気前よく寺院の建設を許されたとはとても考えられない。だが太宗にとって、キリスト教はすべての人々のためになり、中国でも布教を容認すべきものだった。宗教史において異例中の異例とも言うべき史料であるこの石碑は、最後は詩で締めくくられている。

輝ける景教は、私たちの唐に伝えられると、経典翻訳や会堂建築をし、生きている者も死んだ者も御国に向かいました。
思いを越えた祝福によって、多くの民は平安であります。

〔『景教』（川口一彦編著、イーグレープ）より〕

長安にキリスト教が伝わってまもなく、イスラム教徒の商人が広東と泉州に到来した。現在ではどちらの地も中国最古のモスクがあると主張している。八世紀には、長安に二つのモスクが建設された。現存する東の壮大なモスク（大清真寺）では、明代の東屋や庭園、祈禱堂が残され、西のモスク（大学習巷清真寺）は明代と清代の建築の宝庫になっている。

発明の時代

歴史にはよくあることだが、唐王朝が世界に開かれたことにより、自国内でも文明の精神構造に変化が起きた。唐は詩、小説、美術、建築、陶器などの分野で高度な文化が発達した時代だった。科学の面でも躍進があり、鋳鉄の技術は西洋世界よりはるか以前に発達した。また市民生活が発達し、職人や商人の組合が誕生した。そして、何よりも重要なのは木版印刷の発明だ。これは一〇世紀に大量印刷が可能になると真価を発揮し、かつてないほど大勢の人々が書物を手に取れるようになった。

八世紀には劉知幾《りゅうちき》が『史通』（七一〇年）を著し、歴史を記述する手法に関する世界初の書物が登場した。それまで歴史書が権力者によって管理、検閲、編集されてきたのに対し、『史通』は歴史執筆をめぐる反省という長きにわたる伝統の先駆けとなった。[20] 劉知幾は言葉を正確に記録することにこだわり、古典に批判的な姿勢を示し、歴史は神話を扱うべきではなく、人的要素、経済、気候、地理学のみを論じるべきだと主張した。彼は客観性が損なわれることに懸念を示したが、これは現在に至るまで中国の歴史学について繰り返し浮上する問題となる。

このように、唐代には思考の革命が始まり、内省する機会が増え、それはあらゆる形態の文学的試みにも影響した。この時代には、人口と経済という社会的な面でも重大な変化があった。黄河流域は商の時代から中国文明の中心地だった。ところが六〇〇年代から九〇〇年代にかけて、唐王朝は経済、人口、食糧、文化が南に移行するという大きな変化を経験した。[21] 亜熱帯の南部が移住の地として開かれたのだ。この時期に唐の多くの家族が南に移住し、北部の小麦と雑穀中心の食生活よりも豊かな米文化を発達させた。その結果、中国史において南部は中国の主要な地域となる。唐代の人口調査のデータから、一〇世紀には、中国の人口は北部では半減し、南部では倍増したことがうかがえる。これは六〇五年から大運河の建設が本格化し、南北がつながり、南部の農産物が北部に運ばれるようになったことで促進された。

それはまた、商業社会としての中国と、王権の中心ではなく大規模な貿易地としての都市の誕生を意味するものでもあった。唐代では、このような変化において何よりも重要な都市は、大運河と長江の交差点で発展した揚州だった。整然とした街並みに夜間外出禁止令が敷かれた帝都長安とは対照的に、唐王朝「最大の貿易都市」である揚州は、商業都市として歴史上初めて夜間に人工的な明かりが灯された。そこでは商業が成長を牽引し、厳格に管理された都市社会とは異なる、あらゆる階級と商人が交じり合う、近代にやや近い都市が現れ始めた。八世紀には、中国のある役人はこう書いている。「帝国ではあらゆる河川で船がつねに往来し、絶えずにぎわっている。船がほんのひとときでも止まれば、何万という商人が破産するだろう」

唐の衰退

八世紀の半ば、中国は偉大な皇帝、唐の玄宗のもとで、国力、富、文化が最盛期を迎えた。唐の船は広東からペルシア湾に向けて出港し、都には中央アジアから商人が押し寄せた。西域では交易路を守るため、要塞都市、狼煙台、望楼のネットワークが中央アジアまで広がった。しかし、惨事は迫りつつあった。七五一年には軽率な戦争を二度も行った。一説には中央アジアに生まれたとも言われる詩人の李白は[22]、あまりの無謀さに激怒し、こう書いている。「天と地ではすべてが調和し、国内は平和そのものだ。にもかかわらず、何ゆえに徴集兵たちの軍隊を雲南に送るのか」。その後、軍は南西の熱帯の土地でマラリアなどの病気もあって敗北し、人も物資も大きな犠牲を払った。

五月になったら瀘水《ろすい》を渡り、雲南に攻め入ろうとのこと。
恐れおののく兵は戦《いくさ》の用には立たず、酷暑の地に遠征するのは容易《たやす》いことではない。
[中略]

千人出かけて一人とて帰らず、身を投ずれば最後、いのちはおしまい。

〔『新釈漢文大系　詩人編4　李白　上』（和田英信著、明治書院）「古風　其の三十四」より〕

同じく七五一年、雲南から北西に何千キロも離れたタラス河畔でも軍事的大惨事が起きた。戦場は現在のカザフスタンのタラズ市とされ〔訳注：現在のキルギスタンの町タラスとの説もある〕、かつてはソグド人の貿易都市だった。準備が不十分な遠征隊は、イスラム帝国の軍勢と彼らに寝返ったテュルク系遊牧民に挟み撃ちにされて惨敗し、唐は西域進出の野望を断念するに至った。李白の有名な詩「戦城南」は、この敗北の知らせを受けて詠んだものだ。

去年は桑乾《そうかん》の川のみなもとで戦い、
今年は葱嶺《そうれい》の河のほとりの道で戦う。
戦い終われば、兵器を条支の海の波に洗い、
馬を天山のふもと、雪に覆われた草のなかに放つ。
［中略］
のろし火はやむことなく燃えて、
いくさもまた終わることがない。
野原に争い戦って死に、
将を喪った馬は天を振り仰いで悲しげに泣き叫ぶ。
［中略］
将軍らは空しくここに至らしめてなすすべもない。
さては知る、兵器とは凶器に他ならず、

聖人はやむを得ずしてはじめて用いるのだと。

〔『新釈漢文大系　詩人編4　李白　上』（和田英信著、明治書院）より〕

歴史上の大きな変化の原因は一つにかぎられないこともある。しかし、この時期を境に事態は急激に悪化し、発展した国家であっても、天災と人災が重なればいつのまにか対処できなくなることを浮き彫りにしている。七五〇年代初頭には前例がないほど災いが続き、政治体制は盤石だったにもかかわらず、最終的にはそれが国の弱体化を招いた。七五〇年には、深刻な干魃《かんばつ》によって凶作に見舞われた。七五一年の春には、穀物を運ぶ皇帝の船団が港で火災にあって二〇〇隻分の穀物が失われ、政府の穀物庫は蓄えが減り、供給危機に対応できなくなった。同じ年の後半には、大運河が長江と交わる揚州で大小何千隻もの船が台風により破壊され、貴重な穀物と米が失われた。またにわかに信じがたいことだが、同時期に都最大の兵器庫で火事が起き、石弓や剣、槍など五〇万点の武器が破損した。秋には雨が何週間も降り続き、渭水《いすい》や長安周辺など、かなりの内陸部にまで深刻な水害をもたらした。民衆は食糧不足に直面したが、政府はうまく対処できなかった。都では、一〇〇万人近い人々に飢餓が迫った。七五二年の夏には、猛烈な嵐によって洛陽が大きな被害を受け、秋には例年以上の水害に見舞われたのである。

楊貴妃

玄宗皇帝は統治期間の前半は才気あふれる優れた支配者にして芸術家や著述家の支援者であり、唐代の中国の国力と進歩を頂点へと導いたと考えられていた。だが七〇歳近くになり、四四年にわたる輝かしい統治期間が過ぎたとき、女性に弱いことが災いしてついに失脚する。玄宗の楊貴妃に対する寵愛ぶりは伝説的なものとなり、楊貴妃の有名な物語は、中国人なら誰でも子どもの頃から知っている。玄宗は中国一の美女を見つけるため、全国各地に臣下を送ったと言われる。しばらくして、玄宗は「華清池《かせいち》」という温泉に入っていたとき、ある高官の一八歳の娘を見かけた――「翡翠のように輝く肌の上を湯が流れ落ちていた」と白居易は描写している。一目惚れだった。楊はすでに玄宗の息子の一人の妃になっていたが、玄宗は彼女を自分の妃とし、すっかりのぼせ上がった。彼女と過ごすため国を治める義務を怠り、楊一族を優遇するようになる。

最悪の事態が、現代の国家でも揺るがしたであろう規模で起きようとしていた。時は流れて七五五年の秋、雨が六〇日間降り続いた。長安では、もっとも貧しい人々が暮らす低い土地が浸水した。洛陽では一九の坊が浸水し、おびただしい数の人々が仮設の野営地に身を寄せた。収穫が台無しになったことで、物価が高騰した。政府は被害を抑えるため穀物庫を空にするしかなかった。

当時、下級役人だった杜甫は、七五五年の凍えるような寒さと水害に見舞われた一一月のまさにその瞬間をとらえた。彼は家族のところへ行くため真夜中に長安を出発した。帯が凍りついてちぎれてしまっても、指先がかじかんで結び直せなかった。夜が明け始めた頃に、華清池の温泉を通りかかった杜甫は、皇帝の軍旗が「寒空を覆う」のを見た。皇帝は前の週から廷臣と楊貴妃とともにこの温泉に来ていた。国は厳しさが増すばかりの冬を前にして寒さと飢えに耐えているのに、宮廷は温泉を楽しみ、最高級の食事を口にしている。「朱塗りの門の富貴の家には、酒肉があり余って腐ったにおいを発しているのに、道端には凍え死んだ人の骨が転がっている」と杜甫は詠む。家族のもとに着いたときのようすは以下のとおりだ。「やっとたどり着いて門に入ると、大声で泣き叫ぶ声が聞こえてきた、幼子が飢えてなくなっていたのだ」〔この段落の「 」内の引用はすべて、『杜甫全詩訳注（一）』（下定雅弘／松原朗編、講談社）「京《けい》より奉先県《ほうせんけん》に赴《おもむ》く詠懐五百字《えいかいごひゃくじ》」より〕

政府は食糧不足に対処しようと最善を尽くしたが、宮廷の贅沢ぶりに[23]対する怒りは高まった。そしてさらに悪いことが起きた。七五五年一一月、安禄山による大規模な反乱が起き、これが中国に深刻な打撃を与えた。中央アジアの巫女を母とし、突厥のソグド人の将軍を継父とした安禄山は、北から南へ進軍し、七五六年の旧暦で正月にあたる二月五日に、洛陽で新王朝の樹立を宣言した。窮地に立たされた玄宗皇帝に対し、全面戦争が勃発した。それから八年にわたり、中国全土で戦乱が続き、略奪が横行して国土は荒廃した。混乱と死者数はすさまじいものとなった。地方では軍による略奪が横行し、農民の荷馬車は生存者と死者の運搬のために取り上げられたこともあり、人々は身動きが取れなくなった。河川や運河による移動も妨げられた。強盗に襲撃される危険とつねに隣り合わせだからだ。[24] 国の半分とも思われる人々が路頭に迷い、暴力の渦に巻き込まれ、破綻状態を耐え忍んでいた。杜甫と幼子を含むその家族は、何の支援もなく、財産もほとんどない状況で、こうした惨事に飲み込まれた。一家は他の避難民に交じって陸路と河川を使って各地を転々とし、施しにすがることもたびたびあった。世界史を広く見渡しても、これほどの経験をした偉大な詩人はほかにいないのではないだろうか。彼はこう詠んでいる。「私は日ごろ租税を免れており、名前が兵籍にも入っていない。それでもこれまでのことをふりかえると、実に多くの辛い苦しい目にあってきた、ましてや普通の人々は、いうまでもなく不安定な日々を暮らしているに違いない」（『杜甫全詩訳注（一）』（下定雅弘／松原朗編、講談社）「京《けい》より奉先県《ほうせんけん》に赴《おもむ》く詠懐五百字《えいかいごひゃくじ》」より）

彼の詩の根底には政治の腐敗と無能さに対する変わらぬ批判があるが、それはあくまでも忠実な儒家が理想とする視点に基づいていた。「都では朱塗りの門を構える高貴なお方が権力の争奪戦を繰り広げたあげく、一族皆殺しの刑罰を受けて次々に災禍に見舞われた。そうかと思えば国費で養われる馬は粟《あわ》や豆を食いつぶし、宮中で飼われる闘鶏用の鶏には稲や粱《あわ》が献上される。[中略] いにしえの例《ためし》に照らして国家の衰退を残念に思う次第である」（『杜甫全詩訳注（三）』（下定雅弘／松原朗編、講談社）「壮遊《そうゆう》」より）

彼のいくつかの詩では、切迫感がじつに見事に表現されている。一家が夜間に強盗や狼を避けながら必死に避難するようすからは、鼓動が速まるような強い恐怖心が伝わってくる。テレビで報じられるような、シリアやイエメン、北アフリカなど、現代の世界各地で起きている内戦のようすを思い浮かべると、彼は戦火を逃れる避難民の姿を、どんな芸術家や詩人よりもうまく描いているように思える。

思い起こせば去年、賊軍の乱を避け、北に逃れて苦しい旅をしたものだった。夜ふけて彭衙《ほうが》の道を行けば、月が白水の山々を照らしていた。

［中略］

十日のうち半分は雷雨で、泥道を互いに手を取りあって歩いて行った。雨具の用意もないうえに、道は滑りやすく衣服もぬれて寒かった。時には難所を抜けるのに一日かけても数里も進まない。野山の果実を食料に充てたり、低い樹の下で野宿したり。(25)

〔『杜甫全詩訳注（一）』（下定雅弘／松原朗編、講談社）「彭衙行《ほうがこう》」より。彭衙は同州白水県（現在の陝西省渭南市《いなん》白水県）の東北の古い地名〕

七五六年、安禄山の軍勢が迫り来るなか、皇帝と側近は長安から逃げ出したが、西に向かう道中で護衛の部隊が反旗を翻した。彼らは要求の一つとして、麗しき「蛾眉《がび》」〔訳注：美女の代名詞。白居易が楊貴妃を表現するのに用いた〕、楊貴妃の死を求めた。皇帝はこれを受け入れるしかなく、彼女は西へ向かう幹線道路沿いの宿場町、馬嵬《ばかい》駅の小さな寺の中庭で絞殺された。皇帝の胸は打ち砕かれた。のちに皇帝は悲しみのあまり、楊貴妃の亡骸を掘り起こすよう命じたが、遺体は腐敗していたため皇帝の目に触れることはなかった。そこで、一緒に埋葬されていた香袋が皇帝のもとに届けられたという。

この出来事は中国文化のなかでもっとも有名な物語の一つとして、すでに唐の時代から詩に詠われ、これまで数えきれないほど多くの書物や映画、オペラなどの題材になっている。今日では、温泉宮殿の跡地では壮大な「音と光のショー」まで行われているが、杜甫が記したように、門の外には凍死した貧しい人々の骨が放置されていた。

ひと月後、皇帝は退位して息子の粛宗が皇位を継承し、長安は反乱軍に占領され、略奪された。安禄山の死後も内乱は続いたが、唐は反撃し、ついに長安を奪還した。内乱は七六三年に終わったが、国は深刻な打撃を受け、それは内乱の期間よりはるかに長いあいだ爪痕を残した。七五四年の国の人口調査では、納税世帯は九〇〇万戸、人口は五二九〇万人と記録されていた。それが一〇年後にはそれぞれ三〇〇万戸と一六九〇万人に減少した。これは三〇〇〇万人以上の人々が避難民として路頭に迷うか、戦死するか、餓死したことを示唆している。それが事実なら、歴史上類をみない死者数ということになる。

「明皇」玄宗の治世は、安禄山率いる内乱のさなかにも楊貴妃に溺れるという致命的な失態によって、悲劇的な結末を迎えた。にもかかわらず、後世になって八世紀を振り返ると、それは文化的に偉大で伝説に残るほど壮麗な時代だった。そしてこの集合的記憶の中心に位置するのが杜甫の詩だ。彼の詩は揺るぎない道徳的高潔さに裏づけられた儒教的な声の手本として、つまり中国の道徳心を体現したものとみなされるようになり、これまで一〇〇〇年以上にわたりそうあり続けてきた。じつのところ、杜甫を中国でもっとも偉大な詩人と呼ぶとすれば、彼の役割を詩人に限定することになり、中国文明にとっての彼の重要性を過小評価することになる。その理由を考えてみるのは興味深い。彼はまったく無名のまま亡くなり、自分でも後世に名が残るとは思っていなかった。ところが、宋代になって儒教が復興すると、民衆への共感と儒教的な国家への忠誠心が融合した彼の声は、国を代表するものとなった。彼の詩は今日でも国の教育課程の一環として教えられている。だが、現代でも多くの人々が魅了されるのは、ほかにも理由があるようだ。彼の詩は長いあいだ、喪失に直面したときに想起されるものであり、それは中国の文学史を貫いている。例えば、女性詩人の李清照《りせいしょう》は、宋の滅亡時、避難する際にも杜甫の詩を記した貴重な巻物を守ろうとした。同じく偉大な女性詩人で教育者の方維儀《ほういぎ》は、杜甫を念頭に置いて明の滅亡について記している。近代最高峰の詩人、鄭珍《ていちん》も、太平天国の乱の恐怖のさなかにはるばる成都まで足を運び、杜甫が暮らした草堂を訪れた。一九三七年の南京事件のときでさえ、焼け焦げた壁に「国破れて山河在り」という杜甫の言葉が刻まれた。彼の詩の核心にあるのは、歴史の理想と現実をめぐる嘆きだった。

七五五年は破滅の幕開けを告げる年となる。西洋文化でこれに近い心理的状況をみつけるとしたら、第一次世界大戦になるだろう。例えば、フランス、ドイツ、イギリスの詩人たちは同様の心理だったにちがいない。フランスの詩人ギヨーム・アポリネールは、一九一四年八月四日〔訳注：イギリスがドイツに宣戦布告した日〕に新たな世界が誕生したと暗澹たる思いで理解した。それから一年ほどして、ジークムント・フロイトは偉大な論文「喪とメランコリー」の初稿を執筆し、人は愛する人を悼むように、文化や文明についても哀悼することがあり得ると論じている。杜甫の深い悲しみは彼自身をも当惑させたが（「私はなぜいまだ嘆いているのだろう」）、そこにはこのような、単なる個人の悲しみを超えた文化的悲哀という、より大きな感覚が入り混じっているのである。

明け方、戦乱のためにたくさんの家々の野哭《やこく》する声が聞こえてくるが、漁師や木こりが楽しげに歌う当地の民謡はほとんど聞こえてこない。臥龍と評された忠臣の諸葛亮《しょかつりょう》も躍馬といわれた軍閥《ぐんばつ》の公孫述《こうそんじゅつ》も、今では結局土に帰してしまった。それを思えば、眼前の人の世の苦難も、遠い親族友人からの手紙がないのも、むやみに寂しさをかきたてる。(26)

〔『杜甫全詩訳注（四）』（下定雅弘／松原朗編、講談社）「閣夜《かくや》」より〕

第7章　衰亡

七年に及んだ安禄山の乱は中国史上の一つの転機となった。調査からは人口が三〇〇〇万人減少したと推定され、これは第一次世界大戦の死者数にも匹敵する。また、制度の破綻、社会や政府の混乱の面でも、その影響は世界大戦並みだった。さらには文化面、人々の心理面の影響も大きかった。王朝は存続したが、それまでとはまるで異なる、閉塞感に満ちた雰囲気が広がった。つぎの世紀に移行すると、唐は相次いで水害、飢饉、さらなる反乱に見舞われた。また、中央政府の衰退が進み、領土が徐々に失われ、ときには武装勢力が国の中枢を脅かすこともあった。そうしているうちに、新たな思想が唐の文化構造そのものに、まるで壁の染みのように徐々に広がり、生き残った古い貴族たちの世界に影を落とした。中国の歴史はきわめて長い時の流れのなかで、以前もこのような時期を何度も経験したことがあるし、その後も経験するが、この時期は格別な思いとともに記憶されることになる。それでは、晩唐について見てゆこう(1)。もっとも、当時の人々はそれが晩唐であるとは知る由もなかったが。

杜氏一族の別荘にて

都の南の美しい谷では、何百年ものあいだ地位を保ってきた裕福な貴族たちが、安禄山の軍勢によって破壊された土地に、大きな屋敷を再建していた。貴族たちは果樹を植え、納屋と住居を修繕し、引き続き恵まれた生活を送っていた。一例は杜氏という一族だ（杜甫とは無関係）。この一族は、長安の南の城南と呼ばれる地域でいちばん立派な邸宅を保有していた。近くには樊川《はんせん》という川が流れ、都のある北まで延びる朱坡《しゅば》と呼ばれる尾根のふもとにあった。植物が茂る庭園や石庭が美しく整えられ、人工の洞窟や小川のほか、見晴らし小屋や東屋などもあった。のちに、この領地の主の孫は、「下杜《かと》にある故郷の家は昔からのもので、［中略］川に寄り添う紅葉の嶺、寺に続く緑楊の堤」があったと詠んでいる（『新釈漢文大系　詩人編9　杜牧』（齋藤茂著、明治書院）「朱坡」より）。一族とこの地のつながりは、彼らがここに初めて住むようになった漢代にさかのぼる。唐の時代には、周辺に昔をしのばせるものが数多くあり、歴史が色濃く残っていた。訪問者たちは食事のあとに、あるいは音楽や詩を楽しんだあとに、一族が集めた絵画や青銅器、写本などを鑑賞した。崩れかけている漢代の寺まで足を運び、周の時代の古い文物を眺めることもあった。この時期の中国の詩は、（ごく大まかに西洋文学になぞらえるなら）どこか一九一三年の雰囲気に通じるものがある。アラン゠フルニエの小説『グラン・モーヌ』に登場する田舎の邸宅や、プルーストの『失われた時を求めて』の華やかな貴族、ゲルマント家を彷彿とさせるのだ。両者は遠く離れた世界にあり、しかも一〇〇〇年以上の時を隔てているのに、ハイカルチャーの比類ない洗練と、さらには「もはや存在しないしまだ到来しない」という緊迫した時代を生きる感覚まで共有している。

杜氏の領地では、一族は余暇を楽しみ、政治や歴史、文献、詩などを研究して過ごしていた。こういったことに勤しむのは、一族の血筋だった。ここは都からほんの数キロの場所にあり、馬に乗るか、大臣の地位にふさわしい家族用の馬車を使えば都まですぐに行ける。八世紀の後半、この地に暮らしていたのは、詩人の杜牧の祖父にあたり、唐の政府の要人である杜佑《とゆう》だった。

七三五年、杜佑は由緒ある家に生まれ、高官を歴任し、先祖は三代にわたって官僚として唐に仕えた。祖先は漢代までさかのぼることができ、さらには秦や楚にまでさかのぼると言われていた。官僚制度を支えていたのはこのような一族だった。杜佑は財政を担う大臣を務めたのち、宰相として三人の皇帝に仕えた。若い頃に安禄山の乱の恐怖を経験し、その衝撃をきっかけに三〇年以上にわたり私的に『通典《つてん》』(2)の執筆に取り組んだ。「中国の制度の包括的研究」となるこの書物は、八〇一年の引退時に完成し、中国の財政経済史、経済、国家組織、法、儀式などの沿革について包括的に記した大著である。

『通典』はアリストテレス以来の、そして中国では初めての偉大な制度史だ。中国以外ではあまり知られていないが(いまだ全訳はなされていない)、六世紀後にイブン・ハルドゥーンが記した『歴史序説』と比較されてきた。『通典』は、唐の歴史家である劉知幾《りゅうちき》による新たな歴史学の方法論に従った現実的な記述であり、中世の西のキリスト教徒やイスラム教徒にはまねできない内容だった。そもそも、キリスト教徒やイスラム教徒による過去についての記述や理解は、必然的に一神教と救済史の神学によって形成されていたからだ。杜佑の緻密な著作もまた、外界から見た中国像がいかに不完全で偏りがあり、一面的であるかを浮き彫りにする。中国という文明を理解するうえで、儒教の経典は重要だが、異なる見解を持つ人々がつねに存在したのも事実だ。そのような人物の何人かについてはのちの章で触れる。中国の文明はじつに多くの点で輝かしく、革新的だったが、政治的な対立構造を抱えており、それは繰り返し表出することが避けられなかった。

中国史を俯瞰する偉大な概説書の大半がそうであるように、『通典』にも(西洋人からすると)膨大な量の詳細すぎる要約が含まれているが、当時は成文化することに意義があった。知識を選定して体系化し、過去の総和をさらに膨らませ、注釈をつけることが目的だったのだ。七三八年に公式に編纂された、唐の六つの主要な機関に関する文献が組み込まれているのはその一例だ。『通典』は私的に刊行されたが、警鐘として皇帝の目に留まるように意図されていた。将来が不安定で問題が積み重なるばかりの時代に、政府は世の中の流れに合わせ、進路を変える必要があったのだ。『通典』の主要なテーマは楽観主義であり、そこに「変革的教育」による社会の道徳的進歩を信じる儒教的な価値観と、今日なら協議型の独裁政治とも言うべき「中国特有の圧政」に対する信任があった。杜佑にとって、制度史は優れた統治に欠かせないものだった。適切な資格を有する役人によって運用される制度は、儒教の教えの体現にほかならないからだ。つまり、『通典』はさまざまな意味で転換期の書物であり、儀式の伝統の政治的、道徳的重要性を強調し、国家権力の宇宙論的正当化を疑い、代わりに具体的かつ制度的な批准をよしとした。古典的な中国文化における永遠の原則と、目の前の現実のあいだに繰り返し現れる緊張に着目した、新たなタイプの歴史書だった。そして、杜佑が人生の晩年において、朱坡から暮れゆく地平線を眺めていたときほど、その現実が著しく対立していたことはなかった。

転換期──広がる不安

八〇一年に『通典』を皇帝に提示したとき、杜佑はまだ楽観的だったが、彼が示した中国社会における緊張は誰の目にも明らかだった。八一二年末に杜佑が亡くなってからは、中国では短命で自堕落な君主が続き、八二七年には皇帝敬宗が宦官《かんがん》たちの陰謀によって殺害された。古くから続く一族の大邸宅には、自分たちの世界がよからぬ方へ変わりつつあるという不安が漂っていた。やがて、孫の杜牧はそのようすを、高尚な文化や儀式の舞台となった想像上の大広間の印象的な描写において、こう表現することになる。「苔生した壁を雨水が漏れ落ち、卓上では秋の葉が吹き飛ばされている」

何が問題だったのか？　偉大な時代が衰退するのはなぜなのか？　歴史家のイブン・ハルドゥーンは、支配者と上流階級を結びつけるエートス〔訳注：ある時代や社会を特徴づける価値観や精神〕の喪失が主な要因だと考えた。贅沢、富、過剰な消費が、人々のあいだで徐々に醸成された連帯意識を取り返しがつかないほど蝕むのだと。イギリスの歴史家エドワード・ギボンは、ローマの美徳が損なわれたのは、非現実的な終末論を唱えるキリスト教が原因であるとした。中国にも、杜佑や同時代の文人、韓愈《かんゆ》(3)など、エートスが蝕まれたことや、宗教に問題の原因があると考えた人々が存在した。杜佑は、国家には文化を共有する感覚が不可欠であり、文化は有能な人々によって運営される機関を通じて伝承されるべきだが、各機関は適切な人物を見つけられずにいると考えていた。ただし、「非中国的」な機関や信仰に対して、王朝が莫大な投資を行ったことも国を弱体化させた。唐の最初の世紀には、仏教は熱心に信奉され、土地や建物、美術、宝物に巨額の投資が行われたが、これはじつのところ異国の侵入にほかならなかった。それが中国文化に与えた知的影響と精神的影響は、杜佑の目には最終的には否定的なものであり、核となる思想は「虚無的」な「西の未開人」の産物だった。それは中国文明の気風には反するものだった。中国文明の世界観は国が正しく統治されているかぎり、基本的には現実的で楽観的なものだった。ところが過去七〇〇年間、中国における仏教はそのようには定義されてこなかった。杜佑と韓愈は、中国は原点回帰し、外国の影響を捨てるべきだと主張した（今日でも、不穏な変化がみられるときに政治で用いられるレトリックだ）。中国の伝統こそが再生への道である、と彼らは述べている。新たな枢軸は儒教と道教でなければならず、仏教（というスケープゴート）は内なる敵だった。かくして、初唐の世界的視野は捨て去られたのである。

迫害

八四〇年に即位した武宗はそれまでの政府の立場を転換した。(4) それはまるで一六世紀にヘンリー八世とその後継者たちが、イングランドのカトリック教会が継承してきた遺産に敵対した状況とよく似ている。八四〇年代の初めには、寺の廃止が大々的に進められた。手荒で容赦ない、破壊的な弾圧だった。(5) 政府による仏教徒の迫害は八四二年から八四六年にかけて行われたが、それはちょうど国内外の脅威が増した時期でもあった。黄河沿いの主要都市は略奪を繰り返す私兵団に脅かされ、沿岸部は海賊の船団による略奪を受けていた。西域では、トルコとウイグルの王や武将たちによって国境周辺が侵略された。武宗が仏教徒の大規模な迫害を始めたのは、国難をいくつも抱えた時期だった。

気まぐれかつ予測不能で残酷な皇帝は、どうやら常軌を逸していたようだ。皇帝の批判者たちはその横暴ぶりについて、あることないことを言い立てた。弾圧が始まった時期の雰囲気については、円《えん》仁《にん》という日本の僧侶の旅行記が克明に伝えている。彼は八三八年に遣唐使団に同行して中国を訪れた。旅行記は不安に満ちている。日本からの訪問者たちは、横暴さを増す統治者が怒りに任せて理不尽な偏見と錯乱した考えを抱く姿を、恐怖を募らせながら見守っていた。

中国に着いた円仁は、山西省の森林に覆われた、多くの寺院が集まる五台山《ごだいさん》で学んだ。今日でもこの地を訪れると、唐代の巡礼者たちが見た風景の名残を目にすることができるだろう。中国最古の木造建築からはこんな風景が見えた。「珍しい花がきれいな色を山一杯に満ちさせて開いており、谷から頂きに至るまで四方が皆花に埋まってちょうど錦を敷いたようである。よい香りが盛んににおって人の着ている着物にしみとおってくる」〔『入唐求法巡礼記』（圓仁著、深谷憲一訳、中央公論社）より〕

三年にわたって中国を旅していた円仁は、大運河を船で移動するなど水陸の交通網を利用し、宿屋や簡易宿泊所、駅站《えきたん》、ルート沿いで急増していた市場などに感心するばかりだった。彼はさまざまな手続きや各種許可の申請、通行証の取得などを行っており、依然として強大な力が機能していたようすを生き生きと伝えている。だが、西域ではウイグル軍が猛威を振るい、彼が旅をしている最中にも状況は厳しさを増し、異端とされるグループが一つひとつ選ばれ、弾圧が始まった。

最初は大都市に住むウイグル人が、違法なマニ教の宗派を信奉していると糾弾され、一斉に拘束されたのち、生贄を模した陰惨な方法で処刑された。次いで、八四二年の夏から秋にかけて陸路で長安に向かっていた円仁は、いつも行われている国の儀式から仏教の僧侶が排除されていることに気づいた。彼は一一月一四日付けで、帝国内のすべての僧侶と尼僧に還俗《げんぞく》を命じる勅令が発せられたと記録している。金銭、不動産、穀物の蓄えは没収された。都の僧院の門は封鎖され、調査が始まった。翌年の二月初旬には、二五〇〇人近い僧尼が還俗させられ、寺の宝物は没収のうえ溶かされ、書物は焼き払われた、と円仁は記している。

ただし、宗教に対する圧力は一律ではなかった。この頃には、仏教は大衆文化に深く根づいており、人々が皇帝の命令に従わないことも多かった。円仁は八四四年の夏に、一部の人々が宮廷での道教の儀式に出席するのを拒んだという話を耳にしている。「仏へのお供物を奪って鬼神を祭るとは何事か。誰が見てやるものか」。都の大学の学生たちは新しい法に従おうとしなかった。いくつかの省ではあまりに反発が高まったため、行政長官は勅令を執行せず、仏教徒の巡礼者たちを受け入れた。八四五年秋、黄河の北の現在の河北省と山西省にあたる地域では、「寺院の建物を破壊することもなく［中略］一切元のままにして変えなかった」と円仁は書いている。「しきりに勅使がやって来て調べ罰しようとしたが、それに対して『天子が自らやって来て寺院を壊し経像を焼いてしまうというのであればやむを得ませんが、臣の自分たちではどうしてもそのようなことはできないのです』と言った」

〔この段落の「　」内の引用はすべて、『入唐求法巡礼行記』（圓仁著、深谷憲一訳、中央公論社）より〕

状況はしだいに悪化した。八四六年五月には、中央アジアのウイグル人がシルクロードの辺境地域を脅かしたため、政府はふたたび勅令を発し、マニ教の聖職者を一人残らず処刑するよう命じた。長安では、隋代に建設された大きな円形の天壇《てんだん》が再建された。中国は原点に立ち返ることを目指した。六月になると、道教の道士が皇帝の大々的な誕生祝いに参列した。誇大妄想的な弾圧では虐殺も行われた。そして中国は、しだいに暗黒の時代へと沈み込んでゆくのだ。

杜牧——一族の村にて

皮肉なことに、このような時期を経験した晩唐屈指の詩人は、仏教は非中国的であり、異国からの輸入だと批判した杜佑の孫息子だった。杜牧[6]は歴史家で役人だったが、先祖は五代にわたって唐の高官、一流の文筆家、政治家を輩出してきた。今日、彼は晩唐の偉大な詩人の一人という肩書でもっともよく知られるが、統治に関する著述や、戦争遂行のための有力な手引書の編纂も行った。だが彼の詩は、迫害が行われた年月を、身震いするような臨場感とともに伝えている。杜牧は失望を深めながら各地を転々とする役人として、仏教徒の迫害を目の当たりにした。文明のはかなさについて詠んだ「汴河《べんが》で水が凍って進めなくなる」という詩には、「日夜東へと流れ続けているのに、誰もそれに気付かない」河の流れのイメージが表現される〔『新釈漢文大系　詩人編9　杜牧』（齋藤茂著、明治書院）より〕。これはのちの、あらゆる中国文学で用いられる比喩になる。「人間の不安定な一生涯は、短くはかない夢のようである。この世で歓楽をなすことはどれほどの時間だろうか、まことにわずかな間である」〔『新釈漢文大系16　古文真宝（後集）』（星川清孝著、明治書院）、李白「春夜桃李《しゅんやたうり》の園《ゑん》に宴《えん》するの序《じょ》」より〕という心境が、九世紀の文人たちのテーマになるのである。

仏教徒の迫害が始まる前夜、自らの処遇に不満を抱き、以前から長く務められる地位を求めていた杜牧は、長江北岸の、流れが南へ大きく変わる場所にある斉安郡黄州《こうしゅう》に転任した。小さく貧しい郡のため、彼は「たっぷり眠れる場所」だったと表現し、自分の「青楼」好きを皮肉な目で観察している。住まいも質素だった。「斉安郡の長官の家は農民の住まいと変わらない」と詠んでいる〔『新釈漢文大系　詩人編9　杜牧』（齋藤茂著、明治書院）「斉安郡での晩秋に」より〕。だが、ここは歴史と深いゆかりのある地だった。というのも、三国時代の幕開けが近づいた漢末期の二〇八年、中国の崩壊の予兆となる、かの赤壁の戦いが繰り広げられた場所だと信じられていたからだ（上巻一四一頁参照）。彼は暇なときには旅に出かけ、過去の栄光を振り返り、唐の詩人の特徴である過去に対する優れた感受性によって、戦いをしのばせる砂に埋もれた折れた矛槍に思いを馳せた。

ああ残念なことに、嘗て雌雄を決する戦いが行われた赤壁の渡しには、
今はただ蓑を着た翁がじっと座って魚を釣っているばかり。

〔『新釈漢文大系　詩人編9　杜牧』（齋藤茂著、明治書院）「斉安郡での晩秋に」より〕

八四五年八月、武宗は弾圧に関する最後の勅令を発し、わずかな例外を除いて帝国内すべての寺を閉ざすよう命じ、数千人の僧尼がいよいよ仏門を離れ、髪を伸ばし、俗人の装いをするよう強制された。また、「迷信に基づいた遺物への捧げものや、西から到来した民衆を惑わす神秘的な虚偽」に対して、全面的な禁止が言い渡された。都だけでも三〇〇の仏殿と各地区の寺が廃止され、略奪された。役人である杜牧は、この方針を認めて実行するしかなかったが、詩人としての彼は、このような妨害や破壊行為、社会的混乱に深く心を痛めた。そして池州《ちしゅう》のある打ち捨てられた寺について「鐘がまだ鳴っているところ」と、僧としての衣と鈴を奪われた老僧を想像しながら詩を詠んだ。さらに、現在の浙江省《せっこう》に存在した睦州《ぼくしゅう》という南の貧しい州に転任したときは、祈りの時間を知らせる鐘が鳴り、長い机越しに悟りを開いた皺だらけの顔を見つめる忘れがたい瞬間を伝えている。

かつて、あなたは径山道欽《きんざんどうきん》の弟子であり、一〇〇〇年とも思えるほどの修業を積んだことは誰もが知っているが、私が大きな都市のつまらない人間だからといってはねつけないでほしい。私もかつては高尚な理想に触発されていたのだから。(7)

内乱と辺境地域での戦争は勢いを増した。八四三年の秋には、皇帝軍が反乱軍と激突し、莫大な軍事費を捻出するため、さらに税金が取り立てられた。日本から訪れていた円仁は、中国に取り残され、今度は地方官による指示と改定された滞在許可制度に戸惑っていた。彼は穀物を積んだおびただしい

数の馬車が西へ向かうのを見守った。また、西域では莫大な軍事費が必要とされ、皇帝軍の給与の支払いのため、毎日硬貨二億枚相当の資金が必要だという噂を耳にした(8)。寺院や寺院が所有する宝物、土地を略奪すればその足しになる。被害妄想にとらわれ、評判の悪い政府のもとで、背信行為の疑いは至るところにあふれていた。逃亡したある護衛官が三〇〇人の元僧侶たちをかくまったときは、全員が即座に処刑された。一般市民や、西の方では普通の農民までが虐殺されたという報告がある一方で、朝廷軍では人肉を食べる光景まで見られるようになった。八四四年には、三年間休みなく戦っていた三〇〇〇の兵士たちが不満を募らせ、解放を求めたところ、長安の東市で武器を取り上げられ、処刑された(9)。市《いち》の通りに挟まれた砂地の広場は血まみれになった。歴史においてはこれが初めてでも最後でもないが、武宗が治める国はいよいよ独裁化が進んだのである。

別れの挨拶(10)

円仁と同行者たちは都を離れ、中国を去ることを強いられた。八四五年夏、「蚊や虻《あぶ》が雨のように降りかかる」一年でもっとも暑い時期に、主要な街道沿いに東へ向かった。一行は道中の至るところで廃仏令の形跡を目にした。寺は略奪され、建物は破壊され、僧尼は剃髪した頭をくるんで故郷に送り返された。関所を通過するたびに、現地の役人は「僧院の破壊が始まった」と口をそろえた。道中の宿屋でも、「これから僧院が破壊される」と誰もが言った。

いよいよ正式に追放され、還俗させられた円仁たちは、帰国する船を求めて沿岸に向かった。だが出発前に、親切にしてくれた地元の役人が別れの挨拶にやって来た。

ついに私たちに追いついて田舎茶店に入って茶を飲み長い時間話し合って別れた。そのとき彼が言うには「この国の仏法はいまやないも同じです。〝仏法は東流す〟とは昔から言われているところですが、願わくは和尚は努力して早く日本の国に帰り着き、弘く仏法をお伝えください。この弟子は多幸にも長い間貴僧にお目にかかって拝むことができました。今日別れてしまえば今生のうちで、もはやお目にかかることは難しいと思います。和尚が成仏されるときは決して弟子を捨てて行かないようお願いします」と。

〔『入唐求法巡礼行記』（圓仁著、深谷憲一訳、中央公論社）より〕

失われた領域

円仁と同行者たちが日本に着いた八四七年には、中国北部の反乱は制圧されていた。皇帝は八四六年に崩御した。道教の錬金術師が長寿を手に入れられるとした丹薬によって健康が損なわれたせいだった。還俗させられた僧尼は二五万人以上にのぼり、五〇〇〇もの寺が無数の小さな仏堂とともに破壊された。文化的宝物の破壊も大々的に行われた。仏像や仏具の銅製品や美術、写本など、計り知れない貴重な財産が失われたのだ。今日、中国の寺院では、これ以前の時代の像や美術品はきわめてわずかしか残っていない。破壊行為はそれほどまでにすさまじかった。それでも、中国では仏教は少なくとも生き残り、後述するように、宋代になって復興する。一方で、ゾロアスター教とマニ教は事実上廃れ、景教も武宗による迫害がかなり決定的な打撃となるが、モンゴル人のもとでしばらくは復活することになる。

そんななか、杜牧は政治に幻滅した。官吏として中央での出世がかなわないことを悟る年齢になっていたが、まだそれを苦々しく感じる若さは残っていた。数年間は頻繁に転任を希望し、八四八年の秋には司勲員外郎〔訳注：官吏の功績を司る部署の定員外の郎中〕および史館修撰〔訳注：史書を編纂する官職〕として都に戻った。少なくとも歴史に携わることで、彼は水に戻った魚のような心地がした。中国の文化では、詩人は昔から歴史家でもあった。

落胆し、四〇代半ばにして白髪となった杜牧は、人生のこの時期に長安南の朱坡にある祖父杜佑が所有していた屋敷に戻った。そして、ふたたび庭を歩き、子どもの頃に味わったこのうえない幸せを思い出した。当時は自然の美しさと社会の秩序が調和しているように見える世の中だった。平穏な時代には、「外に出て世の中を変えなさい」と杜佑は助言した。そして不遇な時代を迎えた今、孫息子は子ども時代を象徴する風景に戻って来た。この地で詠んだ最後の詩はどれも内面的なものだ。詩人は「角を隠す蝸牛のように」自分の殻に閉じこもったのである。

杜牧は八五二年が終わる前に亡くなり、杜氏一族の村の近くの敷地に埋葬された。一九六〇年代に塚が平らにならされて上部の土が取り除かれたため、今では崩れかかった赤レンガの納屋の壁や小屋に囲まれたキャベツ畑のなかに、かすかに窪みが残っているにすぎない。毛沢東の時代に破壊された墓碑は、最近になって新たな記念碑に置き換えられた。現代の研究者たちの影響かもしれないが、この土地の人々は、杜牧が評価の点では唐代最高の詩人たちにはかなわないにもかかわらず、彼のことを忘れずにいる。先祖をしのぶ清明節について詠んだ「清明」という詩はとくに愛されている。杜牧の詩は死後に甥によってまとめられ、出版された。そこには、はかなさ、荒廃、喪失といった感覚に貫かれた唐の世界の変貌が描かれている。彼は唐の文筆家の誰よりも、失われた田園風景をみつめた詩人だ。[11] 集団意識の喪失とともに、文明に決定的瞬間がどのように訪れるのかは、それが急に誰の目にも明らかになるまでわからないことが多い。行政文書やさまざまな記録、年代記と向き合う歴史家には、過去の経験を蘇らせることはできないが、詩人にはそれができる。一七世紀のイギリスの流血と破綻を伴う内乱後にミルトンと友人たちがそうしたように、杜牧は詩によって挫折の経験をとらえたのだった。

終局——黄巣の乱[12]

杜氏のような一族にとって、終わりが近づいたのは八七〇年代から八八〇年代にかけてだった。唐は最後の数十年に差しかかり、相次いで打撃を受ける。仏教の教団から莫大な富を収奪したことで、皇帝一族と貴族は軍事費を補充し、しばらくは生き延びることができた。しかし、財政再建の切り札にはならなかった。すでに八六〇年には辺境地域で軍が反旗を翻し、中心部でも容赦のない重税と労働環境に対して各地で民衆が決起した。「義軍」を自称するある農民一揆は、二〇万人を超える農民や放浪者、物乞い、海賊を集めた。また、帝国はあまりに領土を広げすぎたため、辺境地域では独立を求める戦争が仕掛けられた。さらに、干魃《かんばつ》に洪水、飢饉にも見舞われた。八七〇年代と八八〇年代には、天が腹を立て、王朝は天命を失ったのだと広く信じられるほどだった。そして、最後の一撃となったのが黄巣《こうそう》の乱だ。想像を絶するような猛威を振るった最後の大反乱であり、九世紀でありながら、一九世紀最大の血なまぐさい乱として知られる太平天国の乱と重なるところが多い。八七〇年代には深刻な不作が続いたにもかかわらず、政府は減税を頑なに拒んだ。これに耐えかね、いくつかの大規模な群盗が蜂起した。過去の唐政府であれば、このようなときに穀物倉のネットワークを駆使して穀物を配給し、価格統制を行うことで飢饉に対処できたが、もはやそれも不可能だった。

黄巣が現在の山東省・河南省で反乱を起こしたのは八七五年のことだった。この地域は古くから二〇世紀に至るまで、農民反乱の温床だった。カリスマ性があり、傍若無人で、石弓などの武器の扱いを得意とした黄巣は、剣の使い手であるだけでなく、文筆家としての力量もある程度備えていた。彼は山東省の黄河沿岸の生まれで、一族は七代にわたって塩の密輸と密売を行っていた。いわば強大な力を誇ったマフィアの一族だ。八人兄弟に生まれた黄巣は、科挙に何度も挑むも失敗した。興味深いことに、これもまた一九世紀の太平天国の乱の指導者、洪秀全と重なる。洪秀全はまさに自分が一員になりたいと願った支配者層に対し、怒りの矛先を向けたのだ。黄巣の最初の動機は飢えだった。つぎの世代から振り返ると、当時は深刻な飢饉に見舞われた時代だった。亜熱帯の南部から、東の沿岸部、河南の中原《ちゅうげん》の各地で、おびただしい数の飢えた人々が盗賊となり、盗賊団が集結して軍隊へと成長した。

黄巣の乱はうまく組織化され、動機づけも十分だった。識字率が向上した唐の新世界において、首謀者たちは木版印刷でつくったビラをばらまき、強欲で腐敗した地方官や、過剰な税の取り立て、不公平な処罰を糾弾した。彼らの怒りは「しかるべき優れた能力がありながら、怒りを示さずに私邸に引きこもっている人々」にも向けられた。

それから数年にわたり、黄巣は中原を皮切りに、はるか南の珠江《しゅこう》に至るまで全国各地で破滅的な戦いを繰り広げた。地方長官と皇帝軍を相手に、部隊を率いる唐のスパルタクスだ。敗北もあったが、およそ七年にわたる戦いで強靭な粘り強さを発揮し、反乱軍も彼につき従った。そして八七九年の冬には、「天補平均大将軍」〔訳注：「天から任命され、貧富をなくし、平均を図る大将軍」の意〕を名乗り、広東において唐でもっとも豊かな港を襲撃した。港の倉庫には、スマトラやインド、ペルシア湾と交易を行う商人が保管していた品々がぎっしりと詰まっていた。この都市は長引く包囲攻撃に屈し、恐るべき大量虐殺の舞台となった。アラブ人による年代記には、死者は推定一二万人にのぼり、アラブ人、ペルシア人、ユダヤ人など、外国人の居住者と商人が標的にされたとある。だが、反乱はあくまでも階級闘争だった。やがて農民軍は、学識階級や代々土地を所有する一族に報復するようになった。杜氏一族の場合もそうだが、土地を所有する一族の邸宅や豊かな農地は、豊かな町や都市の周辺に集まっているため標的になりやすかった。そこで大勢の人々が、比較的貧しく、孤立した地域へ逃れるしかなかった。聖なる山として知られる黄山《こうざん》に近い徽州《きしゅう》もそのような土地だった。ここには、中世に商人だった複数の一族の子孫が現在も暮らしているが、印刷された家系図によると、最初にこの地に移り住んだのは、黄巣の乱による大混乱のさなかとそれ以降のことだった。

八八〇年夏、黄巣が率いる死と破壊の恐るべき一団は長江を越えて北上し、荒廃した田舎の至るところで若者を強制的に引き入れていった。反乱軍は総勢一五万人に増え、最終的には五〇万人を超えたとする声もあった。彼らは黄河下流の平原で陣営を張ると、朝廷を倒して若き皇帝の僖宗《きそう》を捕らえ、親族ともども「罪を償わせる」と宣言した。反乱軍は西に進み、東の都である洛陽を占領し、唐の防衛線に位置する歴史的な関所、潼関《どうかん》を攻め落とし、首都の長安に迫った。八八一年一月八日、僖宗は都を捨て、山を越えて成都へと逃れた。混乱した官軍は、都を離れる前に略奪を行い、西市に火を放った。反乱軍の兵士たちは「黄王」の名を叫んで長安に入城し、黄巣は「人々の生活を顧みなかった李一族［皇族］とは異なり、民衆の暮らしを改善する」と約束した。

城門で行われた降伏の儀式で、唐随一の将軍が黄巣を歓迎した。反乱軍は、黄巣が民を大切に思っていることを伝える声明文を刷り、民は引き続き日常生活を送るようにと呼びかけ、彼らの店や財産が略奪されることはないと請け合った。ところが、都の市場や大邸宅にある高価な品々は寄せ集めの農民軍の目を奪い、略奪はたちまち日常茶飯事になった。黄巣はある大臣の邸宅に拠点を構えたが、数日後には長安の宮殿に移った。そして捕らえた皇帝一族全員の処刑を命じ、あたかも天命を受けたかのように、斉の皇帝を名乗った。

続いて起きたのは、中国史上もっとも残忍な出来事の一つだ。地方で社会秩序が崩壊し、膨大な数の兵士を抱える反乱軍の食糧確保が難しくなった。そこで八八三年には、深刻な食糧不足に対処するため、人肉を食用にすることにしたのだ。地方での飢饉が深刻になると、のちの話では黄巣の軍は食用として毎日一〇〇〇人以上を殺害したという。これは誇張なのだろうか？　怪物じみた反乱軍に仕立て上げようとするおぞましいつくり話なのか？　人肉食は中国史において長く暗い影を落としているが、歴史上のいかなる社会にも無縁ではない。深刻な食糧不足の時期となればなおさらだ。唐代の中国では、復讐や刑罰のために人の肉を食べることがあったが、反乱軍の食糧が底をついたときは捕虜が殺されて切り刻まれ、調理されたと言われる。(13)ときには塩漬けや酢漬けにされることもあった。

当時のある人物はこう書いている。「一部の地域では、人の肉は犬の肉より豊富にあったそうだ。人肉を食べることは、『盗賊の異常な習慣』として知られていた」

　こうして、あれほど大きな成果をあげながら、狂気と恐怖に満ちた不吉な空気のなかで「道」は失われた。唐の朝廷は四川に逃れ、その後唐軍は一年かけて反撃を行った。長安では民衆が反乱軍に対して立ち上がり、一時は唐軍が長安を奪還したものの黄巣が報復して奪い返し、民衆を虐殺した。また、反乱軍は富裕層への激しい怒りから、金持ちや役人を手当たりしだいに殺害し、都はさらに略奪され、完全に荒廃した。長安と洛陽周辺の田園地帯に領地を保有していた、古くからの土地所有貴族は消滅した。杜氏の邸宅が略奪され、朱坡の庭園が永遠に失われたのもこのときだったのだろう。黄巣による占領時に都にいた詩人の韋荘《いそう》[14]は、当時の光景をこう描写している。「どの家からも血が流れていた……私の隣人には女神のように愛らしい若い娘がいた……目はまばゆく輝き、鏡に映る姿はまさに春の化身だったが、家にいるところを殺害された……城内の至るところで女性が乱暴され……広範囲で火の手が上がり……灰が風に舞っていた」〔長編詩「秦婦吟《しんぷぎん》」より〕

　生き残っていた唐の皇族のうち、反乱軍に捕らえられた人々は全員が殺害された。反乱国家に服従して仕えることを拒む唐の役人もすべて処刑された。黄巣に仕えるように迫られた文官として有名なのは李道だ。彼は自分を責め立てる者たちに、「私は足を切り落とされても、記念碑の文など書くことはできない」と言い放った。

　歴史では繰り返されてきたことだが、反乱者は当初、階級的憎悪や不公平感という激しい怒りの大きな波に押されているが、ひとたび権力を手に入れると、その後はどうなるのか？　中国の歴史からは、さまざまな教訓を導くことができる。庶民階級出身の劉邦は漢を築き、のちの時代では読み書きのできなかった朱元璋《しゅげんしょう》が明を築いた。どちらも人間的魅力と武勇だけで忠誠心を得たが、黄巣は結局そうはならなかった。唐軍の一斉攻撃により、黄巣はついに長安から追われ、八八四年七月に黄河を渡る際に奇襲攻撃を受け、部下の手により殺害された。

　こうして、中国史上もっとも有名な反乱者の一人が生涯を終えた。彼をめぐる伝説や逸話はたくさんある。黄巣が生き延びていたという伝説も根強く残った。仏僧となり、のちに唐の指導者の一人が洛陽の寺院で彼に気づいたという。黄巣の乱はとほうもない暴力を伴ったが、現代の共産主義の歴史家たちは、階級闘争を推し進めるには大量虐殺が正当化されると考え、黄巣を支配者に挑む農民の闘士として称えた。

　反乱は、三〇〇年以上のあいだ貴族として中国を支配してきた、何百もの由緒ある一族に壊滅的な打撃を与えた。前章では長安の李一族[15]について触れたが、その後一族は宰相職を輩出し、栄華を極めた。長安の安邑《あんゆう》坊の優美な邸宅は都でも一、二を争う立派なもので、「李安邑」と呼ばれるようになった。この屋敷は洛陽郊外の別邸とともに、八八〇年代の反乱によって破壊され、帝国の多くの由緒ある一族が同様の道をたどった。これはまさに転換期だった。原因は暴力と破壊だけではない。一族のアイデンティティや国への忠誠心を確たるものにしていた制度や習慣、祭祀が破壊されたことも原因だった。後述するが、こうしたものは宋代になって再構築され、その後の中国史に大きく影響することになる。だが唐の一族にとっては手遅れだった。黄巣の乱が終息したあとに、ある人物は地方のようすをこう伝えている。「道には草がはびこり、家々は崩れ、田畑や菜園は荒れ果て、樹木は木こりが切り倒して持ち去り、庭園や東屋は跡形もなく消え、すべての所有者が消えていた」。路上では、有名な詩に描かれた物乞いの老人の姿が当時を象徴している。「私を見よ、私は広大な土地を所有していた……税の支払いは年に銀貨一〇〇万枚にのぼった」――老人は丘を指さした――「そしてあそこには、私のような者が何千人もいる」。

　唐代末期の衰亡のドラマは反乱の暴力性ばかりが目立つが、根本的な原因は歴史家や人類学者がシステム崩壊と呼ぶものにある。そして彼らは、中国史には唐の時代以外にも、大規模なシステム崩壊があったと指摘している。すなわち、一四世紀初期のモンゴル人による元王朝の衰退、一六世紀から一七世紀半ばにかけての明の衰亡、中国の二〇世紀の革命へと結びつく清の崩壊である。これら四つの大規模な危機は、歴史書や小説、詩、それに大衆文化など、中国の文化的記憶に深く根を下ろしている。

崩壊とはどのようにして起きるのか？　西洋史におけるローマ帝国など、複雑な社会の破綻には複数の原因があるが、中央の強力な権威の低下とそれに付随する周辺部での力の喪失に起因することが多いのは言うまでもない。一〇世紀が幕を開けると中央の秩序は瓦解し、各地で自衛目的の私兵集団が急増し、州ごとの武装化が進んで軍閥が形成された。各地の軍閥は競って王朝を開き、中国は南北に分裂した。この分裂により、唐という偉大な時代が幕を閉じた。それは長安がさまざまな姿に生まれ変わりながら、一〇〇〇年以上にわたり中国の首都としての役割を果たしてきた時代の終焉でもあった。中国の歴史の重心が、ふたたび移動しようとしていた。

九〇四年、長安はついに完全に破壊され、堂々たる建物は解体されて木材が持ち去られた。そして九〇七年に唐最後の皇帝が殺害された。大唐は崩壊と混沌のなかで終わりを迎えたが、経済と文化面ではとてつもない発展を遂げた。中国の人口と経済の重心を恒久的に南へと移し、一〇世紀において将来を形成する新たな社会と政治、経済、教育制度の土台を築いたのである。

だからこそ、輝かしい唐は特別な時代であり、中国人がいまだに拠りどころとする時代なのだ。南部ではとくにその傾向が強く、現在でも南部を訪れると、漢民族であるだけでなく、唐人を自称する人々が多いことに気づくだろう。唐はその国際的な広がりと、文化、芸術、科学の面の進歩において高く評価される時代であり、長安は世界都市としてバグダッドやコンスタンティノープルと肩を並べ、いくつかの点では凌駕するほどの都市だった。唐の終焉後、中国では過去のパターンがふたたび現れた。偉大なる秩序ののちに無秩序が支配し、わずか七〇年で一八もの王国と王朝が相克もしくは不安定な状態で共存することになる。ただし、未来に向けた道は唐の時代に敷かれていた。あとは「天下」が再統一されるかどうかだった。

第8章　五代

歴史の物語はときとして、時代や王朝の明快な区分を拒むことがある。歴史上、唐は九〇七年に滅亡し、宋は九六〇年に建国され、九七九年には統一を果たし、一〇〇五年に最終的な勝利を宣言したと伝えられている。だがそのあいだには、暴力に彩られた長い空白期があった。現在では五代〔訳注：日本では地方政権を含む「五代十国」という呼称が一般的〕の名で知られるこの時代には、五つの王朝が興亡した(1)――後梁《こうりょう》（九〇七年－九二三年）、後唐《こうとう》（九二三年－九三六年）、後晋《こうしん》（九三六年－九四六年）、後漢《こうかん》（九四七年－九五〇年）、後周《こうしゅう》（九五一年－九六〇年）。いずれも国家と呼ぶにふさわしい大規模な王朝として、人口は数百万人にのぼり、軍隊と行政府を備え、商業を奨励し、芸術や学問にとって好ましい環境を整え、孔子が「今に息づくこの文化」と呼んだものを伝えようと真摯に努力した。だが同時に、王族や武将、反逆者、軍閥、地方総督などが率いるいくつもの小国が割拠し、そのすべてが「世界を回復する」と宣言していた。こうした分裂状態から近代初期の中国が生まれることになるが、当時は天命を受けた賢明な統治者のもとで、ふたたび統一国家が誕生するかどうかは不透明だった。この分裂期は歴史家のあいだでは軽視されているが、中国の物語のどんな時代にも負けず劣らず興味深い。

唐の滅亡に対する反応はさまざまだった。なかには世の中を完全に拒む姿もあった。例えば、画家の荊浩《けいこう》(2)は政治的混乱から逃れ、山西省の黄河の北の太行山脈に隠棲し、農民として暮らした。そこで中国の風景を題材に絵を描き、文章をつづり、太古からの雄大な美を表現した。険しい岩山に滝、急峻な川の流れ。自然界の人間は目に見えないほど小さく、その行いは儚いものだ。荊浩はこの地において中国の絵画でもっとも有力な流派の基礎となる画論を練り、実在の本質について議論を展開し、荘厳な景色のなかで煩悩を否定した。以来、これは今日に至るまで、中国美術の鍵を握る主題となり、かつて杜甫が「国破れて山河在り」と詠んだ心情とも重なるものである。

　このような道を選ばなかった人々にとって、未来は不確かながらも、唯一適切な行動は現状維持だった。儒教の教えに従い、「今に息づくこの文化」の理想を守る努力をすることだ。好例として、ごく最近になって断片的な史料から復元された物語がある。八八〇年から九五六年にかけて、分裂期とほぼ重なる時期に生きた王仁裕《おうじんゆう》(3)という卓越した人物の物語だ。五代のうち四つの王朝に仕え、「七つの宮廷で名声を馳せた」と孫息子が記しているように、彼は意識的に国の古くからの美徳を体現する時代の目撃者だった。ローマの内乱の恐怖のなかにいた「最後のローマ人」カッシウスとは一線を画していた。ただし、王仁裕の生涯は新時代への道筋も示した。唐という古い世界の終焉は、平等主義と実力主義の色合いが増した、新たな世界の誕生でもあった。その世界では新たな支配者が登場し、新たな社会形態が現れ、王朝に対する忠誠はさらに大きな忠誠に取って代わられた。つまり、中国そのものに対する忠誠である。

当代きっての官吏

王仁裕の生涯をたどるには、西安から西へ三五〇キロほど離れた、甘粛省から四川省へと向かう古代のルート沿いに位置する礼県を訪れなければならない。礼県は西漢水と燕子河が合流する地点にあり、かつては守備隊の駐屯地だった。険しい岩山の上に建てられた崩れかけの要塞からは、黄河と長江の水系を結びつける谷を一望できる。秦代に初めて築かれた礼県は、現在では段丘のはざまの平坦な土地にまばらに人々が暮らす現代の都市となっている。背後にはチベット高原へと続く険しい山脈の尾根が幾重にも連なる。一〇〇年前にイギリスの東洋学者エリック・タイクマン(4)が、「甘粛中央部の谷さえ乾ききった、黄土がむき出しの山々が、豊かな水をたたえ、鬱蒼とした木々に覆われた山地へと変わる」と描写したように、風景ががらりと変わる場所である。「峠の西の地」――ここは中国の初期の歴史のほとんどの場面で、中央からはるか遠く離れた土地であり、「中国《ミドルランド》」について異なる視点を与えている。

この礼県から谷沿いにさらに数キロほど進んだ斬龍村にあるのが王仁裕の記念碑だ。いわば彼の「精神的道のりの碑(5)」である。忠実な弟子による彼の生涯の物語が刻まれた石碑は、九八六年に彼の孫息子によって故郷に建立され、今でもささやかな柵に囲まれ、風化した亀の台座の上にそびえている。石碑自体も風化が進んでいるが、文字は読み取れる状態にあり(地元の律儀な古物研究家たちはだいぶ以前に碑文を写し取っていた)、唐滅亡後の混乱期を、驚くべき臨場感とともに感じ取ることができる。碑文の冒頭は孫息子の言葉から始まる。「祖父は何代にもわたり賢人として知られ……複数の政府に仕えた……国の最高位者から尊敬され、高官として最高の水準を保った……」

王仁裕は黄巣《こうそう》の乱のただなかの八八〇年に生まれた。一族は、もともとは山西省の太原《たいげん》からやって来た、古くから続く地主だった。唐の時代に大望を抱き、帝国の全盛期に南の国境地域へ移住する人々の流れに加わった。王仁裕の自伝は何世紀ものあいだ知られていなかったが、近年になって中国学者のグレン・ダッドブリッジにより、断片から一部が復元された(以下、引用はダッドブリッジの英訳に基づく)。そこには、学問、詩、音楽、戦争に彩られ、軍や官吏の職を歴任した一〇世紀の人物の人生が克明に描かれている。この時代の歴史としてはめずらしいことに、彼の自伝は、ふるまいや内なる信念、前兆や象徴の世界、感性や記憶といった、心の奥について詳しく語っている。その主観性は文学的につくられたものではなく、実際に感じたことの記録にほかならない。それは私たちが過去の人々について研究するとき、何よりも求めているものだ。

王仁裕は「唐が混乱と悲しみをもたらした」時期に、孤児として兄に育てられた。都ではなく中国の辺境地の生まれという点で異色の人物であり、さまざまな出来事をよそ者ならではの独特な視点でとらえた。また、支配階級の学者としても変わっていた。孫息子の記録によれば、彼は若い頃に身をもって教育の価値を学んだという。

師や友と鍛錬する機会のない祖父は、一人で狩りなどの気晴らしをして過ごしていた。二五歳になっても書物による知識は皆無だった。しかしその頃、西川で文字がびっしりと書かれた小石を目にする夢を見た。祖父は小石を拾って飲み込み、目が覚めたときには、彼の知的能力は洞察に向かって開かれていた……

川で小石に出会った夢は忘れがたく、生涯頭から離れなかったと王仁裕は記している(6)。この夢の後、彼は学びの重要性を感じ、儒教の経典に「没頭」した。「そして一度読んだだけで、以前からずっと知っていたような気がした」。そこで遅まきながら、人生で進むべき道が定まった。つまり「君子」になることにしたのだ(「君子」とは、儒教で教養や人間性といった意味と密接に関係する言葉)。彼は地方の軍司令官に見いだされ、昇進して要職を歴任し、揺るぎない忠誠心と高潔さが際立つ、行動と黙考の人生を歩み始めた。だが孫息子が記しているように、時代は折しも「優れた統治や教えが深く傷ついたときだった」。知識階級にとって、問題はその状況をいかに改善するかだった。儒学者としては、国家のまとまりが失われたとき、どのように「道」に従うべきなのか？　国家に貢献し、文明の価値観を伝えるには自分の才能をどう利用すべきか？

王は四川を支配した蜀で大臣を一〇年間務めた。九〇七年に唐最後の皇帝が退位すると、四川ではこの地で密売や強盗を行っていた無頼漢の王建が皇帝を名乗り、戦いの末に南西部全域を掌握し、成都を都とする蜀（前蜀）を建国した。王仁裕はこの国に一〇年間仕え、地方の軍司令官から宮廷生活の中枢で名を成すまでになった。彼はのちに君主となる親友を助け、唐をそっくりまねた宮廷を組織し、唐で皇帝の勅書を司った翰林院《かんりんいん》という有名な役所を模した機関を創設した。

屈強な肉体と飽くなき好奇心の持ち主だった彼は、軍事遠征や視察の旅で中国の風景や人々に対する感性を磨いていった。時間が許すときは山に登り、中国西部の荒涼とした道を散策した。現存する断片的な自伝では動物の命に対しても細やかで哲学的でもある関心を寄せており、幅広い分野にわたる知的関心が際立つ。

猿についてのこんな逸話がある。(7) ある人物から罠にかかった猿をもらった王仁裕は、手元においてしつけることにした。猿の「ずる賢さ」をおもしろく思い、「野賓《やひん》（野生の客）」と名づけた。ところが、彼が辺境警備隊の副官を務めていた本部で、野賓は暴れ回った。金切り声を上げて嚙みつき、瓦を投げつけ、あるときは司令官の調理場をめちゃくちゃにした。野賓は王の指図以外は受けつけなかった。やがて王も野生の友に堪忍袋の緒を切らし、五〇キロ近く離れた場所に放したが、野賓はものの数時間で彼のところに戻って来た。そこで今度は、帰り道がわからないように、はるか遠く離れた漢水の源まで連れていった。彼は野賓の首に赤い絹の紐を結び、最後の別れの前に自分と野賓の絆について詩を詠んだ。それから一年が過ぎ、任期を終えて漢水沿いの谷を旅していると、川の水を飲んでいる猿の群れに出くわした。そして近くの木には、ぼろぼろになった赤い絹の紐を首にまいた野賓がぶら下がっていた。彼は心を奪われるような文章で、それに気づいた瞬間と野賓の反応、そして別れ際に聞いて頭から離れない野賓の悲しげな鳴き声についてこう書いている。

私が名前を呼ぶと、彼は繰り返し鳴き声を上げて応じた。馬を止めてしばらくたたずんでいると、彼の顔にだんだんと苦悩の色が広がった。手綱を揺らして出発すると、彼は悲しげな声を上げながら去っていった。そして谷や小川の合間を縫って延びる山道を登り始めても、依然としてすすり泣くような声が聞こえた。思うに彼の傷ついた心がそうさせたのだろう。そこで私は二つめの詩を詠んだ……

彼は月明かりのなかで眠るとき、つながれた暮らしの自由のなかで夢を見る……
悲しみに打ちひしがれた鳴き声が雲にこだまする
一年前のかつての主人は誰なのだろう

王仁裕による猿の描写は、人間の感情のみならず動物の感情に対する彼ならではの感性をよく表している。そこには、おそらくポルピュリオスのようなローマ後期の新プラトン派の哲学者以来みられなかった響きがある。西洋では、アリストテレスはかつて、人間と動物のあいだにはいかなる種類の感情も共通するものは存在しないと述べた。ヘブライ語聖書にも「植物が動物のために存在しているように、動物は人間のために存在している」とある。ところが、古代中国には別の見方があった。「ひとたび彼らが生きているところを見たなら、死ぬところを見るのは耐えがたく、死ぬときの声を聞いたら、その肉を食べるのは耐えがたい」。かの孟子は、動物に対する人の心情はそのようなものだと考えていた。王仁裕は、いつのまにか人を観察するように霊長類の生態を観察するようになり、種の壁を越えて自分自身が抱く仲間意識を掘り下げ、霊長類の家族の絆と人間社会の絆の類似点を示すなどした。人間とはどのようなものなのか？　私たち人間と動物のちがいは何か？　中国西部では、高官のあいだでキンシコウの美しい毛皮が背もたれのカバーとして珍重された。王はキンシコウの捕獲をめぐり、毒矢で射られたある雄の話をした。致命傷を負った雄は「人間とまったく同じように、眉間にしわを寄せ、打ちひしがれた表情で、今にも吐きそうなようすでうめき声をあげた」という。また、とくに頭から離れなかったのは、死にかけの母親に「しっかりとしがみついた」おびえ切った子猿の姿だった。つまり、動物の家族の絆は人間の絆と似ている。「人がこれを目にしたなら、彼らの毛皮の上で眠ることや、彼らの肉を食べることなどできなくなる。そこで、同情の念を抱かないとすれば、鉄か石の心の持ち主ということになるだろう。そのような人間はけだものも同然である」

歴史

王仁裕は、何よりも歴史の観察者だった。私たちがこの重大な転換期の空気を感じ取ることができるのも、その鋭い観察力のおかげである。彼は「今に息づくこの文化」のために仕事をした。九一五年からは秦州において、九二五年から九三五年にかけては蜀〔訳注：この時期、蜀は後唐の支配下にあった〕で、その後は後唐、後晋、遼、後漢、後周に仕えた。ときには九死に一生を得たこともあった。蜀の滅亡時には、王族らは通行許可証の取得を求められたが、その後に待ち受けていたのは死刑執行だった。王族ばかりか、宮廷関係者全員の処刑が指示された。その数は数千人にのぼった。王仁裕も標的の一人だったが、慈悲深い大臣が書類の文字を一字変え、王族以外は処刑されないよう取り計らい、生き延びることができた。また、後唐が滅亡したときは捕らえられて処刑されるところだったが、彼の話しぶりがあまりにも見事なので刑を免れた。

　彼はいずれ引退して故郷の甘粛に戻りたいと願っていたが、引退は取りやめ、六〇代で後周の財務大臣〔訳注：戸部尚書《こぶしょうしょ》〕と軍部大臣〔訳注：兵部《へいぶ》尚書〕を歴任した。それでも教育の機会を広げることに変わらぬ情熱を抱き、試験を司る大臣に任命されたことを何よりも誇りに思った。九八〇年代になって彼の功績を振り返った孫息子は、「今では学問に秀でていれば、孤児でも庶民でもかならず身を立てることができる」と記している。このあとの時代の流れとなる実力主義や、さらには平等主義の傾向の兆しと言えるかもしれない。

文明と異民族／歴史の意味

九四〇年代になると、異民族の軍隊が中国の中心部を駆け巡り、九四七年には東の古都洛陽が陥落した。この出来事には天のしるしが現れていた。それは伝統的な中国の思想では、天命の変化の到来を告げるしるしだった。王仁裕の孫息子による回想を、ふたたびグレン・ダッドブリッジによる英訳に基づき紹介する。(8)

晋の滅亡が近づくと、有力な官僚が主導権を握り、王朝の統治は利かなくなった。田畑では不作が続き、戦争が絶えなかった。各地の軍閥は領土や土地を強奪したが、皇帝が軍事的統率力を発揮することはなかった。王仁裕はあらゆる秩序が破綻してしまったと嘆いた。そこで何とか進言しようと論文や資料を提出した。現状に関してできるだけ説得力のある意見を述べるため、宮廷の門前で何度も頭を下げた。ところが彼が記したように、「川が決壊したら一握りの土でせき止めることはできない。また、大木が倒れたら一本の綱で動かすことはできない」。かくして異民族の軍勢は猛威を振るい、晋の聖なる器は彼らの手に渡ったのだった。

中国と異民族の関係を広い視野でみたときのパターンについて、王自身はこう記している（以下、ダッドブリッジの英訳に基づく）。

最近の話をするなら、多くの異民族のなかでもっとも荒々しいのは契丹《きったん》だ。いまや、中国に混乱と背信をもたらす彼らに抵抗できるのは、生まれながらに神聖で、秀でた徳と知恵を有する聡明かつ尊敬すべき君主をおいてほかにない。ここ数十年のあいだ、異民族は我々の周辺国を併合し、過去一〇年は中原《ちゅうげん》まで進軍し、不当にも帝位を奪った。我々の多くの州が彼らの支配下にあり、砂漠には中国の翡翠や絹、錦織が山ほどある。政府は統制を失い、大臣たちは裏切って国を売り、苛烈な中国軍と勇猛な戦士はおとなしく降伏した。皇帝と将軍、大臣は捕虜となり、民衆は虐殺された。宮殿には茨などのとげのある植物がはびこり、寺院の庭には害獣がうろつき、暗雲が垂れ込めて太陽は明るさを失った。文明が誕生して以来、このような混乱は一度もなかった。我々は暗闇の時代に入ったのだ。

天はなぜ、狡猾なペテン師や残忍な悪党が中国を切り分け、首長たちが愚かな暴力にふけるのを許すのだろう。いまや戦争で一〇〇万人の命が失われたというのに、天の偉大な君主は我々にいまだ保護の手を差し伸べてくれないのか。雷、ひょう、流星、異民族の王の死という予兆を見るがよい。どれも偶然ではない。偶然のわけがない。いつまでも悪い状況が続くことはあり得ない。「道」が枯れ果てて終わることはあり得ない。君子が現れるにちがいない……天は新たな漢の幕開けを告げると私は信じている。

中国の再統一

王仁裕が九五六年に亡くなったとき、戦争はすでに、彼が待ち望んだ「新たな漢」を誕生させる直前まで進行していた。黄河沿いの開封《かいほう》周辺を基盤とする中原の王朝、宋である。初代および第二代皇帝となる二人の兄弟によって導かれた宋の勝利は、のちに振り返ると天に運命づけられたもので、宋の勃興に前兆があったのは誰もが知るところだった。なかでもある逸話は、開封の年配の人々のあいだで今も語り継がれている。現在、中庭を囲む古いレンガ壁の住居が並ぶ双龍巷(2)では、まもなく始まる再開発のため、あらゆる扉に取り壊しを意味する赤い印が塗りつけられている。それでも、柱が並ぶ軒下で麻雀をする住民たちは、嬉しそうにその話を聞かせてくれる。つくり話ではあるが、初めて記録されたのは宋代にさかのぼり、当時の雰囲気をとらえている。老人は話に熱が入ると立ち上がり、腕を大きく振って通りの先を指し、とうとうと話し始めた。

話はこうだ。唐が滅亡して世の中がすさみ、混乱した時代、予知能力を持った陳摶《ちんたん》という道士が、聖なる山の華山《かざん》から降りてきた。彼は道中で大勢の避難民に出くわした。戦乱を逃れ、洛陽から街道に押し寄せてきた人々だ。この騒動のなかに、二つの籠を天秤棒で担ぐ貧しい男がいた。それぞれの籠には男の子の赤ん坊が一人ずつ入っていた。ところが道士がなかを覗くと、小さな二匹の龍の姿が見えた！　彼は大声で笑いながらこう言った。「天命がこれほど早く下るとは思いもしなかった。このたび災禍はただちに終わるだろう」。そして陳摶は籠をかついだ男に、「この二人の幼子の面倒を細心の注意を払ってみるのだぞ」と言った。そこで、貧しい男は開封にやって来て、当時は鶏児巷と呼ばれていたこの通りにある仏教の寺に二人を預け、育ててもらうことにした。僧侶たちは赤ん坊を育て、成長した彼らは宋の最初の二人の皇帝となった。それで開封が中国のつぎの偉大な都になったのだ。この通りが双龍巷と呼ばれているのはそのためだ。

興味深い逸話だが、宋の到来は予め定められた運命ではなかった。再統一は長い戦乱と歴史の偶然、戦いの正念場での思いがけない幸運が重なった結果だ。公的な記録は、再統一があたかも必然的で、さほど血なまぐさい印象を与えないようにあとから創作されたものだ。もちろん、実際には多くの血が流れた。九五四年四月二四日に河南の高平で行われた天下分け目の決戦の前には、何年もの戦いがあった。いわゆる後周軍を率いる世宗は、皇帝を名乗っていた。開封周辺を拠点とした後周は敵対する国に囲まれており、九五四年には北の敵である北漢と遼の同盟軍に攻め込まれた。戦闘は黄河と中国北部を結ぶ古くからの南北ルート沿い（現在の高速道路G55）で繰り広げられた。この高平の戦い[10]こそが中国史の流れを変え、一世紀以上にわたって続いた混乱の連鎖を断ち切ったのだった。

劣勢を覆して勝利をつかんだのは、堂々たる度胸と統率力を発揮したある人物の力だった。重大な局面で軍勢の一翼が崩れ、大半の隊長が逃げ出し、一〇〇〇の兵が投降した。それでも、もう一翼を率いていた趙匡胤《ちょうきょういん》は戦闘を続け、ついに形勢を逆転させた。日が落ちる頃には、北へ向かう道は何千もの逃亡兵でふさがれた。その後、軍紀に基づく無慈悲な決定により、趙の軍の逃亡兵全員と、敗北した騎兵隊および歩兵隊の司令官、近衛軍の七二人の上級司令官が処刑された。合わせて二〇〇〇人が命を奪われた。ローマ軍やヨーロッパの三十年戦争で行われた大量虐殺と同じように、この刑罰は「揺るぎない畏怖の念を喚起する」ことを目的としていた。また、趙匡胤はこれにより、粛清された将校の部隊を刷新できたため、その配下の将校たちが実権を握ることになった。

この戦いのあとも、南北には依然として強力な独立国が存在していたが、この勝利は中国史においてきわめて大きな出来事となった。世宗軍は敵対するもっとも強力な二国の連合軍の撃破に成功したのだ。そこで世宗は、併存する多くの国々を排除し、ふたたび統一国家を築くための軍事遠征を計画するよう指示した。問題は、まずは北から攻撃すべきか、それとも南に移るべきかだったが、九五五年四月、世宗は重臣が提案した計画を発表した。北部で限定的な作戦を展開したのち、南に攻撃を集中させることにしたのだ。皇帝に即位してから五年後の九五九年、大規模な戦略が展開されていたさなか、世宗は三〇代という若さでこの世を去った。世宗は六歳の息子を後継者としたが、将校らによって入念に仕組まれたクーデターによって覆された。軍は開封から近い黄河北岸の陳橋《ちんきょう》に駐屯していた（一本の古木のそばにある祠《ほこら》が今なお事件の舞台の目印になっている）。そこで趙匡胤は「驚いたことに」、自らが率いる部隊から皇帝への即位を求められ、都合よく用意されていた皇帝の衣服である黄色い衣をまとったのだ。

宋の誕生

九六〇年二月三日、新王朝の成立が宣言された。趙匡胤は宋の太祖となった。双龍巷で籠に入っていた伝説の龍の赤ん坊の一人が、新王朝の初代皇帝となったのだ。彼は「無口な男」で、「古典については基本的な知識しかなかった」と言われている。抜け目ない軍人で、革新を起こす人物でもなければ、ましてや高い教養の持ち主というわけでもなかった。建国の時点では、宋が五代より長く続くかどうかはまるでわからなかったが、黄河沿いの中心地に権力が集約されると、中国の南部と中央部のほぼ全域で新たな秩序が確立された。中国史ではいつものことだが、新王朝の名前には歴史的に重要な意味がある。宋は紀元前一〇四五年の商の滅亡後に微子啓《びしけい》が封じられ、黄河流域の平原を支配した地域国家の名前だった（上巻六七－七三頁参照）。ここは商の先祖にとっての中心地であり、生き残った商の王族が引き続き先祖のための儀式を行い、先史時代からの王朝の伝統を継承することを許された土地だった。彼らは継承する道を選んだとき、原点に立ち返り、同時代のヨーロッパで言うところの「再生《レノヴァティオ》」を始めるつもりだと宣言した。

九六〇年二月に新皇帝が即位してからも、権力の強化のため北と南で激戦が続いた。そして九六七年、宮廷の占星術師たちが裏づけとなる予兆に言及した[11]。「皇帝太祖の治世になってから五年目の三番目の月（四月一三日－五月一一日）に、五惑星がまるで火星に連なる真珠のように一堂に会した」。彼らが見たのは、五一六年に一度しか起きない五惑星会合であり、それはまさに二〇〇〇年前に周の勝利を裏づけた現象だった。

宋の偉大な思想家、朱熹《しゅき》は、中国の歴史の循環が蘇ったとみていた。「道の伝承が、我らが宋の賢明なる祖である太祖のもとに到来した」

つまり、新王朝は単なる王朝の循環の継続ではなく、孔子の教えの復活であり、中国という国の永遠の智への回帰でもあった。天命の回復は一時的な法則のみならず、ほかでもない「道」の伝承でもあったのだ。宋の思想家たちはこのような考え方を、地上の法則のしくみに勝るものと考えるようになり、長らく顧みられなかった「道」の学問が復興する見通しは、新時代の思想家や統治者に活力を吹き込むことになった。周辺の敵を制圧するには、九七五年の冬に南部の強大な国、南唐を征服するまで、さらに一五年を要するが、本当の意味での建国が祝われたのはようやく一〇〇五年になってからのことだった。「大唐」の滅亡から、ほぼ一世紀が過ぎていた。

したがって、宋は平和と華やかな文化で名高いにもかかわらず、[12] 残忍な戦争によって築かれた王朝だった。九六〇年代には、毎年数万規模の兵力で中原から南北に攻撃を仕掛けた。そして至るところで捕虜の集団処刑や守備隊全員の自決の強要など、残酷な報復が行われた。長江の南で行われた悪名高い心理戦では、宋のある将軍が「太った捕虜」たちを山分けした。ほかの捕虜たちの前で太った捕虜を殺して部下たちと食べ、そのうえで捕虜を解放して身の毛もよだつ恐怖の出来事を世の中に広めたのだ。[13] 歴史では、文明が成し遂げた偉大な功績の裏には恐るべき暴力がある場合が多く、中国も例外ではなかった。

宋は数十年にわたり壮絶な戦争を続けたのちに権力を確立した。太祖は九七六年一一月にこの世を去り、統一に向けた最後の勝利を収めたのは弟の太宗だった（双龍巷で聞いた伝説に登場する籠に入ったもう一人の赤ん坊）。九七五年には金陵（南京）を包囲された南唐が、九七九年には北漢がそれぞれ降伏し、九八二年には、宋の勢力は中国南部のほぼ全土に広がっていた。だが北部は配下に収めることができず、強国の遼の首都は、のちに北京となる場所の近くに留まっていた。そのため、宋の優位はつねに協定に左右されることになり、宋は私たちが知る現在の中国の領土のなかで、複数の有力な政治的集団と共存しなければならなかった。九五五年の決断は重要なものではあったが、北部の「燕雲《えんうん》十六州」を奪還するには至らなかった。だが九七九年には、宋はつぎなる偉大な王朝としての体制を本格的に確立し、「中国のルネサンス」に莫大な資金がつぎ込まれるまでになる。そして宋は、中国史上もっとも輝かしい時代の一つとなる。統治における優れた試みはもちろん、文化、芸術、科学における功績から、古代アテネと比較されることもめずらしくない。これについて語るには、九三〇年代から九五〇年代にかけて、北部への軍事行動の拠点となった都市を訪ねなくてはならない。その都市とは、中国の五大古都の一つ、開封である。

第9章　宋代ルネサンス

一〇世紀末、中国はふたたび地上でもっとも偉大な文明として浮上した[1]。いくつかの都市は世界最大の規模を誇り、芸術家や職人、科学者は卓越していた。人口は一世紀で倍増した。この時期には世界の人口の四分の一以上が中国で暮らしていた可能性があり、三分の一以上という見方さえある。ヨーロッパの人々は世界史のパターンを考えるとき、自分たちの既成概念を当てはめてきた。ヨーロッパでは一四世紀から一六世紀にかけての時代をルネサンスと呼ぶ。それは失われた古典的人文主義が再発見され、近代科学が発達し、社会と個人について新たな概念が生まれた時代だ。これに対して中国は、漢代の文化的基盤であった「古典的過去」とも、唐代に開花した偉大な「中世」ともつながりを失ったことはなかった。中国では、ルネサンスに相当する状況が現れたのは一〇世紀から一二世紀にかけてだった。宋が晩唐の荒廃から立ち直り、驚くほど洗練された新しい儒教の時代が築かれたのである。

宋のルネサンスの特徴はどこかで聞いたようなものが多いだろう。ヨーロッパの場合と同じく「古典的過去」の再発見があり、印刷技術の普及によって書物や百科事典、科学や医学の研究書などを大量に発行できるようになった。また、青銅器や石碑に刻まれた碑文や、原稿に残された証拠から古代の名残が研究対象になった。青銅器の目録が作成され、安陽などの有名な史跡では考古学的な発掘調査が行われた。歴史の記述に関しても、伝承の成文化や、過去の史料の検証といった面で大きな成果があった。宋代の中国の商業経済と技術的進歩は中世の西洋をはるかに上回っていた。とくに科学の分野では、ヘレニズム時代から一八世紀のヨーロッパの啓蒙運動の時期と比較しても、圧倒的に進んでいた。

だが、すでに述べたように、宋は戦争の末に誕生した王朝であり、一一世紀の文化的功績の前には一〇世紀の分断の時代があった。中国はこのとき永遠に分裂することになっても不思議ではなかった。中世と近代のヨーロッパのように、多数の小国がせめぎ合う状態になっていたかもしれない。ローマ帝国をはじめとする古代から中世のあらゆる帝国とは異なり、中国はなぜ一〇世紀に求心力を維持し、分裂しなかったのだろうか。宋代に経済、科学、社会、文化の面で起きた変革をどう説明すべきなのか？　一つには九五五年の戦略上の決断が答えになる。南部の征服に力を注いだ結果、中国北部の大部分は遼の支配下にあり、遼の領土は中国の中心部のすぐ近くまで迫っていた。北西部についても、宋はシルクロード沿いに中央アジアへ進出することはなく、隣接する西夏などの有力国には干渉しなかった。中国は必然的に、これらの周辺国と緊密な外交関係を築く必要に迫られ、両者は定期的に使節を往来させ、貢物や返礼品をやり取りし、要人の誕生日を祝い、葬儀があれば弔意を表した。遼との関係は「まるで一つの家族のように」友好的だったと言われている。

このような状況は中国人の世界観に変化をもたらした。「天下」はいまや大陸を近隣の国々と分かち合っており、交流は外交にとどまらなかった。この時期には人、物、思想の有意義な交流があった。のちの西洋の歴史にも言えることだが、他者に関する知識が増えた結果、国民にとっての国家の意味が定まり、新たに定義された中国という概念への忠誠心が育まれた。改められたのは国境だけではない。支配体制そのものが変化し始めたのだ。昔ながらの貴族制が崩壊し、実力主義の科挙によって選ばれた官僚に主導権が移った。この時期には、印刷技術の普及によって知識の共有も進んだ。本格的な旅行文学が初めて登場したのもこの時代だ。これにより、中国人は従来とは異なる自己意識を抱くようになった。唐代にも外国人に関する生き生きとした記述が残されていたことはすでに述べたが、宋のコスモポリタニズムは性質が異なる。国境の向こう側を意識することで、自己中心的な視点ではありながら、自らを多くの偉大な国々のなかの一国とみなすようになったのだ。

　太祖と側近たちは数年のうちに大規模な文化事業に着手し、中国史上屈指の創造的な時代が到来する。とくに際立っていたのは発明の分野だ。鉄鋼生産や鋳鉄、薬理学や医学から天文学、鉱物学に至るさまざまな科学や技術が発展したほか、紙幣やカードゲーム、大衆小説などが誕生した。一〇八五年には、陳直による『養老奉親書』[2]という老人向けの養生書まで出版されている――おそらく、この手の本としては史上初の著作物であると思われ、驚くべきことに今でも出版されている。宋代はあらゆる点において、かつてない画期的な時代だった。世界初の国立図書館、中国初の国立大学に活字文化。宋が成し遂げたことの多くは、ヨーロッパでは近代を迎えるまでみられないものばかりだった。

　中国にとっては不運なことに、遼とのあいだで長年にわたって維持した外交バランスを西夏にまで広げることはできなかった。一一世紀末には、北部の国境で戦争に巻き込まれ、きわめて多くの人員と物資が失われ、一一二七年に華北を金《きん》に奪われる一因となる。だが、それについては後ほど触れることにしよう。宋は今日の中国や満洲人が治めた中国、唐代の中国の全土を支配していたわけではない。だが、宋が実現した帝国は、文化的に驚くほど輝かしい国家だった。一一世紀の最盛期には、宋は中国史上有数の人道的かつ文化的、知的社会だった。ことによると、世界史においても稀有な社会だったと言えるかもしれない。そして、その中心にあったのが首都の開封《かいほう》だった。それでは、開封の街を訪れてみよう。

新しい都――開封

市の中心に位置する書店街の十字路に夕暮れが近づく。脇道では屋台が並び始め、石油ランプが灯り、まもなく黄色い光のなかでケバブの焼ける音が響き始める。開封を訪れる現代の旅行者は、ここに来れば古い街の通りや路地の跡がまだ残っていることに満足し、開封らしさを実感できるかもしれない。(3) 市の城壁は大部分が宋代の内壁と同じ位置に築かれ、平行四辺形状になっている。城内の北の地区はかつての王宮にあたり、湖や庭園、宮殿があった。現在でも大きな人工の丘があり、その上には龍亭と呼ばれる宮殿が建っている。私たちがいる書店街の周辺には、再建された二階建ての商店が並び、バルコニーをランプが彩っている。入り組んだ狭い路地には住居が並び、広大な鼓楼《ころう》の近くではおびただしい数の露店が集まる夜市が開かれる。路地はどれも清代末期以降にできたものだが、宋代の絵画からは旧市街のこの地区が、商店や寺院、中庭を囲む名家の屋敷などが描かれた一〇〇〇年前の風景とよく似ていることがうかがえる。低層の建物は現代でも変わらない。集会所や寺院はレンガ造りで、優美な曲線を描く瓦屋根には装飾が施されている。

東門の近くの通りでは、ほんのかすかに宋代のコスモポリタニズムに触れることができる。当時ここには、ペルシア人やアラブ人、中央アジアの人々の住居があった。ネストリウス派のキリスト教徒、ゾロアスター教徒、イスラム教徒、さらにはユダヤ教徒(4)も暮らしていた。現在でもその姿を、もしくは彼らの痕跡を見ることができる。「南教経胡同《フートン》」には一八五五年まで存在していた古いシナゴーグの跡地があり、この通りでは過去数世紀にわたりユダヤ人コミュニティが生活を営んできた。一五世紀の石碑によると、シナゴーグは宋代の一一六三年に建てられたという。ここには現在でも、一七世紀の書物に記された、ユダヤ人コミュニティの七つの氏族の姓を名乗る数百人の人々が住んでいる。最盛期だった一七世紀には、四〇〇〇から五〇〇〇人のユダヤ人が暮らしていたとも言われる。ユダヤ人が開封に初めてやって来たのは宋代だった可能性がある。同時に割礼や豚肉の禁忌、エルサレムへの祈りなどの習慣も持ち込み、それらは一九世紀になっても守られていたが、その頃にはヘブライ語で記されたトーラーの巻物や写本を読めるユダヤ人はいなくなっていた。一八世紀末にヘブライ語を教える最後の教師が亡くなったからだ。

開封のユダヤ人コミュニティは規模こそ小さいが、歴史のＤＮＡの鎖のように、神秘的な痕跡を残している。碑文によると、彼らはインドからやって来たそうだが、ヘブライ語と中国語にペルシア語が交ざった言葉を用いていることから、コミュニティのルーツは実際にはペルシアかシルクロード沿いの中央アジアにあるようだ。ただし、祈りの言葉にはイエメンの言葉が紛れていた可能性があり、彼らの聖書の文章からは、さらに古いバビロニアとのつながりまで連想させる。歴史とはなんと不思議なものか！

中国のユダヤ人については最近までほとんど知られていなかったが、はるか西の敦煌《とんこう》では、一世紀前に莫高窟《ばっこうくつ》の「蔵経洞《ぞうきょうどう》」で『詩篇』の引用を含む祈り言葉のヘブライ語の文献が見つかっている。比較的最近では、新疆《しんきょう》ウイグル自治区のホータンでひじょうに興味深い新発見があり、イスラム教徒によるペルシア征服後に、東で富を築こうとペルシアを離れたユダヤ人商人たちの姿を浮き彫りにしている。発見には、九世紀初頭にホータンに住んでいたあるユダヤ人が、タクラマカン砂漠のオアシス都市に住み、自分と同じようにペルシア語を話すユダヤ人に宛てた複数の手紙も含まれていた[5]。ホータンで見つかった手紙からは、同族者同士の定期的な交信があったことがわかるが、そこには「親愛なる兄、シャバパルダール」やイサク、「妹のクデナク」、ラビと呼ぶ兄など、八人の家族の名前が登場する。コミュニティ内の話として、ある地主とのあいだで羊の放牧についてもめていることが書かれている。また、商人が取引を円滑に進めるために、絹や甘藷糖《かんしょとう》など、その土地の王に差しださなければいけない献上品が列挙されている。そして例のごとく、外の世界に対する不安の色もみられ、チベットによるホータンへの侵入が阻止されたことに触れている。「カシュガルからこんな知らせが届きました。チベット人を一人残らず殺害するか捕らえるかした、と。私は戦争のために一〇〇緡《びん》〔訳注：宋代頃から用いられている通貨単位で銅貨一〇〇〇枚〕に相当する額を寄付しました。そこであなたにはこう助言します。どれだけの額を求められても、決して出し惜しみしないように。私はそうしたし、ダヴィドとあなたの甥もそうしました」

昔の中国のユダヤ人コミュニティの歴史については漠然としているが、これらの手紙からは、その背景にある物語を想像できる。彼らは海路で広東に上陸し、陸路ではシルクロードの都市を経由して中国にやって来た。そしてどうやら、今日まで唯一生き延びているコミュニティが開封のユダヤ人であると思われる。一九八〇年代まで、彼らは自分たちの存在を敢えて積極的に公表することはなかったが、今はアメリカのユダヤ人やイスラエルとの結びつきを強め、碑文を公開している。そして彼らの文化に対する国際的な関心の高まりもあって、彼ら自身もユダヤ教の儀式と改めて向き合うようになっている。ユダヤ教の新年にあたるロシュ・ハシャナの祝日には、この界隈のある家に中国人ユダヤ教徒のささやかなグループが集い、伝統的な食事や祈りで新年を祝っている。フライパンで魚を料理し、テーブルにリンゴの蜂蜜がけを並べ、「南教経胡同」には雄羊の角笛の音が響きわたる。これもまた、現代の中国で伝統が再構築された一例だが、このような伝統が粘り強く生き延びたのはきわめて異例なことでもある。

開封のイスラム教徒のコミュニティは、はるかに規模が大きかった。彼らもまた宋代にやって来たようだ。[6] 陸路ではシルクロードを通って長安にたどり着き、海路では広東に降り立ち、そこで中国最古のイスラム文化の拠点を築いた。彼らは一一二六年に開封が陥落する以前に、この地にしっかりと根を下ろしていた。その多くは陥落時に大勢の人々とともに開封を逃れたが、翌世紀になっても八〇〇世帯以上が暮らしていた。今日の開封では、イスラム教徒は一万人にのぼり、城壁都市の東側に大きな礼拝モスクがあり、周辺にはイスラム教徒のカフェやレストランが集まっている。規模の小さなモスクや礼拝所も三〇ほどある。その半分は女性専用で、さらにめずらしいことに、女性のイマーム(イスラム教指導者)が礼拝を執り行っている。いつから始まった習慣なのかはっきりしないが、清代に始まったようだ。国際的なワッハーブ派の厳格な世界からはかけ離れているようにみえるが、中国のイスラム教のルーツはシルクロード沿いに人や物、食、思想、宗教が伝えられた開放的な時代にさかのぼる。当時、中国はつねに外界を警戒していたが、「野蛮人の教えを人間にとって役立つものとして」歓迎した。

唐の長安（西安）は、宮廷と官庁の所在地であり、高度に統制された大都市だった。人々は塀で囲まれた区画や夜間外出禁止令、階級や地位による制約によって行動が制限されていた。ところが開封は、中国では新たなタイプの都市であり、まるでちがっていた。もともとの外形は現在も旧市街を取り囲む古い城壁と重なり、広さは四平方キロメートルほどだった。高平の戦いで勝利したあとの九五五年には、全長二七キロメートルの外城が建設された。平和が訪れると、資産に対する税率の低さに惹かれて大勢の人々が押し寄せ、巨大な空間が新たな通りや店や住居によってたちまち埋め尽くされた。至るところで井戸が掘られ、運送業や建設業が興り、レンガ職人や大工、さまざまな職人が各地から雇い入れられた。まもなく、邸宅や一般住居、寺院、宮殿を効率よく建設する手引きとして、図入りの解説書が木版刷りで大量に出版された。そしてかつてないタイプの社会的関係や都市社会が生まれた。宮廷や官庁街の外には終日店を開けている飲食店街や商店街が広がり、船着き場は大いににぎわい、活気あふれる商魂たくましい消費天国が誕生したのだ。唐の揚州が歩んだ道を、宋の開封もたどったのである。

開封に限ったことではないが、偉大な歴史的都市の重要な名残は、レンガや石でできた建築物よりも、詩文や絵画にみることができる。世界の歴史において、中国ほど言葉や絵画に豊かな記憶が残っている国はほとんどないかもしれない。そしておそらく、開封は中国のどんな都市よりも、「記憶の都」と言えるのではないだろうか。ちょうどギリシア人にとって、アレクサンドリアやコンスタンティノープルがそうであるように。

祝祭の都市、夢の都市

記憶の最高峰は《清明上河図》[7]という絵巻だ。これは中国でもっとも有名な絵画であり、史料としても世界有数の興味深いものである。長さが六メートル近くにもなるこの絵巻は、開封が一一二六年に北方の異民族の手に落ちる一〇年ほど前に描かれた。開封の陥落は、西洋におけるローマ略奪と同じように、中国史に刻みつけられる出来事だ。開封の宮廷画家張択端《ちようたくたん》によって描かれたこの絵は、あまりにも魅力的で独創的なため、さまざまな皇帝や詩人、画家、鑑定家などによって注釈が加えられてきた。描かれているのは平和な時代の都市生活の光景にほかならない。

舞台は一一二〇年頃の、宋代のある春の日の開封だ。冒頭はまだ葉が芽吹いていない並木道の田園風景で始まる。もやがたちこめる木立の奥には、かやぶき屋根の家や歩行者用の橋、さざ波の立つ小川、節くれだった古木が見える。先へ進むと灌漑《かんがい》用の水路や運河、畑、排水溝が現れる。河南の冬景色が生き生きと蘇る。旅人たちは出発し、輿《こし》に乗る女性は先祖の墓参りから戻るところだ。さらに歩みを進め、郊外に入ると、人々は初春の清明節を祝う準備をしている。現在と同じように、飾り用の大きなよしずが酒亭や住居の前に立てかけられているが、色とりどりの紙や布の飾りがかけられていないところからすると、祭りはまだ数日先のようだ。やがて周囲は活気あふれる都の暮らしの風景へと変わる。そこには皇族はもちろん、官僚や貴族の姿は見当たらない。私たちの目の前に広がるのは、茶屋や酒亭、床屋などが軒を連ね、船頭、医者、易者などの姿がある世界だ。

さらに詳しくみてみよう。「王家紙馬」と書かれた店では、紙の馬や花束など死者への捧げものが売られている。道沿いには、茶屋や饅頭《マントウ》店、それに旗で飾られた大きな食堂がある。大きな日よけ傘を広げているのは芝麻焼餅《ジーマーシャオビン》の屋台だ。焼きたての餅が皿に並んでいるのは、現在でも中国を訪れるとよくみかける光景だ。さらに歩いていくと、すぐに汴河《べんが》の岸辺へと出る。貨物船や客船が市街地まで乗り込んできている。画家はここから河沿いに、パノラマ写真を撮るように、にぎやかな市場を描き出す（画家はさまざまな視点から見たいくつもの光景を組み合わせて絵巻を完成させている）。船着き場では、石や木材、その他の建築資材を船から降ろしている。城門を通過するのはラクダの隊列だ。旅人用の宿屋や茶屋では、大勢の食事客がテーブルを囲む。手前では河が大きく開け、船底の広い客船が何隻も停泊している。格子窓が取り付けられ、屋根にはむしろが被せられ、裕福な客のための個室や荷物置場、小さな調理場、さらには筆と墨が置かれた書き物机までそろっている。本書でのちに触れる詩人の李清照（上巻二三九－二四二頁参照）が乗るような船だ。さらに、大勢の船夫たちが長いロープを引っ張って荷船を曳いているところや、流れが急な場所で二隻の帆船が危険なほど近づいて大きく揺れ、船夫たちが互いに叫び合っている場面もある。

街の中心部へ入ると、飲食店がさらに増える。画家はまぎれもなく、市民にとっての食の重要性を伝えている。車の修理屋や大工の工房もあり、現代でも中国の古い町ではそうであるように、食と工業が密接している。さらに進むと広い並木道にでる。寺院や中庭のある立派な家があり、占い師は占星図と易学の手引きを広げ、「神課」「看命」「決疑」と書かれた看板をかかげている。中国では、今もどんな都市に行っても占い師に出会うだろう。開封では（というよりこれに関しては中国では）、ほとんどの人にとって、占い師は今日でも欠かせない存在だ。

道は堀を渡り、外城壁に設けられた一六の城門のうちの一つをくぐる。ここからが城内の本格的な中心部となり、大通りは買い物客であふれている。営まれているのは、比較的裕福な中流階級の市民を相手にした商売だ。宋代中国で勢いを増していた階級である。診療所（「楊家應症」）に飲料屋台、肉屋（看板には「当店では目方をごまかしません」とある）。上品な絹織物店（「王家錦羅疋帛舗」）に香料店（「劉家上色沈檀揀舗」）。仏教の僧侶と道教の道士たちが通りを歩いている。趙医師の診療所を兼ねた薬局は、現代の一般的な薬局と同じく、入ったところに広間があり、奥は患者が診察を受けたり、薬を処方してもらったりする場所になっている。開封には大きな飲食店が七〇軒ほどあったが、この辺りにもそのうちのいくつかがある。なかでも「孫羊店」という酒楼は、大きな二階建ての店で、祝日が近いせいか上階にたくさんの客がいる。立ち寄って宋で新たに生まれた都会生活を見物するにはうってつけの場所だ。

　宋代の開封に暮らしていた人々は、おそらく地球上でもっとも恵まれた食生活[8]を送っていた市民だ。農業と流通が進歩したおかげで、宋の料理人はかつてないほど豊富な種類の食材を使うことができ、世界初の外食文化を育み、料理本やグルメ日記、食事のマナー本まで出版された。開封には南部の香辛料を効かせた料理をはじめ、郷土料理を謳った飲食店が存在した。そしてもちろん、文筆家たちは食について詳しく語り、詩人は食について詠い、思想家まで食について素材から調理したものまであれこれと考えた。

　宋では外食が都市生活の一部になり、以来中国ではそれが文化として根づいている。開封の最盛期に関するいくつもの記述のなかでもっとも有名なのは、孟元老《もうげんろう》という下級役人が書いた『東京夢華《とうけいむか》録《ろく》[9]』という書物だ。これは史料のなかでもかなり異色だ。街角での会話や感情、さらには味わいまで回想しているのだ。食は大きな関心の一つだった。もちろん、どんな文明でも食と食習慣にはそれぞれ特徴があるが、中国はとりわけ独特だ。孟元老は「孫羊店」のような店で、饒舌なレストラン評論家を思わせる文章を書いている。

> 客が座につくと、一人のボーイが箸と紙とを持って、一わたり客の注文をきく。都の人は贅沢だから、さまざまな注文をする。熱いのや冷たいのや、温かいのや整《てごろ》なのや、飛びきり冷たいのや、精澆《せいしょう》や臕澆《ひょうしょう》など、めいめい注文がちがう。ボーイは聞きおわると、番台のそばに立って、始めの方から節をつけて復誦し、番台の内の番頭に知らせる［中略］それが済むと、間もなくボーイ

が左手に椀を三つ挟み、右腕には手の先から肩まで二十ばかりの椀をずらりと載せて来て、テーブルに並べる。どれもみな各人の注文に合っていて、間違いがあってはならぬ。

〔『東京夢華録――宋代の都市と生活』（孟元老著、入矢義高／梅原郁訳注、平凡社）、巻四「食べもの店」より〕

都会の労働者のための安い屋台もあった。今日でも開封の夜市では屋台が並び、考えられるあらゆる食材を目にすることができる。サソリやヤスデなどもあるが、これらはかつて食糧不足のときの非常食として食べられていたものだ。洗練された料理があったにもかかわらず、世の中が平穏な時期でさえ、料理にはきわめて素朴で安価な食材が使われることが多かった。また、宮廷の食卓はかなり豪華だったが、宋代の著述家たちは食べすぎや食べ物の廃棄を控えるように忠告している。見識のある富裕層も、簡素な調理法の素朴な食事に喜びを感じていた。例えば、宋の歴史家で政治家の司馬光は、子どもの頃の家のようすをこう振り返っている[10]。

父は来客があるとかならず酒を出した。三杯飲むこともあれば五杯飲むこともあったが、七杯を超えることはなかった。酒はありふれた店で買ったものだ。甘いものは梨に木の実、ナツメヤシ、柿だけで、食事は干し肉か揚げた肉、それに野菜と濃い汁物だけだった。それが当時の役人の来客のもてなし方だった。彼らはよく会い、互いに礼儀正しく振舞っていた。食べ物は質素だが、友情は深かった。

孟元老の郷愁あふれる回想録にも似たような記述がある。

また、よそから新たに都に来て、隣近所に住むような人があると、道具を貸してやったり、茶など贈り物をしたり、買い物の案内といったような世話をしてやる。

　また茶瓶をさげて行って毎日近所の人を訪ね合い、茶を出して四方《よも》山《やま》話[11]をしたりなど、およそ吉凶の出来事のある家ともなれば、人が家いっぱいに集まってくる。

〔『東京夢華録――宋代の都市と生活』（孟元老著、入矢義高／梅原郁訳注、平凡社）巻五「市民のならわし」より〕

《清明上河図》や孟元老の『東京夢華録』は、どちらもうまく統治された都市の理想的な姿を描いている。繁栄していて人情があり、調和がとれている。ここでもまたルネサンス期ヨーロッパとの比較が示唆に富む。シエナにあるロレンツェッティの偉大なフレスコ画《善政の効果》を例にみてみよう。これもやはり理想的な都市生活を描いているが、そこでは善政を担うのは「九頭」とよばれる銀行家や裕福な市民や実業家だった。中世のロンドン市も基本的に同様で、自治体（コーポレーション）と投資家、商人、手工業者組合などによって管理されていた。対照的に、開封は銀行家や商人ではなく、儒学者の役人によって管理されていた。彼らは厳しい国家試験を通過し、儒教の倫理に裏打ちされた教養ある専門家集団として官僚制を築いていた。宋の初代皇帝の太祖は、「私の重臣は書物を読む者たちでなければならない」と述べている（前述のとおり、太祖自身は学究肌ではなかった）。彼が何よりも肝に銘じていたのは、中国では一世紀ものあいだ動乱が続いたという事実だった。唐末期に軍内部の対立や背信行為が追い打ちとなって社会が崩壊し、暴力に満ちた時代が長らく続くことになったのだ。太祖はクーデターによって権力の座についた元軍人であり、武将たちが力を握るかぎり、彼が築いた新体制もやがて危うくなると理解していた。そこで彼は、手厚い年金を与えて軍の重鎮たちを引退させ、軍が十分に教育を受けた文民による官僚制度に従うように政府を再構築した。「軍政を廃止し、文民を重用する」ことが、中国史における決定的な進歩となるのだった。

科挙

そうした文官を不足なく採用し、しかももっとも優秀な志願者を募るために、宋の皇帝たちは中国の官僚試験制度を改良した[12]。すでに述べたように、隋の皇帝たちは約四〇〇年前、読み書きの能力と儒教の古典の知識に基づき、実力主義で役人を登用する方式を採用した。宋の皇帝たちはこの制度を大幅に拡充し、実質的にそれが二〇世紀初頭まで中国の政府を支えることになる。それどころか、その影響は今日まで根強く残っている。宋代の中国で出世を目指す若者は教師と書物を探し、一〇年あるいはそれ以上勉強しなければならなかった。文官の試験では、読み書きの能力と儒教の古典の知識、そして「今に息づくこの文化」の支配的精神である高潔な行動の基本理念をどれだけ体得しているかが試された。地方レベルの試験に合格すると、役人としての仕事はたいてい遠方の行政官から始まる。そして役人でいるあいだは各地を転々とし、赴任先の土地と人々について有益な知識を身につけ、最後は都の中央政府で職を得ることもある。さらに野心があれば、三年に一度都で行われる最難関の試験を受けることができた。この試験の合格率はきわめて低かった。一〇〇二年に都で行われた試験では、一万四〇〇〇人の受験者のうち、合格者はたったの二一九人だった。ただし、この官僚登用試験に合格すると、合格者と誇らしさでいっぱいの親族は確固たる名声を手に入れ、彼はただちに名士の仲間入りをした（名士になれるのは男性にかぎられていた）。合格者が帰宅すれば盛大に迎えられたという。「旗手たちに先導され、馬に乗った護衛を従えて馬車で戻り、道の両側にはその姿を見ようと人々が詰めかけ、そしてため息をもらした」

つまり唐とは異なり、宋代中国のエリート層は世襲貴族や武将、資産家、商人ではなかった（もちろん、若い男子が長いあいだ勉学に打ち込めるのは裕福な一族にかぎられていたが）。儒学者の「文官」が支配者層であり、それは当時としては、またそれから何世紀ものあいだ、世界的にも稀有なことだった。イエズス会のマテオ・リッチは一七世紀初頭にプラトンの思想を引き、「ここでは哲学者たちによる統治が紛れもなく実践されており、世界でもっとも優れた統治制度が実現されている」と述べた。

宋代に試験制度が拡充された影響で、学習と書物に対する需要が急拡大した。前述のとおり、晩唐に木版印刷が発明され、書物がかつてないほど安く、しかも短期間で出版されるようになった。宋代の中国の家庭では、試験勉強に取り組む息子たちのために、儒教の古典書を比較的気軽に購入できるようになり、辞書や参考文献、歴史や祭祀に関する書籍についても同様だった。一〇世紀末には、宋の支配者層は中国初、そして世界初の偉大な印刷文化を開花させた。これは文化全般に多大な影響を及ぼし、宋代における国民意識の発達と拡大をあと押しした。一九世紀のヨーロッパにおいて、大量印刷された書籍の普及がナショナリズムをあと押ししたのと同じ構図である。

この取り組みを始めたのは、九七六年から九九七年にかけて宋を治めた第二代皇帝の太宗だった。[13] 二〇年にわたる戦いを経て華南が統一されたことを受け、太宗は自らの治世の最初の元号を「太平興国」と定めた。「大いなる平和と国の再興」という意味である。中国は新たな平和の時代を迎えるが、この文化的復興には三つの重要な側面があった。一つめは戦争によって著しく失われた宮廷の蔵書を収集し直すことだった。二つめは、知識の体系化を目的とした大規模な書物の編纂だ。膨大な量の過去の著述を採録した百科事典並みの書物が編纂され、消失したと思われた作品も数多く含まれていた。三つめは、技術的な変化である。手書きの文化から印刷の時代へと移行したのだ。西欧では、一五世紀にグーテンベルクやアルドゥス・マヌティウス、カクストンらの登場によってようやく始まったことだ。のちの西洋と同じく、書物を製作する技術が手書きから印刷へと変化したことは、中国人のアイデンティティ形成におけるきわめて重要な文明的移行である。

中国では昔から書き言葉に敬意が払われてきたが、太宗は一〇〇〇年以上前に設立された王朝の蔵書楼（書庫）の復興事業に着手した。兄の太祖が初代皇帝の座に就いたとき、宮廷は一万二〇〇〇の巻物を所蔵していた。ところが、九六〇年代に宋の支配が長江流域へと拡大すると、太祖は、自分自身は教養ある人物ではなかったが、兵士を指揮しつつ、都市や貴族の屋敷に行政官を派遣して文献を保護し、その数を四倍に増やした。そして九七六年には、書籍を管理する職員と部門とともに宮廷の蔵書楼を新設した。彼はさらに、古代中国の失われた知識を含む書籍の捜索を全土で展開し、司書たちにはこう伝えた。「かつての王朝の目録（七二一年の唐の目録には六万点の文献が記載されていた）からすると、喪失は甚大だ。よって大規模な捜索が必要である。紛失した書物を捜し出さなければならない。欠けている書物を所有している政府の役人がいれば、皇帝のもとにかならず持参するよう広く知らしめよ」

これは文化的事業の幕開けであり、ヨーロッパのルネサンス期の人文主義者たちがギリシア語とラテン語で記された古典を収集し、印刷機という手段によって普及させたことに比肩する取り組みと言えるだろう。太宗の目的も、宋が武将によって築かれた短命に終わる体制の一つではなく、統治者が漢や唐の神聖な文化的伝統に対する責任を受け継いだ王朝だと示すことだった。したがって王朝の蔵書楼は、国家の統一と文化の象徴であると同時に、王朝の正統性を裏づける手段でもあった。

さらに宋の統治者たちは、それ以前の王朝では不可能だったことができた。印刷という新技術を用いて知識を広く伝えることができたのだ。政府は文献を国の隅々から集め、九七〇年代から九八〇年代にかけてそれらの出版に多大な力を注いだ。『詩経』や『書経』などの儒教の古典が、司馬遷の『史記』や杜佑《とゆう》の『通典《つてん》』などとともに再版された。辞書や文法書のほか、仏教の経典を集大成した『大蔵経《たいぞうきょう》』も出版され、これは木版を用意するのに一二年もかかった（現在でも韓国に、八万一〇〇〇枚の板に刻まれた木版一式が完全な状態で残っている）。

宋の政府は、あらゆる事柄について中国の文化的伝統が提供すべきことをすべて盛り込んだ選集の編纂も指示した。例えば、『太平御覧《たいへいぎょらん》』は、天と地と人についての重要な作品を百科事典のように一つにまとめたものだった。『太平広記』は僧侶や神官、医師の知識のほか、幽霊や妖怪、不死といった神秘的な事柄について、知られているあらゆる文献を採録したものだ。また、全一〇〇〇巻から成る詩文集の『文苑英華《ぶんえんえいが》』や政務に関するあらゆることを網羅した『冊府元亀《さつぷげんき》』、医学的知識を幅広く集めた『太平聖恵方《たいへいせいけいほう》』などが出版された。

この時代には、実践と理論の両方において、多くの分野で科学的研究と発明が進んだ(14)。例えば宋代には、水力を利用した紡績機、コークスを燃料とした溶鉱炉、鋼鉄の製錬法などが開発された。科学者の沈括《しんかつ》(一〇三一年-一〇九五年)は「真北《しんぽく》」という概念を確立し、北極星の位置を確定した。これは同じく宋代に進化した磁気コンパスとともに航海術に大きく貢献した。沈括は生理学の先駆者でもあり、人体のしくみを理解するために解剖にも携わった。また、彼は山の起源について、地球の地質がひじょうに長い年月をかけて隆起や浸食、堆積を重ねて物理的に変化したものだと推測した。西洋ではレオナルド・ダ・ヴィンチが同じように考えたが、四世紀後のことである。もっとも有名な科学者の蘇頌《そしょう》(一〇二〇年-一一〇一年)は、当時の典型的な博学者だった。古典に精通しているだけでなく、冶金学、薬理学、植物学、動物学について執筆し、星図を描いた天体図を作成した。印刷されたものとしては初の天体図だった。外交官としても優れていた彼は、一〇七七年に使節として北の遼を訪れた際に、遼の暦の方が正確なことに気づき、帰国すると天文時計(水運儀象台)を製作した。一〇九二年に開封に設置されたこの時計は、高さがおよそ一二メートルもあり、脱進機構を備え、水力とチェーン駆動によって作動するしくみだった。蘇頌はよく、中国のレオナルド・ダ・ヴィンチと呼ばれるが、公正を期すなら、ダ・ヴィンチをヨーロッパの蘇頌と呼んだ方が的確かもしれない。

宋の政府は、最新の技術や道具に関する情報など、実用的な知識の普及にも力を入れた。教育行政を担う国子監《こくしかん》は、数学、医学、農業、戦争、建築などに関する図入りの実用書を発行し、配布した。公的な出版物に加えて商業的な出版物も帝国各地でふんだんに発行された。宗教や占い、風水に関する書物や、法律分野の書式に関する書物、自己啓発書、古典作品とその注釈の廉価版なども出版された。さらには、地方試験を目指す意欲ある志願者と、彼らを心配する親族のために、試験の模範解答集も出版された。

印刷と教育という手段による学問と文化の復興としては、それまでの人類史上で比類のない時代となった。宋代の書物と学問の普及は中国の社会に多大な影響を及ぼし、かつてないほど幅広い人々が読み書きの能力を身につけた。儒学者のエリートである行政官だけでなく、商人や職人、さらには裕福な農民も、仕事に役立つ手引きや暦を利用することができたのだ。すでに触れたように、都会のエリートが幸福で健康的な引退生活を送るための養生書や、婚礼や葬儀の計画の立て方を説いた手引書まであった。

このように、グーテンベルクやカクストンがヨーロッパで同じような革新をもたらす四〇〇年以上前に、中国では印刷技術が知識の普及に革命を起こしていた。活版印刷に用いる活字が初めて考案されたのも宋代の中国においてだった。ただし、文字数が少ないアルファベットを用いていた西洋では、活字が世の中に転機をもたらすことになるが、中国ではあまり定着しなかった。中国語の文書には何千もの字型が必要になるため、利用が進まなかったのだ。木版印刷は一九世紀末に至るまで、その後も広く用いられ、中国では現在でも格調の高い文献や豪華な書籍、家系図などに用いられており、まさに息を吹き返している。

社会の上層部では、大学や学校の制度も宋の統治者のもとで大きく修正された。中国では漢代から書記官の養成学校があったことは第5章で述べたとおりだが、一一〇三年には、開封の大学の学生数は四〇〇〇人に増え、帝国全土で学校に通う学生は二〇万人前後にのぼった。こうした大学や学校に入学するにも試験が課せられたため、読み書きができ、宋が定めた国の教育課程としての儒教文化を受け入れる素養のある層はさらに多かった。古くから続いた科挙は一九〇四年の実施を最後に、翌年正式に廃止されたが、その影響は革命期も含めて代々受け継がれ、中国では現代になっても相変わらず、立身出世の道として試験がひじょうに重視されている。

かくして、一一世紀の偉大な政治家で儒学者の司馬光が述べたように、宋王朝は「学問と教育を復活させ、軍事的影響を弱めること」を目指したのだ。だが、それにはどのような代償が伴ったのだろう？　中国は一一〇〇年までに、西洋から見てのちの近代社会の特徴とされるものを数多く発達させていた。中国は再統一を果たし、技術、教育、芸術の分野で革命的な進歩を実現した。にもかかわらず、中国が世界初の近代社会へと発展しなかったのはなぜか？　また、宋の滅亡後、中国が技術と社会において驚異的な速度での革新を維持できなかったのはなぜか？　西洋の識者は、中国と西洋の分岐点は産業革命とヨーロッパ帝国主義の時代にあると考えているが、それよりはるか以前に要因はなかったのだろうか？

つぎはこの根本的な問題について考えてみよう。

第10章　北宋の滅亡

一一世紀から一二世紀にかけて、地中海地域とインドはそれぞれファーティマ朝とチョーラ朝に支配され、ヨーロッパはゴシック時代を迎えていた。そんななか中国は文明の中心に君臨していたが、多くの脅威とも向き合っていた[1]。中国はその歴史をとおして、他のいかなる国とも比べものにならない規模の統治上の難題を抱えていた。膨大な人口からくる慢性的な圧力、東アジアを分け合う周辺勢力の挑発。また、地形的にも水害などの自然災害に見舞われやすく、それに伴って飢饉や社会的混乱も絶えなかった。中国は人類史上もっとも優れた政治機構を持つとみなされることがある。だが一方で、その破綻（そう呼んで差し支えないならば）は、上述した多くの難題に加え、統治者が中央集権的な圧政に向かう根深い傾向を振り払えなかったことが重なって生じる場合が多かった。宋代の輝かしいルネサンス期には、それまでの歴史において類をみない数々の進歩があったが、最終的には自然災害、外敵による侵略、統治の破綻がすべて重なる最悪の事態によって蝕まれたのだった。そして当時、これらの難題に取り組んだのが本書でも紹介する屈指の才能と魅力を備えた人物たちだ。カリスマ性のある政治家の王安石、歴史家の司馬光、そして中国でもっとも偉大な女性詩人として名高い李清照。本章ではまず、彼らの世界に暗い影を落とすことになる、一一世紀半ばの危機についてみてゆこう。

宋は戦争によって築かれた王朝であり、社会的にも文化的にも高い理想を掲げていたが、王朝の基盤となったのは軍事力だった。(2) 一一世紀の半ばから、宋は経済革命のおかげで大規模な軍隊を維持できるようになった。おそらく、世界がまだ見たことのないような規模だった。一〇四〇年には、正規軍は一四〇万人を擁するまでになった。三世紀に最盛期を迎えたローマ軍の三倍以上の規模である。平原の中央軍は三〇万人にのぼり、地方部隊は国境地帯に配備された。三〇万は現在の河北省に駐屯して北部の湖の北に迫る契丹《きったん》と対峙し、陝西《せんせい》省各地には西と北西からの脅威に備えて四五万人もの兵が配備された。軍事計画の規模は漢や唐とは別次元に移った。兵器類の大量生産のために独立した部門が設けられ、何百万もの武器やよろいの生産を担った。矢じりは年間一六〇〇万個が政府の鋳物工場で製造された。中国では鉱石から金属を抽出する製錬業は、ヨーロッパで広く普及する何世紀も前から存在していたが、製錬に欠かせないものの一つが質の高い鋳鉄に用いられる石炭だった。宋の偉大な詩人の蘇軾《そしょく》（蘇東坡《とうば》）(3) は、一〇七九年に現在の江蘇省北部で新たな炭鉱が開発されたことに触れている。「かつてその土地では石炭が不足していたため、一〇七九年の新年に調査隊が派遣された。彼らは徐州の南西と白土という町の北で埋蔵地を発見した。石炭は、鉄鉱石の製錬ときわめて鋭利な刃を持つ武器をつくるために用いられた」

しばらくのあいだ、中国は軍事技術の進歩によって優位を保つことができた。中国は機械式の攻城兵器やロケット弾、弾丸発射装置、火炎放射器などの開発にかけては最先端だったのだ。だが、一一世紀のあいだにこうした技術は必然的に国境を越え、現代と同じくひとたびそうなると、最先端の武器を独占できる強みは失われた。その一方で、これほど大規模な軍隊を長期的に維持することは、財政上きわめて大きな負担となった。一一世紀の半ばには、宋代中国は危機に直面する。これは相次ぐ予測不能な危機の幕開けだった。

一〇四八年の自然災害(4)

中国の歴史をとおして、内乱や外敵の侵略と並んで王朝に衰退をもたらす原因となったのは、気候や環境の変動だった。青銅器時代にさかのぼると、建国の神話は、偉大な王が水路と土手を築き、耕作ができるようにしたと伝えていた。政治権力の基盤となる天命は、王が民を養う手腕を頼りにしていた。そこですでに述べたように、商の甲骨に刻まれた大河への祈りから、共産党の河川工学の専門家による報告書に至るまで、河川管理は政治運営の要だった。ところが、一〇四〇年代から環境が不安定になったことで宋に圧力がかかり、それは最終的に王朝を弱体化させる大きな要因となる。なかでも、張玲博士が最近になって地方志〔訳注：中国である地方の風土や文化、歴史を記した資料〕と碑文から紐解いたある自然災害は、長期的に甚大な影響をもたらした。

一〇四八年七月一九日、中原《ちゅうげん》の都市や村では国の祭りの準備をしていた。開封《かいほう》では街路にランタンが飾られ、天幕が設置され、酒や食事の準備が進み、街は祝日ムードに包まれていた。一〇四一年に、宋皇帝として最長の統治期間を記録した仁宗の治世を称え、元号を「慶暦」と改めて以来、豊かな時代が続き、民衆は多くのことに感謝していた。王朝が開かれてから八〇年以上が過ぎ、国内は一世代ほどのあいだ戦争から解放され、生活水準は向上してきた。一〇四〇年の調査からは、過去六〇年間で人口が六割以上も増加したことが明らかになっている。こうしたことはすべて、優れた統治と外交の成果であり、北の遼とは国境に大規模な軍隊を配備するとともに、年貢を贈り、定期的な外交交渉を行うことで平和を保った。長年の攻撃で荒廃していた河北北部の国境地帯でさえ、農業は豊作が続き、二世代で人口が大幅に増加していた。そのようなわけで、一〇四八年の祝日は晴れやかな雰囲気のなかで待ち望まれていた。

七月の半ばには、沖積平野には熱がこもり、気温は三〇度を大きく上回っていた。大勢の人々が家の屋根の上や外で寝ていた。北の郊外のすぐ先を流れる黄河は、何千キロも離れたチベットから現在の青海省にかけての広大な高原の雪解け水によって、水位が上昇した状態が何日も続いていた。そして七月一九日、開封の北東の濮陽《ぼくよう》で、北岸の土手が七〇〇メートルにわたって決壊した。大量の水が北に流れ出し、河南の麦畑は飲み込まれて壊滅した。それから数日のあいだ、水は平原を北に向かってさらにあふれて河北へと達し、新たな主流と複数の支流を切り開いた。そして流れを反時計回りに三〇度、緯度にして一度変え、七〇〇キロ近く離れた現在の天津の近くで渤海《ぼっかい》へと流れ込んだ。「人が魚のように押し流された」という(5)。北に一六〇キロほど離れた河北では、神話以外に黄河とは縁のなかった人々が、完全に不意を突かれて飲み込まれた。「勢いよく流され、魚や亀の餌になった」。おびただしい数の家や村がなぎ倒され、押し流された。死者や避難民は一〇〇万人以上にのぼった。「一〇〇〇里［約五〇〇キロ］以上にわたり、道は死体であふれていた」と当時地方長官だった政治家の富弼《ふひつ》は記している。被害があまりにも広範囲に及んだため、水が引いたときには「一〇世帯中八世帯から九世帯が河北から別の土地に移った」。

一〇四八年の秋から一〇四九年の末まで多くの場所で水が引かず、作物の三度の収穫が台無しになった。三度収穫ができなかった結果は、飢餓と人肉食という黙示録さながらの世界だった。当時三〇歳だった歴史家の司馬光は、「父親と息子が互いを食い合った」場面を目撃した恐怖を回想している。政府は国の穀物庫を開放し、貧しい人々を救済するようただちに命じた。地方政府は避難民を臨時の野営地に集め、かまどと炊き出し所を設置し、水が押し寄せた地域の周辺で被害を免れた町や都市の外れに仮設の小屋を建設した。それでも被災者の数が多すぎて対処できず、衛生状態の悪化により病気が蔓延し、おぞましい状況に拍車がかかった。青州の地方長官は、「救済の名のもとで行われた救援活動は、人々の命を奪うことになった」と述べている。中央政府は無職の若者を軍隊に送り込む徴兵を始め、彼らを被災地域から連れ出して食料を提供した。女性や老人、子どもなどの残りの一般市民は物乞いをするしかなかった。裕福な家は「避難民を召使にすること」を奨励されたため、身売りをして奴隷になる人々までいた。災害直後の影響はあまりにも大きく、政府は数年にわたり、食糧不足に苦しむ北部を支援するため、南部から穀物を輸送しなければならなかった。当時大名県《だいめい》の地方長官で、宰相を務めたある人物はこう記している。「黄河の氾濫は古代から私たちに被害をもたらしてきたが、これほどの被害は一度もなかった」

洪水後

災害が宋にもたらした長期的影響は計り知れなかった。歴史の転換のきっかけとしては戦争や内乱が注目されるが、環境災害の影響も同じくらい長く尾を引くことがある。一〇四八年の水害は中国北部の従来の水系を広範囲にわたって破壊した。場所によっては各地域で何世紀もかけて築いた運河や堤防が消失し、宋の国家としての安定を揺るがすことになる。今日でも、北京の南から渤海に至る地域にはたくさんの湖があり、華北最大の淡水湿地帯の一部となっている。政府は現在、そのうちの一つである白洋淀《はくようてん》という沼沢地の近くに新たなエコシティを建設する計画を立てている。一〇四八年の洪水の環境的遺産の周辺で大規模な公共事業が進められているのだ。

洪水後の再建には並外れた努力を要した。度重なる災害を受けて主導権を発揮したのは、各地域の行政当局だった。町や村を再建し、住民を組織して放水路の掘削や堤防の建設を推進した。河北の中原に位置する曲周という小さな町は典型的だった。曲周では、西の山から流れてくる河川が黄河の新たな流れとぶつかり、深刻な被害を引き起こして多くの命を奪った。一〇四八年の水害の直後、曲周の令狐《れいこ》端夫《たんふ》という役人は、町と残された住民をさらなる危機からできるかぎり守るため旗振り役を務めた。彼は名士やその支援者たちが協力してくれることを願い、洺州《めいしゅう》の地方政府の上司たちに、現在でも近くを流れる漳河《しょうが》から曲周を守るため堤防の建設を許してほしいとかけあった。

ところがこれは退けられた。曲周のためにはなるかもしれないが、州内の別の場所で流れが変わり、他の県に被害を及ぼしかねないという理由からだった。富と力のある地元の地主たちも協力を拒んだ。

自分たちは局所的な対策で身を守れるのに、地域のインフラ整備に膨大な労力を注ぐ理由などなかったのだ。そこで令狐は、周辺の地主や農民など無力な人々に呼びかけて集会を開き、自力で土手を建設することを提案して賛同を得た。彼らは令狐が去ってからも建設を継続した。この地域の人々はのちに、令狐の判断が正しかったと振り返っている。「この堤防がなければ、曲周県は存在していなかった」と思い知らされたのだ。

人命のほかにも、インフラの復旧と破壊された集落や運河や堤防の再建に伴う代償はきわめて大きかった。決壊した堤防をせき止めるために、土嚢代わりに膨大な量の木材や泥や藁が用いられ、周辺では森林破壊が加速した。一〇四八年の水害は租税にも多大な影響を与えた。北部では、税収が災害前の五分の一まで落ち込んだ。当時の人々は知る由もなかったが、これで終わりではなかった。一〇四八年の水害は相次ぐ自然災害の幕開けだった。長期的にみると、問題は洪水だけにとどまらず、土壌の肥沃さにも影響を及ぼした。洪水で運ばれてきた沈泥は畑にとって有効と思われたかもしれないが、実際には黄河の沈泥には岩だらけの黄土高原から流出した大量の砂漠の砂が含まれていて、エジプトなどでみられる肥沃な黒い土ではなかった。一一世紀のある文献は、それが農民にとって何を意味したのか鮮明に伝えている。「黄河の水が引いたあとの堆積物は、夏のあいだは粘り気のある肥沃な土だった。ところが初秋には黄色みがかった枯れた土へと変わり、手触りもかなり軽かった。そして晩秋になると、白っぽい枯れた土になった。初霜が降りたあとには、完全に砂と化した[6]」

沈泥が大量に堆積したのを知った住民たちは、土地が二〇年は不毛な状態になるかもしれないと判断した。この悲惨な状況が、河北のこの地域の人々にとってようやく好転し始めたのは一一二八年のことだった。この年に、宋の政府が防衛策として意図的に堤防を決壊させ、河の流れがふたたび南へと移動したのだ。だが、長期的な影響はその後何世紀にもわたって残った。一二世紀の旅人は、北部では場所によっては砂漠を旅しているような印象を受け、さらには二世紀後になっても、いくつかの県は依然として塩害と砂に悩まされていた。一五世紀末には、朝鮮からやって来た人物は目が開けられないほどの春の砂嵐に遭遇している。また一五四九年には、河北の南西部を訪れた日本からの巡礼者が、すさまじい突風が砂を巻き上げて空が暗くなるようすについて記している。これは現在の天津市の内陸部でもみられる現象だ。かつては豊かだった大名県には一一世紀の環境災害の影響がずっと残り、今では中国でもっとも貧しい地域の一つになっている。これは異常気象が頻発している今日の世界では、比較的容易に理解できることだろう。

王朝や王国の興亡を分析するうえでは内乱や戦争に焦点が当てられることが多く、このように社会を揺るがし、政府の根本的な能力を損なうほどの自然の大変動は軽視されがちである。黄河の南側は洪水の被害を受けず、首都の開封は相変わらず輝かしい都として市場には商品があふれ、街路は祭りの灯りに照らされていた。しかし大勢の避難民によって人口が膨れ上がっていた。社会不安に伴ってにわかに重大な事件が起きるようになり、税収の落ち込みや国境地域での軍事的脅威も相まって、嵐の到来が予期されるようになった。そこでこの時期には、国家の機能と統治の本質について緊迫した議論が交わされるようになった。資源はどのように割り当てるべきなのか？　どうすれば貧困層の負担を減らせるのか？　体制を一新する必要があるのか？　一一世紀の後半には、中国史において傑出した二人の偉大な人物が、こうした問題と真剣に向き合っていた。

王安石(7)——真の改革者

一〇七〇年代末から一〇八〇年代初頭にかけて、イングランドではノルマン人が野蛮な支配を強めていた。そんな頃、「江寧」と呼ばれていた現在の南京で、木々に覆われた東の山から市街地へと向かう旅人は、奇妙な風貌の男に気づいたかもしれない。乱れた髪に汚れた衣服をまとったその男は、書物を詰めた袋と、平たいパンと酒の入った弁当袋をロバに載せて運んでいた。彼は硯《すずり》と筆と紙を取り出し、川のそばに黙って腰を下ろしていることがあったが、それは道教の神秘主義に貫かれ、錬金術のようにあふれる優雅な詩を練っている姿だった。

　王安石は政府に仕える人生を過ごし、五五歳で引退した。世俗の常識から離れた不愛想な男は、かつては中国で皇帝に次いで権力のある人物だった。しかも当時、皇帝はまだほんの子どもだった。彼の物語はシェイクスピアの戯曲のように壮大だ。実質的に中国を支配する立場にあり、皇帝が民をいつくしむ手助けをするという儒教に基づく責任を負い、役人として働く人生を送っていた。ところが現実に幻滅した彼は、残りの人生を内なる真理の探究に捧げることにした。かつては世の中の重大な問題を考え抜いていた人物が、今では道教と仏教を融合した禅を追究していた――空《くう》、尽、静。

　王安石は一〇二一年に生まれ、一八歳のときに南京の役人だった父親を亡くし、父親と同じく役人になった。この時期、国は長きにわたる繁栄を謳歌していたが、つねに緊張状態にあった。異民族による侵略を防ぐため、莫大な軍事費が投入された。租税は公平を欠き、小作農民や商人らは一〇四八年の自然災害の余波に苦しめられていた。王安石は人生の早い時期に地方を回ったことで、そのような窮状を知っていた。ある詩（バートン・ワトソンによる英訳に基づく）は地方官としての個人的な経験そのもののように聞こえる。

私はいつも仕事を始める前に
民衆のために嘆いた
豊作の年に空腹を満たせないとしたら
洪水や日照りのときはどうなってしまうのか
盗賊に悩まされはしないが
いつまで生き延びられるのか

しかも、彼らは役人を恐れている
役人は一〇世帯のうち八、ないしは九世帯を破滅させるのだから
麦や粟《あわ》が不作のときはなおさらだ
賄賂を贈る金がなければ救済を求めることもできない
そして県令に嘆願しようと重い足取りで町を訪れた人々は
門前払いとなる［中略］
しかし、私はこの貧しい地域を治める手助けをするために赴任して以来
気持ちが沈み、慚愧《ざんき》に耐えない
なぜなら私が責任を負う立場にあるのだから
かつてはぞっとしていたすべてのことについて
私は自責の念から最善を尽くさなければと駆り立てられ
同僚たちに懸念を打ち明けている[8]

王安石は、国が発展するには抜本的な改革が必要との結論に達し、政府に『万言書』という上奏文を送った。これは中国史でもっとも有名な文書の一つとして、共産党時代にも議論された。それは政府と社会の大規模な改革を求める内容だったからだ。国家は商業、工業、農業の管理を担い、労働階級を支援し、「彼らが富裕者たちによって酷使されるのを防ぐ」べきだ、と彼は考えていた。彼は一躍脚光を浴び、改革者たちは彼の大胆な意見を称賛したが、皇帝には受け入れられなかった。そして一〇六三年、彼は母の死に伴って南の故郷に戻り、慣例に従って三年の喪に服した。高い地位にある人物のキャリアにとってはかなり長い期間だ。だが一〇六五年には、若く、改革に前向きな皇帝の英宗が改革派に耳を傾けるようになった。王安石は故郷の知事に任命され、その後首都の開封に呼び戻

され、神宗のもとで皇帝の政治顧問である翰林学士《かんりん》を経て副宰相となり、最終的には宰相に任命された。事実上、中国の最高権力者になったのだ。彼が推進した改革は、二〇世紀以前の中国史においてもっとも抜本的な内容で、しかもあらゆる分野に及んだ。教育、経済、税制、商業、試験制度などが改革の対象となった。彼は具体的な問題にも目を向け、農民には融資を行い、裕福な地主にはより重い税を課した。また、いつの時代にもつきまとう中国の官僚の汚職問題をめぐる闘争もあった。当時、王安石の改革案の効果と遺産については激しい論争があり、それは現在でも変わらない。王安石は中国史上で時流に逆らった偉大な改革者の一人だった。大半の改革論者は請願するばかりだったが、王安石はほかの多くの改革者とはちがい、考えを実行に移す機会を手にしていた。

王安石にはもともと変わったところがあったが、改革に全身全霊で取り組むようになって八年が過ぎたときには、それがさらに顕著になっていた。入浴や食事さえしばしば忘れ、髪や衣服は乱れ、華やかな宴を避けるようになった。頭の回転がきわめて速く、不愛想で一途な性格のため、多くの人の神経を逆なでした。もしかすると、改革を推進する使命感から、彼の健康はすでに蝕まれていたのかもしれない。鄧小平はジミー・カーターがアメリカの難しい政治問題について語るのを聞いて、「あなたも中国を治めてごらんなさい」と物憂げに言ったが、重なるところがある。

依然として大洪水の影響があった一〇七四年、中国北部はまたもや大規模な飢饉に襲われた。多くの農民が農地を追われ、作付けのための借金は膨れあがった。それでも地方の役人たちは借金の取り立てを続けたため、怒りの矛先は王安石に向けられた。皇帝の神宗からは支持されたものの保守派からの攻撃が強まり、彼は一〇七六年に五五歳にして職務を果たしたと判断し、「江寧」の紫金山(旧・鍾山《しょうざん》)の木々に囲まれた禅寺に身を寄せた。皇帝によって同地の知事に任命されたが、すぐにそれも辞し、「正定《しょうじょう》」と呼ばれる、もっとも深く集中した精神状態で暮らす道を選んだ。仏教最古の経典において、理想の境地に至るための「八正道《はっしょうどう》」の最後の道とされる修行を行うことにしたのである。

彼は妻とともに、紫金山のふもとの「半山園」と名づけた簡素な家で暮らした（現在でも海軍指揮学院内で跡地を見ることができる）。そこで森と小川に囲まれ、詩を詠み、仏教の経典の注釈を記し、中国の文字体系における象形文字の哲学的基盤を綿密に調べて辞書を編纂した。彼が都から遠く離れたことで、反対派や政敵が集結して彼の改革に反旗を翻した。一〇八五年に皇帝が亡くなると、新体制によって彼の政策の見直しが始まった。王安石も翌年に亡くなった。信念を貫き、疲労困憊し、頭脳明晰で腹立たしさを抱えた彼は、中国のあり方を修正しようと試みて挫折した点で、中国でもっとも記憶に残る敗北者の一人だった。彼自身の人生において、中国文明の中心にある矛盾が露わになった。秩序と無秩序の対立、公正な規則の本質、大勢の人々の窮状、個人の幸福と超越の追求。「讀史」と題された晩年の詩で、彼はこう詠んでいる。

古えより功名を立てるのもまた辛く苦しいもの
その出處進退をつまりは誰に明らかにしてもらうのか
當時すらものごとを見る目に暗く　誤りを受け繼ぎ
時代が降ると諸說紛々として　更に眞實をかき亂す
のこりかすばかり傳わって　純粋なものは傳わらない
歷史の書物に記載しがたいのは人々の精神《こころ》
小人どもに高士賢人の意がどうして理解できようか
ただただ長い年月を經た紙の上の塵に拘泥するばかり（9）

〔『日本中國學會報』第四十六集、藤井京美「王安石伯夷論考」より〕

司馬光(10)

一〇六〇年代終盤から王安石の最大の敵となり、その主張に断固反対した「旧法党」の中心人物が司馬光だった。司馬光もまた、中国史において王安石に勝るとも劣らない知名度を誇る。司馬光は父親が県令として仕えていた現在の河南省南東部の光山県に生まれた。古くから続く一族の生まれで、現在でも山西省南西部の運城市の近くに一族の村があり、子孫が暮らしている。中国の地図でもひときわ目を引く特徴となっている、黄河が大きく湾曲する場所である。そこには司馬光の墓と並んで魅力的な仏教の寺があり、今も子孫が管理している。司馬光は中国文化において傑出した人物だ。一〇六五年に勅命を受けて編纂した『資治通鑑《しじつがん》』は、完成までに一九年を費やし、経済危機が高まりつつあった一〇八四年に神宗に献じられた。前四〇三年から九五九年までの膨大な史実を記した、全三五四章の大著だ。歴史の研究書であると同時に現行の統治を手助けする補助的資料としての意味合いもあった。皇帝とその後継者たちに向けた編纂完成の報告書のなかで、彼はこう述べている。

かつての世の興亡盛衰のあとに照らしあわせ、ただ今の政治の是非得失についてお考えいただき、善きものをたたえ悪しきものをも憐れみ、正しきを取り誤れるを捨てたまえば……前代にもためしなき最高の政治に高めたまい、かくて天下の民草どもはひとしくその幸いを享受することができましょう。

〔『資治通鑑』(司馬光著、田中謙二編訳、筑摩書房)より〕

歴史の教育的な力を強く訴える内容だ。編纂を命じた皇帝の英宗はその翌年に亡くなったため、この大作を読むことはかなわなかった。それでも、『資治通鑑』は中国で唯一最大の歴史書であり続けている。現在でも歴史上の模範が何よりも重視される文化では、二〇世紀の考古学によって物語が変わるまで、およそ一四〇〇年間の中国史の基本的な記述として絶大な影響力があった。漢代の司馬遷は中国歴史学の父とされるが、同姓の司馬光は取り扱った範囲の広さと影響力から、中国史上最高峰の歴史家とされている。それゆえに過去九〇〇年にわたり学者たちに多大な影響を与えてきたが、本当に注目すべきは、さまざまな簡約版や新版や注釈書によって、一般の読者にも長いあいだ読み継がれてきたことだ。実質的に、中華民国が成立する以前の中国では、書物を読める大半の人々が親しんだ唯一の通史であり、定期的な再版は一九世紀末で終わったが、共和制時代にも再版が途絶えることはなかった。中国では歴史にはそれほど大きく継続的な力があり、毛沢東が晩年に『資治通鑑』を読んでいる姿が写真に収められているのも、鄧小平が失脚中に司馬光を読み込んでいたと娘が記しているのも偶然ではない。

『資治通鑑』は私たちが中国の歴史をより広い視野で理解する手がかりにもなる。二〇世紀のある識者は「優れた政治秩序と混乱の記録を集めた」書物と評している。だが言うまでもなく、中国では二〇世紀の改革者が現れるまでのほとんどの偉大な思想家がそうだったように、司馬光もまた核心となる物語、つまり王制について異議を唱えることはなかった。彼にとって重要なのは、王制を変えることではなく、それをもっともうまく機能させる方法を見つけることだった。彼は皇帝に向けてこう書いている。「一四〇〇年以上を記したこれらの頁において、中国の歴史が暴力と混乱の物語であり、秩序と調和が保たれた期間は短く、全期間をとおして三〇〇年にも満たないことがおわかりになるでしょう。しかもその期間でさえ、暴力から逃れることはできませんでした。国家の調和の確立はそれほど困難であり、ひとたび築かれたなら、細心の注意を払う必要があるのです」[11]

彼はこうした懸念から歴史だけでなく、政治にも力を入れ、とくに王安石が率いる改革派と激しく対立した。一四年も隠遁して歴史書の編纂に専念していたが、神宗が亡くなり新皇帝の哲宗が即位すると、にわかに中央に呼び戻された。彼の人生は最後の一八カ月で政治的キャリアの絶頂期を迎えた。

宰相と首席顧問に任命され、政治の表舞台に立ったのだ。王安石の改革の廃止は国の財政を損なうものだったが、人々からは大いに歓迎された。家庭の祭壇に飾る司馬光の小さな肖像画が飛ぶように売れ、かなりの財産を手にする画家や職人が現れるほどだった。手法としては、今日のポピュリストの政治家に通じるものがある。

ところが、壮大な挑戦に打ち込むあまり、彼の心身はすでに疲弊しきっていた。歩くときは杖が欠かせず、馬にも乗れなくなり、玉座の前で跪くこともできなかったが、それでも退こうとはしなかった。暗い灯りのもとで執筆していたせいで目がひどく悪くなり、歯もほぼすべてなくなっていた。そして歴史家としては何よりも恐ろしいことに、数年前からは記憶力も低下し始めていた。じつのところ、彼はもう終わっていた。彼自身も先が短いことを自覚していたが、王安石の改革を覆そうと血眼になり、言動は本来より慎重さを欠くようになった。この世を去るときも執務を続けていた。最後の数日間は、意識がもうろうとしていたが、「まるで夢のなかで引き続き国事についてつぶやいているようだった」。ある弟子はこう述べている。「師は天下のために命を捧げることを望んでいた」

宿敵となった二人の偉大な人物、王安石と司馬光は、数カ月の差で亡くなった。王安石は一〇八六年五月二一日、司馬光は一〇月一一日。折しも、国内情勢と国防に関する不安が一段と高まりつつあった。王安石は政治に見切りをつけていたが、司馬光は最後の最後まで国と社会の安定を確保することに心を砕いた。王安石が急進的な改革者であるのに対して司馬光は保守派だったが、中国の未来と真剣に向き合おうとしたのはどちらも同じだった。

衰退

宋代中国の輝かしい世界は、しだいに経済困難へと陥りつつあった。攻撃的な周辺国からの圧力が高まるなか、軍の規模を大幅に拡張すべきとする勢力が発言力を高めた。これが外交政策の舵取りの誤りの第一歩となり、西夏との国境紛争を招いた。一〇四〇年代までは良好な関係を保っていたが、西夏の統治者が皇帝を名乗ると緊張が高まり、全面戦争へと発展した。そのほかの周辺国に引き続き贈っていた金品の負担と合わせ、軍事費はやがて政府の収入の四分の三を占めるに至った。そのため経済的には繁栄していたが、政府の資金が底をつき始めたのだ。司馬光は皇帝への献辞のなかでこう記していた。「国を治めることは荒れ果てた古い家を維持するようなものです。ただすべてを解体してやり直せばいいというわけではありません……古い家を壊して新しい家を建てるには、有能な大工と優れた資材が必要です。残念ながら、私たちにはどちらも欠けています。私たちの家は国を風雨から守ってくれないのではないかと不安でなりません」

「女性部屋」からの声——李清照⑫

そして実際に風雨と嵐はやってくる。だが、それはもう少し先のことだ。司馬光が王安石の改革に対して警鐘を鳴らしてから、開封の黄金時代はさらに半世紀ばかり続くことになる。この時期のもっとも重要な目撃者の一人も、やはり中国史において傑出した声を持つ、詩人の李清照である。彼女は都市部で女性が果たす経済的役割が拡大し始めた変化の時代に生きていた。宋の都市では女性が店を営み、小売業を手がけ、そんなようすは開封の絵巻にも描かれている。ただし、大勢の男性の商人や買い物客のなかで、そうした女性の姿はわずかだった。夫が学問に勤しみ、出世を目指す一方で、たいていの女性は家計を管理し、子どもたちを教育していた。だが、著者として書物を著すこともあれば、財産を所有することもできた。にもかかわらず、矛盾しているように思えるが、中国の上流階級の女性たちがしだいに家庭に閉じ込められ、纏足《てんそく》が広まり始めたのもこの時代だった。この痛ましい風習は、裕福な女性は歩く必要などないという考えから、女性の身体的な優美さを強調することを目的とし、二〇世紀になるまで続いた。ところが宋代は、女性の声が聞かれるようになった時代でもあった。[13]そのおかげで私たちは、王族より低い地位の女性たちの物語を詳しく掘り下げることができる。
李清照は中流の家庭に生まれ、詩と文筆によって名声を得た女性だった。そして同時に、歴史の出来事を当事者として、また解説者として、さらには芸術家として目撃したまれにみる人物だ。一〇八四年に現在の山東省済南市に生まれた彼女は、中国でもっとも偉大な詩人の一人に数えられる。だが同時に、依然として広く誤解されている人物でもある。家父長制を前提とした過去の定義により、本来の声が不当にも否定されているのだ。彼女の物語の最大の証人は彼女自身の言葉であり、詩であり、そして中国史上初の（もしかすると世界でも初の）女性による自伝である。彼女は子どもの頃から父親のすすめで男性たちの詩の集いに加わった。一七歳で開封の最高学府で学んでいた学生のもとに嫁いだときには、すでに名の知れた詩人になっていた。彼女は自分自身について、おもしろいほど「現代的」なトーンでこんなふうに書いている。以下はすべて彼女自身の言葉であり、伝記作家のロナルド・イーガンによる英訳に基づく。

洞察は理解をもたらすと言われている……集中は技能に磨きをかけ、技能に磨きがかかれば、行うことのすべてが卓越した状態に達する可能性がある……例えば、私はもともと囲碁を好む。囲碁には没頭し、何も食べず、睡眠もとらずに一晩中打つことができる。私はこれまでの人生でこのような手合わせをいつも嗜んできた。そしてたいていは私が勝つ。なぜか。私の技能が磨かれた状態にあるからだ。[14]

李清照の結婚は、中国の文化では長いあいだ、愛情深い理想的な結婚として描かれてきた。夫とは若い頃、文学と歴史を愛する心の友だった、と彼女は記している。二人は余暇を開封の大相国寺《だいしょうこくじ》で過ごすのが楽しみだったという。庭園を歩き、露店で骨董品を買い、石碑の拓本を取り、近くの小さな茶屋で果物を食べた。現在でも、この寺のささやかな門前市場や、授業が終わったあとの学生でごった返す大学周辺の屋台街を歩くと、二人の姿をありありと想像できる。夫婦は人がうらやむほどの蔵書家であり、高級な紙や書物を入手できる宋代の裕福な中流階級の喜びを味わっていた。ただし、上等なものを所有する財産はあっても、最高級のものは手の届かないこともあり、あるときは支払いができずに古い絵巻を返品したこともあった。李清照自身が記しているように、結婚してからの最初の数年は素晴らしいものだった。「あの頃の私たちは幸せだった。湯を沸かしてお茶を淹れ……急な嵐に悩まされることもなく……盃を交わし、上質な紙が手に入った……」

ところが結婚してから二〇年が過ぎたとき、彼女の人生に恐るべきことが降りかかった。行間から読み取るに、結婚生活はしだいに悲哀が増していったようだ。李清照には子どもがいなかったと思われるが、新たな証拠から、夫には妾とのあいだに息子がいたことがうかがえる。彼女は散文の前書きがついた有名な詩で、控えめながらも紛れもなく強い感情をこめ、夫の滞在先を訪れたときのことを詠んでいる。夫婦は数カ月のあいだ離れて暮らしていた。夫は政府の命を受け、山東省の萊州《らいしゅう》に滞在していた。そこは朝鮮や日本に向かう旅人や商人が行き交い、長江に向けて南下する貨物船などが停泊する、主要な港がある土地だった。ところが、彼女が波止場に到着したとき、夫の姿はなかった。代わりに召使たちに迎えられ、滞在先の部屋へ案内された。

萊州には宣和三年（一一二一年）の八番目の月の一〇日目に着き、気がつけば一室で一人きりになっていた。そこには、人生でずっと見慣れてきたものが何一つなかった。机に韻文の本が一冊だけ置かれていたので、無作為に開いた頁の題材を使って詩を書こうと決め、何も考えずに本を開いた。偶然にも、そこには登場人物として息子が描かれていたので、それを使い、「感情に揺さぶられて」と題した詩を書いた。

冷たい窓に壊れた机、書物は見当たらない
このようなところに連れてこられるとはなんと惨めなことか……
詩を書いているのですべての招待を断り、今は戸を閉ざしている
一人きりになった私はうってつけな友を見つけた
不在と虚無の面々だ(15)

李清照の魅力的な人生には影がさしていた。だが今や、中国にも影がさそうとしていた。後述するように、きわめて波乱に満ちた状況のなかで、彼女もまた飲み込まれる騒乱が迫りつつあった。莱州で孤独な夏を過ごしてからわずか五年後に戦争の嵐が襲来し、彼女の世界を打ち壊すことになるのだ。

崩壊――皇帝徽宗

彼女の世界を治めていたのは宋の皇帝の徽宗《きそう》だった(16)。一一〇〇年に即位した彼は、開封から国を治める最後の偉大な皇帝となる。徽宗は「不注意で放埒で、天下を治める器ではない」と宰相にまで言われた。肖像画からは、繊細で博学、内向的でどこか浮世離れした印象を受けるが、実際にそうだった。ルネサンスの皇子らしく、詩人や芸術家、哲学者に囲まれていた。彼が収集した絵画や古美術品と比べたら、メディチ家のコレクションでさえかすんで見えただろう。彼自身も一流の芸術家だった。優美な花々やめずらしい鳥を描いた現存する絵巻は美の極致だ。彼は音楽も愛好した。何百人もの楽師を雇い、夜になると道教の道士と仏教の僧侶たちが奏でる楽の音に耳を傾けて過ごした。かつてないほど壮麗な宮殿や寺院、庭園の建設にも力を注いだ。精神的な傾向としては、何よりも道教を信仰していた。道士と語らい、道教の古い文献について執筆し、臣下には道教の教えに従うよう求めた。

一一一九年の夏、彼は聖堂に石碑を建て、[17]複製を帝国各地に設置した。「神霄玉清《しんしょうぎょくせい》」と題された碑文は、皇帝自身が文案を練り、執筆したものだった。それは道教の神秘主義者の影響を受け、錯誤に陥り、「道」から切り離された国を再建するという道教の再生運動を告げる内容だった。込められたメッセージは明確だ――「偉大なる古代の純粋なあり方に立ち返り、見聞きできないものの神秘についてひたすら考えること」。彼は「あまりにも長いあいだ過ちにはまり込んだ、この世代全体の民が真理を保てるように」、国の祈りの儀式として、一一の主要な祭礼を告知した。

だが不幸にも、神聖な王権を目指す構想は皇帝が国を治める能力を損なった。軍事費や防衛計画について以前よりはるかに難しい判断を迫られていたときに、神聖な王権という神秘的な逃避によって現実から乖離していた。そして危機が到来したとき、ついにすべてを失ったのだった。

一一〇〇年代初めの驚くほど短い期間で、宋が戦争と外交と貢物のネットワークによってかろうじて維持してきた安定は崩壊した。にわかに北から新たな敵が現れたのだ。金を建国した女真《じょしん》人はもともと、現在ロシア領となっているアムール川（黒龍江）にまたがる地域に居住する民族だった。彼らは南下して規模の小さな国や部族を併合し、人口の多い強力な国家を築いていた。一一二二年には、長いあいだ宋の朝貢国だった中国北部の遼を破り、西夏を服従させた。いまや彼らの帝国は、満洲からモンゴルのステップにかけての広大な領土を支配するまでになった。

これは宋にとってひじょうに危険な瞬間だった。一一世紀をとおして保ってきた遼との関係は、安定を保つと同時に中国の自己中心的な自己像を見直す要因の一つにもなっていた。中国は毎年のように使節を派遣し、それは快く受け入れられた。中国はもはや「天下」ではなく、現実世界の「対等な国」同士が外交によって均衡を維持していた。このように外部から急速に新たな勢力が台頭したことは、とてつもなく大きな脅威となる。

金は宋が軍事的に脆弱で、政府が気力と冷静さを欠いていると察知すると、南へ進軍した。[18]金の騎馬軍と砲列は、宋の科学者によって発明された、最新の兵器（爆弾、火薬、火炎放射器、装甲車両など）で武装し、中国の莫大な富に狙いを定めていた。宋の北の防衛を圧倒したのち、金は一一二六年、船で橋をつくって黄河を一気に渡り、開封を包囲した。大規模な補給部隊を従え、包囲攻撃用の兵器ややぐらを装備した一〇万の軍勢が、およそ二七キロにもなる開封の外周を脅かした。中国の宮廷は時間を稼ごうと金品を差し出したが、一年も経たずに再来した金は、宋の政府が再編のために何の努力もしていなかったと知る。そして一一二七年の年の瀬に降りかかった出来事は、多くの悲劇に彩られた決して忘れることのできない物語を中国史にまた一つ加えることになる。

一一二七年の厳冬に金軍が襲来したとき（靖康の変）、開封一帯は猛吹雪に見舞われていた。数百段の階段の先に建つ龍亭からは、暗闇の迫る都の外郭の城門が燃え盛り、東水門から延びる道沿いの家や店の多くが燃えているのが見えた――《清明上河図》のなかで人々の生き生きとした暮らしがあふれていた道だ。城外の周辺一帯にはすでに何度も攻撃があり、酒楼の「孫羊店」は荒らされ、診療所は破壊されていた。そして城内では、開封の恐れおののく何千人もの市民が依然として抵抗していたが、勝ち目はなかった。食料は底をつき、市場はもぬけの殻となり、街路では人肉が食べられているという噂まであった。ほかでもない、世界の食の都だったこの開封で。政府はこのときも金品を渡して侵略者を追い払おうとしたが、侵略者の要求は大きくなるばかりだった。彼らは何万キロもの金銀をほしがった。宝石に骨董品、寺院の鐘をほしがった。祭祀用の器や、宮廷の楽師たちが奏でる楽器もほしがった。さらには人までほしがった。さまざまな職人に大工、金属工、楽師、曲芸師、芸人、そして誰よりも女性をほしがった。宮廷に仕える何百人もの女性と、徽宗の子にして退位後の皇帝欽宗の前で演奏した一五〇〇人の女性楽師をほしがった。皇族や廷臣、有力な市民の妻や娘をほしがり、何千人もの妻子が侵略者の二つの大規模な野営地へと連れていかれた。野営地は開封の南北の、雪がまだらに積もる野原にあった。多くの女性は連行されるのを拒み、自ら命を絶った。かくして、文明において数々の最高の功績を築いた都市が無に帰した。宋の政府は降伏し、容赦のない取り決めによってすべてを失った。

北の地への連行(19)

捕虜となった徽宗・欽宗は虐げられ、嘲笑され、権威を象徴する衣は汚れていた。皇帝は妻たちと数千人の廷臣とともに、満洲の女真人の拠点まで地獄のような強行軍を開始した。皇族とともに北に向かう役人と女官、使用人は一万四〇〇〇人にのぼった。皇女たちは笑いものにされ、殴られ、強姦され、宴で料理や給仕を強いられ、女真人の有力者たちのあいだで共有された。一行は生まれ故郷を二度と見ることのできない運命だった。同行した中国語の通訳の短い日記が残っているが、切迫した生々しい文章が胸に迫る。雪や豪雨のなかを進む惨状が記されている。皇族の妃の朱鳳英《しゆほうえい》は、流産してからわずか四日後に、用を足そうと道から離れたところを強姦された。通訳は「地獄の苦しみもこれよりひどくはないだろう」と、豪雨のなかを泥まみれで連行されるようすを記している。以下はパトリシア・エブリーによる英訳に基づく。

> 四月一一日。正午。女真人の武将である完顔斜保《かんがんしやほ》のために食事が用意された……朱鳳英と朱慎徳《しゆしんとく》妃《ひ》は歌がうまいので、武将は新しい歌をつくるように命じた。しつこく言われたため、朱鳳英はこんな歌をつくった。「かつて私は天上の、真珠の宮殿と翡翠の塔で暮らしていた。今は草やいばらのあいまで暮らし、私の青い衣は涙ですっかり濡れている。私の体は曲げられ、意志はくじかれている。雪の吹きだまりが嫌でたまらない。春にたどりつくまで、私の悲しみは終わるまい」

「妃は歌をつくった。しかしそれを歌おうとはしなかった」と通訳は書き添えている。

女真人は翡翠、絹、楽器、金、銀、工芸品など大量の略奪品を持ち帰ったが、そのなかには蘇頌《そしょう》が製作した一二メートルの水運儀象台もあった。解体して荷車に載せて持ち帰り、組み立て直して首都に戦利品として飾るつもりだった。ところが、しくみは複雑で、歯車は精巧に調整されていたため、彼らの手には負えなかった。

連行されて生き残った人々は、満洲のハルビン近くの五国城という場所に行き着いた。現在では、当時の痕跡はごくわずかしかない。原野に排水路と草に覆われたいくつかの小山があるばかりで、冬は一面雪に覆われる荒涼とした風景が広がる。中国の物語ではあまり知られない場所だ。だが、北宋の廷臣たちはここで最後の日々を過ごした。連行されて生き残ったのは三〇〇〇から四〇〇〇人ほどだった。徽宗は一一三五年にこの地で亡くなった。あらゆる皇帝のなかでもっとも美的感覚に優れ、知性と芸術的才能に恵まれた皇帝だった。それがもはや、失意のあまり道教的な内省にも慰めをみいだせない男となった。彼は自らこう認めていた。「私は偉大で栄華を極めた帝国を継承したが、私自身は凡庸ゆえに責務を果たせなかった。そしてついに、国を破滅させたのだ」。彼の棺が帰還した場面は、現在も上海に残る、荘厳で幻想的な気高さに満ちた絵画に見ることができる。

詩人の李清照は怒りを隠さず、この大惨事に対して中国文学史上屈指の政治詩を詠んだ。その詩はこんなふうに終わっている。

あなたはもっと用心深くあるべきだった
過去からもっと学ぶべきだった
竹簡に記された昔の歴史書が
学ぶべきものとしてそこにあった

それなのにあなたはわかっていなかった……
時は移ろい、力は消えゆく
それが世の哀れだ
そして邪な者たちの心は
悪意に満ちた深い裂け目だった[20]

ほとんど奇跡的にも、開封を描いたかの有名な《清明上河図》も失われずに生き延びた。この絵巻にはのちに多くの注釈がつけられ、宋のある詩人はつぎのように補足している。

これらの通りはおびただしい数の人々でごったがえし、食事処がどこまでも軒を連ね、音楽が鳴り響いていた。そのすべてが破壊されると誰が思っただろう。そして、もう一度あの黄金時代を訪れることができるとしたら、私たちはあらゆるものを差し出すにちがいない[21]。

第11章　南宋──一一二七年–一二七九年

一二世紀、中国は昔から存在していた断層線に沿って分断された。地形、気候、言語による南北の根本的な分断は、今日まで続いている。国の経済と社会の重心の移動は唐代に始まっていたが、それがいよいよ恒久的なものとなる。南部は中国でもっとも豊かで人口の多い地域となった。おそらく、その繁栄は世界でも類をみないものだった。南宋の名で知られる王朝は、成立してから一五〇年のあいだに、高い農業生産力と商業的豊かさ、文化的資源によって、人類が経験したことのない生活水準を実現した。(1)西洋で中国のことが初めて詳しく伝えられるようになったのもこの時期だ。例えばマルコ・ポーロは、当時は臨安と呼ばれた首都杭州の都市生活について、興奮気味にまばゆいばかりの記述を残している──「おそらくこの世界で築かれたもっとも偉大な都市である」。(2)だがこの章ではまず、一一二七年以後の混乱期から出発することにして、ふたたび詩人の李清照の人生をみてみよう。

開封《かいほう》の陥落後、李清照は何百万人もの避難民の一人として、夫に会えることを願い、船で南に向かった。夫は重い病気にかかっていると手紙で知らせてきたところだった。二人は長江下流のある船着き場で再会したが、夫はその地で息を引き取った。李清照は戦時下で夫を亡くし、さらに悪いことに、夫は妻に蓄えをいっさい残さなかった。それどころか、夫は亡くなる前に厄介なことを言いつけた。二人で集めた古い祭祀用の青銅器と、絵画や書物などの収蔵品を命をかけて守るよう命じたのだ──「我が身と運命をともにすべし」。これは一種異様な、釈然としない指示だった。あたかも蒐集品と彼女の立場が入れ替わり、蒐集品の価値の方が上回ったかのようだ。確かに貴重な品々ではあった。彼女が語る境遇からは、ある程度の体裁を保って旅をする、裕福な女性だったことが伝わってくる。陸路は御者つきの馬車で忠実な召使たちとともに、水路は客室と屋根つきの貨物室のある頑丈な川船で移動していた。身分のある女性が所有する貴重品とともに戦火を逃れる様は、『戦争と平和』に描かれたボロディノの戦い後のロストフ家を彷彿とさせる。

彼女はこう記している。

葬儀は終ったが、私には身を寄せるところがない。朝廷ではすでに後宮の人々を分散させていたし、長江も渡航禁止という噂だった。その時まだ書籍二万巻、金石の拓本二千巻、食器や寝具は百人の来客に対応できるだけのものがあったし、ほかの家具もそれに見合うだけの数があった。私までもが大病を患い、かろうじて息をしている有様……一部荷物を［洪州に］送り身を寄せようと考えた。冬十二月、金軍が洪州を落とし、すべては水の泡となった。あの舟を連ねて長江を渡って来た書物も、雲煙となってしまった。わずかに小さな巻軸の書帖、写本の李杜韓柳の文集、世説新語、塩鉄論、漢唐の石刻の副本数十軸、三代の鼎鼐《ていだい》十数点、南唐の写本が数箱だけであった。たまたま病中の慰みとして、寝室に持ち込んでいた物だけが、やっと残るだけとなったのである。長江上流にはもう進めず、敵の勢いも予測しがたいものがあったので……上陸し、衣類などを捨て、黄巌（浙江省黄岩県）に逃げ、舟を雇って海に出、行宮に駆けつけた……(3)

〔『山形大学紀要（人文科学）』第15巻第2号、西上勝「家庭の情景―李清照「金石録後序」をめぐって―」より〕

彼女はそれから三年ほど避難民として各地を転々としたが、貴重な文献と美術品、青銅器を手放さずにいた。それらは個人のコレクションとしては中国でも屈指のものだった。まるで中国の過去だけでなく、亡くなった夫とともに過ごした、自分自身の失われた人生に忠義を尽くしているかのようだった。ところが彼女はすべてを失う。盗賊や各地の有力者、地主、道中で一緒になった旅人、そして最後は南の宮廷の役人たちに奪われたのだ。夫婦で集めた書物や絵画などのコレクションのすべてが盗まれるか、燃やされた。もともと鋭く内省的なうえに、いまや幻想を引きはがされた彼女は、こう述べている。「しかし最後には、それはしごく当然のことなのだと理解した」

男性によってつくられた世界

こうした自分自身と国の惨事を通じて物語が紐解かれるなかで、彼女はそれまでの中国文学において、おそらくどんな女性にもなかったスタイルで語り始めた。自分の内面だけでなく、世の中についても、そして中国を苦境に追い込む無能さと欺瞞についても語っているのだ。公の世界において統治が失敗したことについて、また精神力が破綻したことについて、つまり「男たち」の失敗について語っている。「一世紀かけて築いてきたものを、すべて失った」

やがて必然的に、コレクションは危険な重荷になっていた。命がつねに脅かされるようになった彼女は、手元に残っている品々を新皇帝に差し出すことにした。ところがそれを実行する前に、皇帝の将軍の一人に盗まれてしまった。それから弟とともにようやく安全な場所に逃げのびた。伝統に従って二年間の喪に服したが、喪が明けた春に思いがけず、四八歳で再婚した。この逸話はのちの文学界で大きな議論を巻き起こす。何世紀ものあいだ、男性の文芸評論家たちが、李清照のような身分のある寡婦が再婚すること自体あり得ない、ましてや二人目の夫を公然と責め立てることなどあってはならないと批判したのだ。だが李清照は、どんなときも自分を失わない女性だった。

再婚は「一〇〇日」しか続かなかった。投獄される危険を冒し（実際に数日拘束された）、世間から批判を浴び、屈辱を受けるに至っても、彼女は再婚したばかりの夫を連れて裁判所を訪れ、赤裸々に告発した。私的生活での夫の行動を詳細に語り、結婚がなぜそれほど短期間で破綻したのか具体的に説明したのだ。以下はふたたびロナルド・イーガンによる英訳に基づく。

私はこれまでずっと善悪を見きわめようと苦心してきました……私は最近、命が危ぶまれるほどの病にかかりました。一時は意識が混濁し、死がすぐそこに迫っていました。弟が付き添ってくれていましたが、来客があったときはほかに老いた召使が一人いるだけでした。私は弱りきった状態で、分別を失っていました。うわべだけの言葉を信じ、美辞麗句にだまされたのです。弟もだまされ、相手が言葉通りの人柄だと信じました。そんなことが、信じられないほど短時間で起きました。私はうろたえ、もうろうとしていました。彼は私がまだ具合が悪く、ひどい状態にあるときに、妻になるようにせがんだのです。ですが、ふたたび私の目が開き、耳が聞こえるようになると、私は彼と暮らすことなどとうていできない、とすぐに悟りました。私はいい歳をして、価値のない詐欺師と結婚してしまったのだと気づき、ひどく動揺しました。そこですぐに別れようとしましたが、彼は容赦なく私を虐げるようになり、毎日殴り続けたのです。(4)

彼女は判事の前で自分の正当性を証明し、離婚を認められた。理由は夫の暴力ではなく、夫が彼女に対し、社会的地位や過去の試験について嘘をついていたからだ。彼はその罪により降格させられ、はるか遠い地に左遷となった。彼女は裁判には勝ったが、率直な物言いのせいで、ほとんどの男性識者から非難され、名誉を傷つけられた。その後、明や清の時代になっても、さらには二〇世紀になっても、彼女の自伝を偽物と決めつけ、再婚などしていなかったと主張する批評家たちにより、物語は書き換えられる。結婚に対する否定的な発言がなかったことにされたのだ。現在に至っても、李清照の記念館や「かつての住居」では、観光客向けに彼女の経歴を紹介しながら詳細を伏せている施設がいくつもある。

時代を客観的に見つめた女性

その後、彼女は歴史を論評するようになった。中国を窮地に追い込んだ男たちを批判するようになったのだ。離婚してからの数年はひじょうに困難な日々が続いた。長江の南の新都、杭州は北からたびたび襲撃を受けた。毎日が危険と隣り合わせだった。一一三四年、女真人《じょしん》の軍隊が現在の安徽《あんき》省を越えて南下したため、ふたたび大量の避難民が発生した。李清照は混乱した時代の波に飲み込まれた。彼女は膨大な数の人々が逃げ惑うようすを記している。そうした脱出劇は古代にもあったが、日本の侵略や一九四〇年代後半の国共内戦の淮河《わいが》周辺での戦闘時など、長い中国の歴史に度々生じる光景となる。

長江を南に渡ってから、私は大切な人たちと離れ離れになって各地をさまよっている。今年は冬の初めに、淮河沿いで軍事的緊急事態が発生したと伝えられた。長江流域に暮らす人々は、東から西へ、北から南へと避難した。森や山に住む人々は都市に逃げようと考え、都市に住む人々は森や山に逃げようと考えた。こうして避難が長引くなかで誰もがあちらへこちらへと急ぎ、最後には誰もがことごとく避難した。(5)

李清照はしばらく、現在の杭州南部の浙江《せっこう》省の海から近い平野部にある陳氏の家に身を寄せていた。「船と櫂の苦難の日々から、回廊と窓のある心地よい日々に変わったばかりなので、今はとても満足している。それでも夜は長い。その夜をどうやって過ごせばいいのだろう」

大変な時期ではあったが、彼女にとってはもっとも実りの多い時期になった。五〇代になった彼女は幻想から抜け出し、当時の政治問題や軍事問題に目を向け、詩や散文、歌詞、韻律の分析、回顧録などを執筆した。本人が述べているように、そうしたなかで彼女は本来の自分を取り戻した。回顧録に記されている極度の喪失感と強烈な屈辱から脱し、自分の考えを伝え、自信と信念を持った女性として自己を描く新たな方法を確立したのだ。ときには、多くの女性作家と同じように、自分の際立った知性を目立たせないようにする必要性も感じた。現代でもっとも優れた李清照の伝記作家が述べているように、それは「女性の才能に課せられた重責」だった。現代の批評家でさえ、女性が政府の宥和政策の議論に参加したことを、「驚くべき前代未聞のこと」と考えている。彼女は南宋の政府が北部に派遣した和平の使節団に対して政治的な詩を書き、軍事長官や宰相にまで語りかけている。ある詩ではいくつかの問題を入念に考察し、宮廷で開かれた「講和の宴」と、見かけ倒しで効果のない外交を一蹴している。「協議に向かうたびに歓声を浴び、立派な衣をまとって称賛を受けるのに、交渉によってことごとく事態が悪化するのはなぜなのか」

彼女は、五世紀に男装して従軍し、北方の異民族の討伐に向かったと言われる有名な女戦士、木蘭《もくらん》（ムーラン）に言及した詩で締めくくっている。(6)

我らの地位の高い大臣たちは相変わらず四方八方に逃げている
馬に乗ったいにしえの偉大な英雄の姿が目に浮かぶ
このような危険なときに、彼らのような本物の騎兵はどこで見つかるのか
木蘭は槍を握りしめ、なんと立派な女戦士か
私はもう年を取ったが、いまだに千里の彼方まで届く野心を抱いている
私が望むのは、自分と同じような人々とともに、もう一度淮河を渡ることのみである

中世の中国では、才能豊かな女性はこうした葛藤を抱えていた。この詩は女性たちの現実を浮き彫りにしている。すでに触れたように宋代には、物を書いて出版することや、まして政治に意見するなど女性にはふさわしくないと大半の男性が考えていた。歴史家の司馬光は、女性も詩を書くことはできるが、出版して公にすべきではないと考えていた。だが李清照はそのような考えに従う気はなく、これまで一〇〇〇年近くにわたって女性詩人たちの模範となり、戦争の時代にも平和な時代にも、さまざまな状況であらゆる立場の女性たちから読み続けられている。

南への遷都――杭州(7)

帝国は分断されたが消滅したわけではなかった。王朝は生き延びた。開封陥落後、皇族の一部は南へ逃れ、新たに都を定めて新王朝を開いた。長江の南に築いた新体制は南宋と呼ばれ、一三世紀末にモンゴルに征服されるまで中国南部を支配した。淮河を北の国境とする南宋に対し、女真人は侵略を試みて数年にわたり長江まで攻め込んだが、南はあまりに強力で人口が多く、あまりに遠く離れていたため、征服することはできなかった。孟元老《もうげんろう》（上巻二一六頁）の夢の都、開封は、世界の大都市としての日々に別れを告げた。破壊こそ免れたが、歴史上の偉大な一時代に終止符が打たれたのだ。ただし、開封を都とした北宋の終焉は、中国のつぎの偉大な都の誕生を告げるものでもあった。一一三二年春、現在の上海から南に三〇〇キロほど離れた地で南宋となる宮廷が再興された。イタリア人のマルコ・ポーロの旅行記に永遠にその名が刻まれることになる地、それが杭州（臨安）だった。

杭州は風光明媚なことで知られていた。「天に楽園あり、地に蘇州・杭州あり」という言葉があるほどだ。銭塘江《せんとうこう》の河岸に位置し、東シナ海に面して大きく開けた湾から内陸に八〇キロほどのところにある。ちょうどテムズ川の河口からロンドンまでと同じくらいの距離だ。杭州の西にはエメラルドグリーンの丘陵と西湖《せいこ》の美しい水面が広がる。岸辺や小島には寺院やおとぎ話に出てくるような塔が点在し、それらが堤防で結ばれている。イギリスのある諜報部員は第二次世界大戦中、簡潔な事実報告書のなかで「信じがたいほど美しい場所」(8)と記し、しばし美しさに心を奪われている。杭州は中国史において早くから重要な都市だったわけではなく、城壁が建設されたのは晩唐のことだった。それは銭塘江と西湖のあいだに細長く延びる長方形の城壁だった。南宋の時代を迎え、一二七〇年代にマルコ・ポーロが記したように、杭州は「世界中でもっとも美しく、洗練された都市」へと発展することになる。

開封の陥落後、何千人もの避難民が南に逃れて生き延びた皇族に合流し、退位した徽宗《きそう》の息子（欽宗の弟）を新皇帝高宗に擁立して南宋が誕生した。徽宗・欽宗と捕虜になった廷臣たちが満洲の冬の雨と雪に打たれ、汚れた衣をまとい、惨めに震えながら米を炊いていた一方で、避難民となったおびただしい数の人々は長江の南へと移り住んだ。そうした人々の物語は歴史家による記述ではなく、木版印刷による家系図と家族史から成る一族の書物に収められている。趙一族(9)はその一例だ。宋の初代皇帝の太祖となった趙匡胤《ちようきよういん》の子孫を名乗る趙氏の一門は、長江から船で杭州にたどり着き、その後さらに福建省の沿岸まで南下した。そして台湾の対岸の海岸平野に落ち着き、「開封の縮小版を思わせる」つくりの、石壁に囲まれた村を築いた。先祖の故郷の輝かしい都市が決して忘れ去られないようにするためだ。この村は現在も存在し（下巻六三頁参照）、趙一族が代々暮らしている。そして木版刷りの家族史と、「私たちが皇帝だった時代」の伝承をもとに、今でも一族の物語を伝えている。

杭州で新たな暮らしを始めた大勢の人々のなかには、かつての開封を懐かしんで『東京夢華録《とうけいむかろく》』を記した孟元老の姿もあった。彼をはじめ、昔を知る人々はそれから四〇年のあいだ、杭州の居酒屋や料理屋、茶屋などで子どもや孫や常連客を相手に、開封が中原《ちゆうげん》の輝かしい都市だった古き良き時代について語ることになる。そのなかには、トーラーの巻物と独自の伝統を携えて杭州に逃げてきた開封のユダヤ人まで含まれていた。もしかすると、彼らも中国のエルサレムを失い、銭塘江のほとりに座り込み、涙を流していたのかもしれない。

宋後期の変化

例えば一一世紀の司馬光や王安石、一二世紀の李清照など、宋の物語の偉大な人物たちは、現在ならば愛国主義と呼べるようなものに突き動かされていた。それは中国という国家意識であり、戦う価値のある概念だった。中国文化におけるこの際立った進歩は、将来大きな意味を持つことになる。唐代には有力な貴族たちの利益が最優先されたが、いまや中世の古い貴族社会は廃れ、実力によって選ばれた支配階級が台頭した。彼らには、氏族や王朝への忠誠心をも超越した、国家に対する意識があった。そしてこうした人々のあいだには、何よりも重要な文明の価値観があり、それは守り、伝えていくべきものだった。北宋の滅亡前夜に生まれた詩人の陸游《りくゆう》(10)は、この世を去るにあたり子に宛ててこう記している。

> 死んでしまえば万事は空《くう》だと、かねて知りぬいてはいるものの、ただ天下が統一されるのを見られぬのが悲しい。いずれ天子さまの軍隊が中原を平定した日には、先祖の祭りに、このおやじさまに報告するのを忘れてはならぬぞ。
>
> 〔『中国名詩選（下）』（松枝茂夫編、岩波書店）「児示（児《こ》に示《しめ》す）」より〕

ただし、南宋は繁栄した。中国の人口は一〇世紀から一一世紀にかけて倍増し、およそ一億人に達していた。一二世紀には一億二〇〇〇万人を上回っていた可能性があり、そのうちの多くが南部、とくに長江流域とデルタ地帯に集中し、南部沿岸の平野部の人口は五〇〇〇万人にのぼったとされる。

これほど増加した要因はいくつも考えられるが、とくに重要なのは食糧生産と食生活の向上だった。南部では稲作が拡大し、さらに東南アジアから稲の早生《わせ》品種が持ち込まれたことで、一年に二度の、場所によっては三度の収穫が可能になったのだ。

この繁栄を守るために、そして過去の軍事的失敗を踏まえ、南宋の高宗皇帝（在位一一二七年－一一六二年）は武器製造の新たな計画と大規模な造船計画に着手した。また、港の防衛力強化と沿岸の灯台の整備を監督した。さらに、中国初の常備海軍が一一三二年に設立されている。過去数十年の惨事を経て、中国は自己防衛の力をつけることになる。一三世紀初めのある人物は、当時の経済と人口の変化を歴史的偉業としてまとめている。

私たちの王朝は中国南部を保有し、長江の南はどこも平穏でうまく治められている。中国南部の作物の収穫量は帝国全体の三分の二を占める。地理的範囲と富に関しては四分の三を占める。北西部は今ではわずか四分の一にすぎない。南部の特産である茶と繊維はきわめて大きな生産量を誇る。だからこそ、長江の南の人口は中国全土の一部にすぎないにもかかわらず、富の三分の二を占めるのだ。現在、陸海とも最大の利益は長江デルタから生まれている。今日、太湖《たいこ》周辺の灌《かん》漑《がい》は帝国内のいかなる土地よりも発達している。北西部は足元にも及ばない。(11)

新たな首都

杭州(12)は帝国の首都として生まれ変わった。それまでは長江下流域の亜熱帯の風景が広がる小都市でしかなく、北から訪れた人々には帝国の「片田舎」と思われることもあった。静かな水面の湖とそれを取り囲む丘陵は魅力的だったが、都市そのものはごみごみして狭苦しく、商人や職人ばかりの騒がしい場所だった。街並みは従来の中国の首都のように左右対称の壮大な配置ではなく、湖と丘陵のあいだの自然の形状に沿っていた。初めの頃は北からの避難民であふれ、彼らは軍の兵舎や城門の外のスラムや、市内に何百もある寺院に身を寄せていた。当初、皇帝と宮廷は街の南端にある州府に拠点を構えた。いずれ北部を奪還するつもりだったので、臨時の措置にすぎないと考えていたのだ。ところがやがて、国の分断は常態となったため、この場所にきらびやかな建築物が造られるようになった。銭塘江に臨む城壁のなかに、壮大な新宮殿とともに、南北に五キロ近くにわたって延びる大通りが建設された。わずか数十年のうちに、城壁に囲まれた新都のなかには少なくとも一〇〇万人が住むようになった。そして、利用できるあらゆる空間が街路で埋め尽くされ、都市計画を担う専門家たちは内陸へと街を広げていった。つまり、かつての長安が祭祀を行う空間と整然とした区画から成り立っていたのに対し、開封は都市生活という新たな光景をもたらし、今度は杭州が中国の都市の歴史において、商業都市というつぎなる段階を導いたのだ。一三世紀に、マルコ・ポーロは六階建て、八階建て、さらには一〇階建ての家々がひしめく高層都市について記している。ある住民はこう語っている。「緑の山々に囲まれた穏やかな水面の湖を見ると、人は絵画の風景のようだと言うだろう。そして東を見ると山はなく、陸地が開け、魚の鱗のように輝く色鮮やかな瓦屋根がどこまでも続いている」

　南宋の杭州の都市生活は、それまでの中国の都の暮らしとはちがっていた。支配者層や官僚組織によって支配された都市ではなく、紛れもない交易都市だった。都市生活を支えているのは家族経営による商売だ。一二〇〇年代に杭州に暮らしていたある人物はこう述べている。「和寧門の検問所を出たところからはるか遠い保安橋まで続くあらゆる業者や一〇〇の市場を見渡せば、交易関係の商売に携わっていない家は一軒たりともない」。陳家や張家の銀行や、小間物店を経営する徐家や翟《たく》家、李家の絹靴店、防水靴を扱う彭《ほう》家、帽子専門店の孔家、帯を売る牛家。美顔術を受けられ、アイライナーを含む化粧品やフェイスクリーム、つけ毛などを購入できる美容院もあった。笛の専門店もあれば、とくに竹笛だけを扱う店もあった。線香と蠟燭の店に金の模様が入った紙の店、象牙の櫛の店。さらにはペットショップまであった。先ほどの書き手は「ここは全世界の中心だ」と述べている。もし杭州で一日ショッピングをしてもまだ元気があれば、茶房や居酒屋、大小さまざまな大衆劇場に繰り出すことができる。劇場では、開封の古い様式から発展した新しい南部の歌劇が上演されていた。

　こうした豊かさにより、杭州は国際貿易の一大中心地となった。外航船にとって杭州自体は有名な潮津波〔訳注：潮流が銭塘江を逆流する現象〕のせいで寄港しやすいわけではなかった。だが、大運河の南端に位置し、水路によって約一六〇キロ離れた杭州湾沿いの寧波《ニンポー》とも[13]つながっていた。寧波は広州や泉州と並び、宋代中国の最大級の港となる。これらの港から幅広の商船がインドやアフリカ、ペルシア湾へと向けて出帆した。父親が広州で貿易を管理する役所の長官を務めていた朱彧《しゅいく》という歴史家は、こう記している。「海洋船舶に関する政府の海上法規によると、大型船の定員は数百人にのぼり、比較的小型の船でさえ一〇〇人以上を乗せることができる」。長距離を航行する船のなかには、裕福な乗客向けの豪華な個室やラウンジを完備したものもあった。こうした船の姿は、泉州の港近くで発見された一三世紀の外洋帆船によって明らかになっている。マストを三本備えたこの船は、香料や木材、胡椒といった貨物を載せ、タイやインドネシアとの貿易に従事した。長さは三七メートル近く、幅は九・八メートルで、防水隔壁で仕切られた一三の船倉があり、当時の典型的な多目的の「不定期貨物船」だった。貿易商の組合が存在し、彼らはいわばＣＥＯや経営陣、株主などから成る会社組織によってそれらを管理していた。アラブ世界に残る記録によると、中国の貨物船はインド洋貿易の中心的存在であり、毎年季節風を利用してアデンやイエメン、インダス川流域、ペルシア湾へと渡り、鉄や剣、磁器、絹などを運んだ。

　豊かで最先端をいく商人の生活様式は、官僚の暮らしをしのぐまでになった。[14]子に宛てて中原が失われたことを嘆いた陸游は、商人の豪胆で贅沢な暮らしについて詩を詠んでいる。

妓楼へあがればばくちをやって百万のかねをなげすて、料理屋で酒を買うにも一升につき一万銭のたかい酒。みやこの大臣がたの名前などついぞ気にかけてきいたこともなく、誰が宰相の権力を握っておろうとおかまいなし。
［中略］わがさだめは紙のごとくに薄いとみずからをかえりみて、むかしの歌にもいうように商人こそが現世の楽しみだとはじめてやっと気がついた。

〔『新修・中国詩人選集7　陸游・高啓』（一海知義／入谷仙介注、岩波書店）「估客《こきゃく》の楽しみ」より〕

「今に息づくこの文化」の伝承

社会の商業化が進むにつれ、中国南部では寧波や泉州のような港湾都市から揚州や蘇州などの大都市に至るまで、各地で商業主義が広まった。内陸の比較的小規模な都市でも、首都に穀物やさまざまな食料、石炭、木材などを供給する新興商人のエリート層が生まれた。とくに有名な商人を輩出したのは、首都から三〇〇キロほど内陸に入った徽州《きしゅう》だ。「取引があるところにはかならず新安《しんあん》商人あり」と言われた〔訳注：「新安」は徽州の古名〕。幾筋もの川が流れ、神聖な黄山《こうざん》の美しい峰々を望む深い森に覆われたこの土地には、現在もこの時代まで先祖をたどることのできる一族が数多く暮らしている。彼らが所有する一族の記録からは、草の根レベルでの文化的変化が浮き彫りになり、公式な歴史では取り上げられないような事柄について理解することができる。

現在は歙《きゅう》県の名で知られる徽州の中心部は、新安江のほとりにある絵画のように美しい古い城壁の街だ。船着き場は宋代に造られたダムを利用したもので、かつては二〇〇から三〇〇の大小の川船が往来し、木材やさまざまな原材料を下流の杭州へ運んでいた。中世から清の終焉まで、徽州の商人は商才によって名を馳せていた。現在でも郊外には頑丈な造りの氏族の村が残っている。白い漆喰の壁に灰色の瓦屋根の家々が、石畳の通りや路地を挟んで密集している。家の内部では、見事な石の彫刻や彩色された梁、彫刻が施された木製のついたてや羽目板が、その家の主の富や趣味を物語っている。西逓村《せいていそん》の胡氏や、宏村《こうそん》の汪《おう》氏、棠樾《とうえつ》の鮑《ほう》氏といった一族は、一八世紀には中国でも有数の富を誇るようになった。彼らは木材や塩、米やその他の穀物、木炭、茶などを扱う商人だった。なかには許村《きよそん》の徐氏のように、マラッカ海峡や日本に事業を広げることに関心を持つ一族もあった。

宋代から続く一族

徽州のある一族は、徽州から西に六〇キロほど離れた昌江《しようこう》流域の町をルーツとする。(15) 昌江は黄山を水源とし、武漢の近くで長江へと流れ込む。唐代まで起源をさかのぼるこの古い町では、今世紀を迎えた頃から大規模な開発が進められている。かつて河沿いには魅力的な歩道があり、石段と桟橋が設けられて杭州へ下る船の出発点となっており、その一部は現在でも、中世に築かれた五つのアーチに支えられた橋とともに残っている。古い町の中心部には、船着き場まで延びる大通りがあり、穀物や茶を取り扱うよろい戸つきの洞窟のような木造の店や倉庫が並んでいた。一世紀前に商人でにぎわっていた頃、この祁門《きもん》県は「小上海」と呼ばれていた。高齢の人々は現在でも昔のようすを覚えている。一九四〇年代になっても、船着き場には陶器の一大生産地の景徳鎮《けいとくちん》に向けて出荷される木材が積み上げられていたそうだ。人々は茶や木材を出荷しては、木綿の布や砂糖、油を持ち帰った。ところが二〇〇四年に、デパートやアパレルショップ、ファストフード店が入るショッピングセンターの建設のために、古い地区の大半が取り壊された。それでも、現代的な店を抜けて細く入り組んだ路地に入ると、かつての名士の家がわずかに残っている。謝一族の家もその一つだ。入口の上部には帯状の石にレリーフが取り付けられており、縁起の良い龍のひれがついた丸々とした魚や、鱗状の脚をした伝説上の鳥の精巧な彫刻が施されている。すり減った木の敷居をまたいで門をくぐると、屋根のない中庭を囲む一六世紀の家が現れる。軒先には物干しロープにかけられた洗濯物とともに赤いランタンが下がり、露台からは干し肉にする肉の塊が吊るされている。
この家の長である謝有才[16]は快活な七〇代の男性で、一族の物語なら何でも知っている生き字引だ。テーブルに置かれているのは、一族の系譜が記された一九世紀の木版印刷で、一九六〇年代の混乱期にも彼の祖父が隠して守った一族の貴重な記録である。壁にかかる色あせた板も破壊を免れた。宋代に最難関の「進士」に合格した一族の学者の名を記したものだ。控えめに言っても、一族は長らく国に仕えたことを誇りに思い、古い世界に忠誠心を抱いており、それは現在でも一族の物語として脈々と語り継がれている。

「私たちは地方の役人で、ここには宋代から由緒ある一族が住んできました」。謝氏は過去について、自分が経験したかのようによどみなく語る。先祖は家系図上の名前だけの存在ではなく、実在の人々として生き生きと蘇る。「この家は五〇〇年ほど前に建てられましたが、一族の歴史ははるか以前にさかのぼります」。先祖はもともと華北平原に暮らしていたが、五代十国時代の戦争勃発後の一〇世紀初頭に、一族の一人が家族を引き連れてこの山のなかへ逃げ延びてきた。「彼こそがここ徽州での、私たちの最初の先祖です」

最初は農業をしていました。けれど、祁門県のこの辺りは土地が痩せていて平地が少ない。山ばかりで耕作地がほとんどなかった。そこで徐々に私たちは、食べ物を育て、生計を立てられるような土地を求めて谷のあちらこちらに住むようになりました。この辺りの人々は、木材やお茶、すいた紙、墨、漆などを売って暮らしていました。北宋の末期には、謝一族の分家がこの県の各地に住むようになり、そのうちの一派がこの村に住み着き、商人になったのです。私たちはのちに塩の取引に移行しました。川に桟橋を所有していましたが、ほとんどは政府に納めていました。

南宋では教育制度が拡大し、地方の名士も単なる商人ではなく、士大夫として世の中で身を立てられるようになった。一族もその恩恵を受け、子弟が地方や国の試験に合格することができた。「一一七三年に、一族の一人が大都市の上級試験でいちばんになりました」と謝氏は続けた。「名前は謝安邦。南宋時代には、謝一族からほかにも六人が上級試験に合格しました。一人は県の軍の役人として仕え、それ以外は帝国のさまざまな部門で政府の仕事に就きました」

一族は故郷の村では、学校や穀物倉庫、同族救済の施設、病院、孤児院など地元の機関を創設し、支援した。いずれも国ではなく、地域の一族によって運営されていた。それが宋代に名を成したこの一族に伝わる儒教的精神だった。

先祖とともにある家——新たな儒教徒

第二次世界大戦まで受け継がれてきた徽州の由緒ある旧家の古い世界は、今ではほとんど失われている。しかし、革命前に生まれた謝氏の人柄のなかに、彼らの一族のような階級に息づいていた昔ながらの儒教的価値観を垣間見ることができるかもしれない。新しい中国では、日に日に失われつつある価値観だ。一族の家では、今にも崩れそうな木造の階段を上るとバルコニーがあり、二階の部屋から中庭を見下ろすことができる。来客用の寝室には、古い調度品が積み上げられている。農具の箕《み》にほこりをかぶった格子造りのついたて。ひび割れたエナメルのボウルには纏足《てんそく》用の小さな絹の靴が入っている。扉をぬけると、祭壇のある部屋が現れた。謝氏がそこで木製のついたてを慎重に折りたたむと、何十もの位牌を納めた奥行きの深い棚があった。いずれも葬儀のあとに用意され、謝一族の先祖の名前が一人ずつ、後継者の名前とともに刻まれた木の板だ。謝氏は線香に火をつけ、祈りをささげた。

「ここには三七の位牌があります。私たちは中国でもっとも古い一族の一つなのです。それぞれの位牌が一族の一人を表しています。どの世代の人物であったかもわかるようになっています」。彼はある位牌を手に取り、刻まれた名前と生没年を指さしながらそう説明すると、慎重に元の場所に戻した。「あれが私の祖父です」。彼はそう言って木炭画の肖像を指さした。「一九六六年に紅衛兵がやって来ましたが、祖父は家族の記録を屋根裏に隠して守りました。そしてこれが私の父です」。彼は額に収められた古びた写真を指し示した。「私はまだ彼らのために祈りを捧げることができます。私の息子も、私のためにそうしてくれるでしょう」と彼は言った。「私は謝詮から数えて三五代目になります。私のつぎは、私の息子がこの家をしっかり管理し、位牌を守ってくれるはずです。そうすることが私たちの使命なのです」

宋の儒教再興[17]——朱子の信奉

一三世紀に新安商人の一族、そしてその後の宋代中国の精神を形成したのは、当時もっとも有名な思想家であり、中国文明が誇る偉大な儒学者の朱熹《しゅき》[18]だった。謝氏はこう考える。「当時は朱子〔訳注：朱熹の尊称〕の『道学』を信奉する同一氏族の会を結成するのが一般的でした。地方の名士は彼の本を読み、彼の教えに忠実に従って典礼の儀式を行い、鄒魯《すうろ》、つまり孔子と孟子〔訳注：鄒は孟子、魯は孔子の生まれ故郷であることから〕の教えに従って生きようと努めました。朱子は偉大な師であり、名士は子孫に師の教えを同じように伝えていました」

開封陥落直後の一一三〇年に生まれた朱熹は、敗北の経験が刻まれた世代の一人として成長した。仏教を含めさまざまな教えを広く学んだ影響から、儒教の基本的な概念を再構築し、南宋中国の文化と政治をあるべき状態に戻すことを重視した。それは「はるか昔の伏羲《ふくぎ》と黄帝《こうてい》にさかのぼる、宇宙の遺産を呼び覚ます」試みだった。中国が分断された状況にあって、朱熹の考えは再生を願う力強いメッセージとなった。儒教が単なる国家のイデオロギーとして、精神的、道徳的魂を失った生気のない原理と受け止められていた時代においては当然の成り行きだった。

朱熹は一二〇〇年に亡くなるが、その直後から、彼が再解釈した儒教（朱子学）の根本的概念が全国の私塾や公的な学校で教えられるようになった。それは一三一三年から一九〇五年に廃止されるまで科挙の基礎となり、朱熹は世界でももっとも影響力のある思想家の一人になったのだ。

彼の教えの中心にあるのは、道徳の向上という考えだった。人がより良い人生を送るにはいかに支援すべきか。彼は、今日で言うところの行動心理学に興味を抱き、その単純にして画期的な答えは、社会において、彼が「居敬《きょけい》」と表現するいわばマインドフルネスを重視するというものだった。朱熹にとって、生命が互いに結びついていることの理解、すなわち共感こそが良好な人間関係の基本である。中国の文化ではつねに重視されるが、この点においても出発点は家族だった。彼が記した家庭の儀礼に関する実用的な手引きの『家礼《かれい》』は、のちの帝国時代の中国ではあらゆる家庭に置かれていた。西洋ではいまだにほとんど知られていないが、日本やベトナム、朝鮮にも多大な影響を与えた。朱熹は中国では孔子に次いで重要な思想家であり、今日改めて注目を集めている。実際、彼の探究は哲学から科学にまでおよぶほど多岐にわたり、中国の知的伝統においてはとびぬけており、西洋でも肩を並べるのはアリストテレスしかいない。

だが、彼の魅力は哲学的な面にとどまらない。仏教の経典を尊重した朱熹にとって、はるか昔の人々と自己とのつながりをみつけるには感情が重要だった。手引書の祭祀に関する箇所は美しく表現されている。死者と対話するため、音楽的かつ詩的で神秘的な言葉をつむごうとしていた。彼の教えは無味乾燥な学問ではない。さもなければ、それほど長いあいだ生き残ることも、今日に至るまで問い直されることもないだろう。彼の学問は宇宙における人間の立場を検証しており、生きている人々の暮らしのなかで、先祖という永続的な存在は祭祀によって呼び出されるものだった。

孝行息子より、いまや秋の終わりを迎え、実りが始まりますので、亡き父上と亡き母上に、この儀式をつつしんで行います。

孝行息子より恐れ多くも、亡き父上と亡き母上にご報告いたします。いまや秋の終わりを迎え、実りが始まりますので、私たちは時の流れを感じ、懐かしく思い起こします。広大な天はかぎりがなく……(19)

モンゴル人——南宋の滅亡

こうした儒教の新潮流は、地方の名士と知識階級が結びつきを強めたことと相まって、中国文明の精神を南宋の時代に引き継ぐうえで重要だった。そして、昔の文化の魂が失われたことを危惧した人々に説得力のある答えを提示した。儒教の理想は新たな命を吹き返し、のちのモンゴル人による征服王朝では、科挙の中核的要素となり、それが二〇世紀初頭の帝国の終焉まで続く。大量印刷技術がさらに普及したおかげで書物と学校が飛躍的に普及し、識字率も大幅に向上し、一二世紀から一三世紀にかけては杭州の街中でも、中国南部の山中でも、謝氏のような一族が繁栄した。南宋のあらゆる地方の共同体では、彼らのような名家は中央と地方を結びつける欠かせない存在となり、地方の出身者たちは国の政治においてますます重要な役割を果たすようになった。こうして南部では、漢代と唐代で成文化された中国の伝統的価値観が維持され、修正され、伝承されたのである。

ところが北部には新たな嵐が迫りつつあった。万里の長城と華北平原を縁取る山々の北に広がる大平原では、モンゴル人の故郷において遊牧民の大規模な部族連合が結成されていた。一二〇六年には、カリスマ性のある指導者チンギス・ハンが全モンゴル人の支配者の地位にのし上がった。彼らは機動力に優れた騎馬軍で国境を接する国々につぎつぎと攻撃を仕掛け、やがてはるか遠い中央ヨーロッパまで進出した。モンゴル軍が中国の中心部への攻撃を開始したのは、一三世紀に入ってすぐのことだった。[20] 一二〇九年にはタングート人の西夏を圧倒し、次いで女真人の金《きん》を滅ぼし、前世紀に開封を征服した宋の旧敵を一掃した。一二一五年、燕山《えんざん》山脈の峠を突破すると北部の平原へと進出し、現在の北京の地に大都《だいと》〔訳注：一二七二年に中都から改称〕を築いた。モンゴル人は華北を首尾よく治め、やがて南宋へと支配を広げ、占領した領土の中国人の武将と部隊を取り込み、焼夷弾や火薬をはじめとする軍事技術を駆使した。

しばらくのあいだ、宋は大規模な軍をもって侵略者を撃退することもあった。しかし一二六〇年代になると、モンゴル軍は大規模な騎馬軍を率いて南下すると同時に、獲得した水軍を展開した。一二六八年、チンギス・ハンの孫のフビライ・ハンが長江の河口を封鎖する。一二七一年に南宋の残りの領土に対して包囲網を強化すると、中国に新王朝の設立を宣言した。その名も大元、「根源的力」という意味である。

いよいよ最後の攻撃が始まった。モンゴル軍の陸上部隊は長江中流域を守っていた大都市を制圧した。モンゴルに投降した武将や技術者の協力により、長江流域の南宋軍は撃破された。皇族の一部は忠臣たちと皇帝軍とともにさらに南へと逃れた。一二七五年、南宋軍は大敗し、領土の大半が降伏した。一二七六年には、モンゴル軍が長江河口に大艦隊を集結させ、長江を渡って蘇州を陥落させた。もはや杭州も防衛の手立てを失い、まもなく降伏した。その後、モンゴル軍は杭州を逃れて抵抗を続けた南宋の残存勢力を帝国の片隅まで追い詰め、珠江《しゅこう》デルタで最後の激戦を繰り広げた。

それは一二七九年三月一九日のことだった。中国の物語のなかでも暗黒の日だ。広州の南岸では、宋の武将たちが湾内の奥深くに艦隊を停泊させていた。周辺の山から木を切り出して間に合わせの宮殿を建て、そのまわりに兵舎や小屋を建てた。だが、モンゴル軍の艦隊が河口に集結すると、真水の供給が断たれ、すぐに絶望的な状況に陥った。

戦いの場となったのは、海峡の奥の崖山《がいざん》という場所だった。現在、戦いが行われた時期にこの古戦場を訪れると肌寒さのなかで霧がたちこめ、湿った空気が漂っており、宋最後の愛国者たちに思いを馳せることができる。夕方の薄暗くなり始める頃には、辺りは霧に包まれ、遠くの岸辺もほとんど見えなくなる。

宋の指揮官らは海峡の防衛を断念していたため、モンゴルの艦隊は入り江まで押し寄せた。宋の水軍はそこで敵を迎え撃った。宋軍は約一〇〇〇隻の船をつなぎ合わせ、海上の要塞を築いた。甲板には、モンゴル軍が石弓で放つ火器による被害を防ぐため泥を敷き詰めた。戦いが始まると、焼夷弾の炎の跡で空が覆われた、と目撃者は述べている。空と海がすさまじい音に包まれた。だが潮が満ちると、宋の軍勢はモンゴルに包囲され、皇族は身動きが取れなくなった。

七歳の皇帝、祥興帝《しょうこうてい》は、艦隊の中心で皇帝の旗を掲げた大型の帆船に乗っていた。すべてが終わったと悟った皇帝の忠臣、陸秀夫《りくしゅうふ》は、後世まで語り継がれることになる言葉を幼帝にかけた。「国事ここに及びました。国を汚すわけには参りません」。彼はそう言うと幼帝を腕に抱き、海に飛び込んで命を絶った。甲板では、幼帝がかわいがっていた白いオウムが叫び出し、籠が留め金から外れるまで羽を激しく動かし、籠もろとも海に落ちたという。忠実な鳥は、主人とともにこの世を去ったのだ。

宋の栄光は壊滅的な敗北で幕を閉じた。宋が成し遂げたことはきわめて大きく、発明にかけては西洋を凌駕していた。芸術家と科学者は世界でも群を抜き、大量印刷によって精神や思想が歴史上かつてないほど広く伝えられた。世界初の近代社会となるのは目前だった。少なくとも、今日から振り返ればそう思われる。しかし、中国史では以前もその後もたびたび起きたことだが、外部の世界が中国の国境を越えてなだれ込み、文明と社会の発展を破壊した。モンゴル人による支配は、中国にとって史上初となる異民族による全面的な支配であり、中国人の精神に大きな衝撃を与えた。後述するように、一四世紀に元の支配が終わり、漢民族の王朝の明が成立すると、新王朝は宋の時代の開かれた社会からは距離を置き、中国の商業化に背を向けた。そして、過去の専制政治に後戻りするような、官僚主導の独裁政治を構築し、今日に至るまで中国に影を落とすことになる道筋をつけたのである。

第12章　元——モンゴル帝国支配下の中国

一三世紀、中国はモンゴルに征服され、ゴビ砂漠から黒海までを支配する世界帝国の一部となった(1)。中国の知識階級と支配層にとって、異民族による支配は受け入れがたい出来事だった。明の支配が始まる一四世紀後半には、極端に保守的で内向きな反動が起きたが、その背景には元に支配された苦い経験があった。明は宋の遺産を継承して初期近代国家の道を歩む可能性を秘めていたが、征服され、異民族に占領された経験から、専制国家へと舵を切る。それは長期的に影響を及ぼし、今日の中華人民共和国に至るまで続く統治モデルを残すことになるのである。だが、モンゴルによる支配は短命ながらも、偉大な時代のはざまのひとときでもあり、独創性を発揮し、統治に関して将来に向けた指標を残した。そして何よりも、西ヨーロッパと中国の直接的交流を初めて実現し、ユーラシア大陸へと世界を大きく切り拓いたのだ。

根源的な力

一二七一年、モンゴルは新王朝の成立を宣言し、中国語で「大元」と命名した。「源」や「根源的な力」を意味する古代の名をつけることで、建国者のフビライ・ハンは古代の伝統への敬意を示しただけでなく〔訳注：「大元」は『易経』に基づく〕、さらに広い地理的境界のなかで、中国という君主国を普遍的な存在として提示することができた。元は世界の中心たる「中国」を治めるにあたり、南宋時代に支配階級だった儒学者の役人のみならず、多くの民族から成る外国人を積極的に登用した。例えば、若きマルコ・ポーロは揚州の地方政府に二、三年ほど仕えたとされるが、同地のイタリア人商人たちがともに仕えていた可能性もある。そうだとすれば、彼はモンゴル帝国で富を築いた大勢の外国人の一人にすぎなかったことになる。さらに、交流は双方向だった。中国から初めて西ヨーロッパを訪れた人物は、一二八〇年代に大都《だいと》（現在の北京）からボルドーまで旅をした。イスラム教国のマムルーク朝に対抗すべく、キリスト教ヨーロッパとモンゴルのあいだで同盟を結ぶことが目的だった。つまりモンゴル帝国は、世界の歴史をかつてないほど刺激したのだ。プランタジネット朝イングランドでも、元の大都でも、時代は新たな可能性に満ちていた。

　モンゴル初の偉業は、長いあいだ分断されていた中国を再統一したことだ。これまでに見てきたとおり、唐以降の中国は大陸を周辺の勢力と分け合う状況を強いられてきた。宋の最盛期でさえ、皇帝たちは北方を掌握できず、一一二七年以降は杭州を拠点とする南宋で満足するしかなかった。それがようやくモンゴルにより、かつての中国が再統一されたが、この征服は従来の支配階級にとって、とてつもなく大きな衝撃だった。華北は三〇〇年にわたり異民族の支配下にあったが、南部が異民族の政府に統治されたことはなく、中国全土が異民族に征服されたことも一度もなかった。

　では、モンゴル人に支配された中国の文化はどうなったのだろう？　中国人の文官にとっての最大の課題は、いかにして世界の中心たる「中国」の手法をモンゴル人に教育するかだった。中国が優位な文明であるのは言うまでもない。例えば、元の歴史家の馬端臨《ばたんりん》[2]は、多くの中国人識者と同じく、制度の継続と、儒教文化の価値観の伝達という絶対不可欠な課題を何よりも重視した。一三一三年には科挙が再開され、宋の偉大な思想家、朱熹《しゅき》（上巻二六五－二六七頁参照）の注釈が教育制度の正統な指針となった。こうして、朱子学と政治的独裁が科挙によって融合し、それが帝国の終焉まで続くことになる。

多くの学者たちは、天命がモンゴル人に下ったことを受け入れ、新たな統治体制と協力することに力を注いだ。中国北部出身の許衡《きょこう》(3)という学者は、「時代を救う」ことに身を捧げた一派の中心人物だった。彼はフビライに召されて教育行政の長官（国子祭酒）となり、モンゴル人の新たな支配者たちに儒教の理想に基づいて国を治める方法を指南することに尽力した。また、許衡は大都の宮廷でフビライ・ハンの助言者となり、皇帝の息子たちの教育を任され、モンゴル人のために中国の統治についてわかりやすい言葉でまとめた概説を作成した。とくに伝えようとしたのは心についてだった。許衡はフビライに向けた『時務五事』という嘆願書のなかでこう述べている。「過去と現在において、国家が拠りどころとする規範や法令は王朝によって変化してきました。しかしなにより大切なのは、いかなるときも天下の心をつかむことです。そして天下の心をつかむということは、慈愛と公益のための分け隔てない献身を示すことにほかなりません。民を愛すれば、彼らの心は従順なものとなります。公益のために分け隔てなく献身すれば、民は喜んで仕えるようになります。従順に、喜んで仕えること、それが善政をつくるのです」

典型的な昔ながらの儒学者である許衡はフビライに対し、公徳に重きを置いた適切な教育制度の重要性を訴えた。彼はこう記している。

首都から地方に至る各地に教育機関があれば、万人が学ぶことができます。宮殿の皇子から庶民の子弟まで。そして民が日々、親と子、統治者と大臣の適切な関係の徳目について教えられたなら、一〇年後には、上の立場の者は導き方を知り、下の立場の者は仕え方を知るでしょう。

大都——モンゴル帝国支配下の北京(4)

もちろん中国は自己保存に終始していたわけではない。モンゴルに支配された時代は、大衆文化を含むさまざまな分野において格別に開放的だった。首都の大都では文字通り世界の裏側からやって来た商人や使節、旅行者に会うことができた。一二六七年から一二八五年にかけて建設された大都は、瞬く間に世界でも有数の規模と壮麗さを誇る都市となった。今日では、現代の北京の中心部が広がり、大都の姿はほぼ消滅しているが、かつては土を突き固めた巨大な正方形の外壁に囲まれ、一一の門があり、堀がめぐらされていた。居住区域は大通りによって区画され、そのあいだには細い路地がはりめぐらされていた。こうした路地は現在でも「胡同《フートン》」というモンゴル名で呼ばれている。宮殿自体は明が大都を掌握したのちに取り壊され、痕跡が残るばかりだ。宮殿の巨大な土台には白い大理石が用いられ、龍や鳳凰が彫られていた。屋根は釉薬をかけた瓦で覆われ、彫刻を施した梁受けが取り付けられ、まばゆい色で塗装した梁や補強の横材には金の模様があしらわれた。個室には絹の布を張った壁に風景画が飾られ、床は故郷のステップの草を思わせるような緑に塗られていた。宮殿の西側には湖があり、それはフビライが初めて北京を訪れたときに滞在した場所だった。この一帯は緑豊かな心地よい庭園となり、風変わりな岩や異国から取り寄せためずらしい木々や草花を見ることができた。コールリッジがフビライを題材にした詩には、元の夏の都だった上都《じょうと》の荘厳な歓楽の館と「香木に花が咲き乱れる輝かしい庭園」が描写されているが、ここもまたそのような場所だったのだろう。

　皇城の外側に広がる「中国式の都市」には、住居や店舗、屋台、宿屋、茶屋、いくつもの市場があった。急速に増加する人口を支えるだけの食糧を調達するため、一二九三年には大運河が拡張された。支流の建設により、南の穀物を積んだ貨物船は、運河の北の拠点である通州《つうしゅう》から宮殿の門のすぐ近くの湖、后海《ホウハイ》まで運航できるようになった。大都には国中から商人が集まった。そうした世界の面影は一九世紀の北京の市街地を写した写真に残っている。モンゴル人の職人に女性、料理人、商人、モンゴルへと戻る隊商のどこまでも続く長い列。

　国際的な時代の例にもれず、元代もひじょうに独創的な芸術や文化が花開き、とくに演劇[5]でそれが顕著だった。娯楽施設が集まる地区にはいくつもの芝居小屋があり、なかには観客を二〇〇〇から三〇〇〇人ほど収容できる施設もあった。都の市民はお気に入りの作家の劇を観て、スター俳優たちに拍手喝采を送った。インドやイランの演劇の影響もあってか、作家たちは、四、五幕から構成され、庶民の日常会話に近い言葉遣いの劇を上演し始めた。元代の劇作家は、今日まで名前が知られているだけでも一〇〇人以上存在し、作者不詳の作品も数多く残っている。もっとも有名なのは、一三〇〇年前後に活躍した関漢卿《かんかんけい》だ。彼は六〇以上の作品を書き、有名な『竇娥冤《とうがえん》』を含む一四作が残っている。宮廷の腐敗など時代の大きな社会問題を取り上げる彼の作品のなかでも印象的なのは、描かれる強い女性の存在だ。同時代のある人物は、そうした女性たちについて、「活発で我が強く辛辣、怖いもの知らずで挑発的、それでいて愛嬌がある」と評している。彼の描く女性には、娼婦や召使、無理やり結婚させられた幼い花嫁、極貧にあえぐ母親、寡婦などがいる。『竇娥冤』の主人公の竇娥のように、こうした登場人物たちは白熱する時事問題を浮き彫りにした。この作品は『六月雪《ろくがっせつ》』の名でも知られ、「六月の雪」という表現は今でも腐敗した不公平な裁判を意味する言葉として日常的に用いられている。

多民族を抱える元の巨大な帝国では、あらゆる宗教が受け入れられた。一八世紀のイギリスの歴史家エドワード・ギボンは、ヨーロッパでのカトリック教会による異端審問の残酷さと不条理を、「チンギス・ハンの宗教戒律にみられる純粋な有神論とこのうえない寛容さ」とうまく比較している。チンギス・ハン自身はモンゴルのシャーマニズムを信仰したが、フビライは仏教を好み、のちのハンたちはイスラム教に改宗することもあった。支配階級のあいだでは景教徒（ネストリウス派キリスト教徒）も大きな影響力があり、何人かのハンはキリスト教徒の母親に育てられ、キリスト教徒の教師から教育を受けた。モンゴル人は大きな港町を中心に、多くの都市で中央アジア出身のイスラム教徒を行政官として積極的に採用した。北京には今日でも、モンゴル人が建てたモスクや寺院がいくつか残っている。牛街《ぎゅうがい》の大規模なモスク（清真寺）は、イスラム教徒にとっての信仰の拠りどころになっていた。また、イスラム教徒の天文台や学校も存在した。大都の各地には、人々が参拝できる仏教と道教の寺院が一〇〇カ所ほどあった。白塔寺（妙応寺白塔）はフビライに依頼されたネパール人の建築家が設計した寺院だ。キリスト教徒のための礼拝所も存在した。二〇〇人以上が着席できるフランシスコ会の教会には、三つの鐘のある塔がそびえ、礼拝の時間になると大都中に鐘の音が響いた。

モンゴルの支配下で建設された大都の偉大な宗教建築の一つに、東岳廟《とうがくびょう》という大きな寺院がある。道教、チベット仏教、仏教、シャーマンの神々と信仰が混在し、さまざまな宗教が融合していた当時の状況を象徴する場所だ（東岳廟がのちに、中国でもっとも有名な小説において果たした役割については下巻一〇七－一〇八頁を参照のこと）。モンゴル人は中国の国家的寺院とも言うべき孔子廟の建設も監督した。孔子廟は現在でもかつての最高学府だった国子監《こくしかん》の隣にあり、境内の一画には二〇〇もの石碑が並んでいる。これには元代から一九〇五年にかけて、科挙の最難関の最終試験に合格した五万人以上の「進士」たちの名前が刻まれている。ほころびのない世界が取り戻された証である。

村からの眺め――安徽省棠樾[6]

地方レベルでみると、モンゴルの征服はしばしば暴力と混乱を伴った。長江の南の安徽《あんき》省徽州《きしゅう》各地の一族の記録からは、人々のようすをうかがい知ることができる。時代に翻弄されながらも適応したのが棠樾《とうえつ》の鮑《ほう》一族だった。棠樾村は、徽州南部の緑豊かな山のふもとに広がる肥沃な土地にある。一族は宋代にこの地に移り住み、州都から数キロ離れたところに農村を開いた。一一二七年に南宋が成立すると、杭州まで川を下って数日の距離にある徽州の村々の人々は、この土地がさまざまな産品を新都に供給するのに絶好の場所であると気づいた。茶、穀物、漆器、そして何より木材はほとんど無限に供給できた。鮑一族は役人や土地の名士の娘と結婚して身を立てた。まもなく息子たちを教育できるようになった。一二二四年に生まれた鮑宗岩《そうがん》は、母親から教育を受け、熱心な読書家になった。その後モンゴルが南部を征服すると、法と秩序が崩壊し、大勢の盗賊が周辺をうろつくようになる。のちに記された地方志は、鮑一族の伝承を引いてそのようすを伝えている。「私は鮑宗岩の息子、鮑壽孫《じゆそん》である。宋代徳祐丙子《ひのえね》の年（一二七六年）、李世達の逆賊が北と西の村に侵入し、多くのならず者が徘徊し、白い刃が森の木々のようにそびえた。村々は火を放たれ、略奪された」。父子は盗賊に殺されそうになったが何とか生き延びた。そして一族は栄達の機会をとらえた。鮑壽孫の息子は塩田監督官として政府の仕事を任された。一三二四年、その息子の鮑同仁は、「モンゴル語の読み書きを習い」、元の科挙に見事合格した。

旅——世界を開く

元代は絵画などの芸術や思想、歴史において、重要な遺産を数多く残した。とくに興味深い分野は天文学だ。唐代以降、中国はインドとイスラムの科学から影響を受けたが、元代にはイランの天文学者が中国を訪れ、中国の科学者はイランに留学した。フビライ・ハンは、数学者で科学者の郭守敬《かくしゆけい》の指揮のもとで、今日の北京天文台の前身となる施設を設立し、郭守敬は中国各地にいくつもの天文台を開設した。モンゴル人の支配者たちは宗教にも寛容で、チベット仏教や景教、イスラム教を奨励した。そしておそらくモンゴルの支配による何よりも大きな影響は、ユーラシア大陸の各地への旅が活発になったことだろう。使節団による遠方との交流、隊商の旅、巡礼。使節団が東西を定期的に行き来するようになったのはこの時代が初めてであり、多くの西洋人が手記を残した。例えば、一二四六年にはプラノ・カルピニが、一二五四年にはウィリアム・ルブルックがそれぞれ陸路でモンゴルを訪れた。一三二〇年代には、ポルデノーネのオドリコがフランシスコ会の謎めいた修道士「アイルランドのジェイムズ」とともに大都に三年ほど滞在した。ジョヴァンニ・ダ・モンテコルヴィーノによって大都にキリスト教教会が設立されたのは一三〇八年のことだ。大使館が置かれるようになり、その一つはジェノヴァからの商人が主体となっていた。世界が開かれつつあった——一三三九年には、アントワープとロンドンで働いていたフィレンツェの商人フランチェスコ・バルドゥッチ・ペゴロッティが「商業指南」として、スコットランドのファイフからヨーロッパを経てアジアに至るまでの旅行案内を出版したほどだ。(7)この手引きには大都までの経路図や、商業実務の詳細な用語、貨幣の相対的価値に関する情報が掲載されている。世界で初めて、スコットランドと中国が一つの物語に収められた。

こうした交流のなかで興味深い出来事の一つは、かつてない正確な地図が作製されたことだ。(8)中国では、宋代には国内と属州については、正確な縮尺の地図の製作技術はすでに卓越しており、当時としては世界史上最高の地図があった。一四世紀になると、イスラム教徒が作製したヨーロッパ、西アジア、アフリカの地図が中国でも手に入るようになった。フビライ・ハンは、李沢民による地理学書とモンゴル帝国の世界地図の編纂を後援した。これは一三八九年に作製され、のちの地図のもとになった。複写が現存する明代の壮大な世界地図「大明混一図《だいみんこんいつず》」もその一つだ。世界への関心は尽きなかった。一三六八年に時代が明に移ると、こうした自由な移動は抑圧される。それでも、元代の地図製作と地理的知識の遺産は、明代に中央アジアやアフガニスタンへ派遣された外交使節に見て取ることができる。後述するように、元代に蓄積された世界についての知識は、一四〇五年から一四三三年にかけて鄭和《ていわ》が指揮した七度の航海の基礎となった。元代の中国はより広い世界の一部となり、鄭和は進むべき針路を把握していた。

マルコ・ポーロ(9)——モンゴル帝国のイタリア人

中国はモンゴルの支配下で史上初めて世界の一部になった。モンゴル人の支配者たちは、西はバグダッドから東は大都まで、ユーラシア大陸の広大な地域を支配した。モンゴルのハン国のあいだではしばしば戦争が起きたが、商業的な環境は良好で、中国と世界との交流は活発だった。西洋からは使節団だけでなく、商人も含め、かつてないほど大勢の人々が中国を訪れた。モンゴル時代の中国に滞在したヨーロッパ人のなかでも、とくにある人物の名が世界的に知られることになる。

ヴェネツィアの商人の家に生まれたマルコ・ポーロは、一二七一年、一七歳のときに中国に向けて旅立った。彼の父のニコロと叔父のマフェオは一二六〇年代に、モンゴルの首都カラコルムへの商業ルートを開拓しており、一二七三年から一二七五年にかけて、若きマルコを伴い、彼に中国との貿易を教える目的でふたたび同地を訪れることにしたとされる。彼らは屈強で経験豊かな男たちで、勇敢な旅人であり、巧みな商人だった。叔父のマフェオはクリミア半島のジェノヴァの植民地で黒海沿岸のスダクに家を持ち、そこからイランや中央アジア、モンゴルを訪れた。マルコは父と叔父とともに、陸路をシルクロード沿いに移動し、カシュガルなどの都市に立ち寄った。彼の話を信じるなら、彼は中国に二〇年滞在した。また、長江流域で元の下級役人になっていた可能性もある。彼は中国の豊かさと壮麗な都市に目を見張った。大運河を下って杭州を訪れたときは、あまりにも壮大で美しく、喜びに満ちあふれていたため、「住人は楽園にいるような気がするのではないか」と思ったほどだ。

現代では、マルコ・ポーロの旅行記は疑問視されており、一部の学者は彼が中国を一度も訪れていないか、少なくとも大都より遠い地は訪れていないと考えている。また、彼はイタリアでよく知られた旅行談や幻想文学を寄せ集めて書いたのではないかという説得力のある議論もなされてきた。だが新たな調査からは、それを否定する可能性が浮上している。彼は郵便制度として約五キロごとに郵便局が設置されていたことや、紙幣のさまざまな単位の名称、現在の雲南省で用いられていた子安貝をはじめとする各地のさまざまな通貨について述べているが、いずれもかなり詳細なのだ。何よりも有力な証拠は、雲南省の製塩業についての情報だ。作業にあたる先住民たちは、塩水が出る井戸からバケツで塩水をくみ上げ、塩を抽出したという。この地では塩がひじょうに貴重だったため、通貨として使われたほどで、その習慣は二〇世紀半ばまで続いた。製塩に関するマルコの説明は後世の多くの史料とぴったり重なり、中国のいくつもの技術論文にも記されている。古い世代の学者たちからは否定されたが、マルコの説明は正確で独自の内容である。

マルコは現在の江蘇省の東部沿岸における製塩業についても触れている。淮河《わいが》の南のこの地域では、中国全体の三分の一以上を生産し、元の政府に豊かな収入をもたらした。彼はこの地の高郵《こうゆう》から大運河を下り、泰州と南通を訪れている。

カユー〔高郵〕を発って馬で南東に一日進むとティニー〔泰州〕の町に至る。大きな町ではない。住民は偶像崇拝者で、証書を通貨に用い、多くの商品が生産されている。ここから道の左手、東の方角に三日行くと、大洋に至る。そこにはシニー〔通州、現在の南通〕という名高い町があり、この地方全体に提供するほど大量の塩を生産し、大カーンに多くの利益を与えている。

〔『マルコ・ポーロ　東方見聞録』（月村辰雄／久保田勝一訳、岩波書店）より。〔　〕内は須川による補足〕

マルコがつぎに訪れたのは、大運河沿いの「堂々とした大都市」揚州だった。すでに述べたように、揚州は唐代の成長著しい経済の中心地であり、かなりの規模のアラブ人とペルシア人のコミュニティがあった。驚いたことに、マルコはここで三年間「統治した（*seignora*）」と述べている。これは幻想にすぎないとしばしば否定されてきたが、彼がもともとは、おそらく一二八二年から一二八四年のあいだに「滞在した（*sejourna*）」と言ったのが誤って伝わっただけなのかもしれない。それでも、彼が揚州で監督官や下級の役人など、政府の何らかの役職に就いていた可能性は否定できない。彼は長江流域の揚州周辺の郵便局のことまで語り、揚州が管理していた町の数（二七）を正確に伝えている。

現在、マルコ・ポーロが目にした景色の面影はごくわずかに残るのみだ。ある古い商店街には、ほぼ復元された姿の元代の塔がある。また、大運河の近くの荒れ果てた広大な霊園には、凝った装飾が施されたイスラム商人の墓が残っている。揚州の南と東では、運河が市街を囲む堀の一部となっている。そして彼が過ごした時代と変わらず、そこから延びる小さな運河が、狭い通りに住居や店や市場がひしめく古い地区を取り囲んでいる。中国ではマルコ・ポーロの冒険に関心が高まっており、復元された東関門の前には最近になって彼の銅像が建てられ、古運河を見渡している。そこはまさに、彼がこう表現した都市だった。「おびただしい数の船が大量の商品を運び、多くの都市から集まった産物が各地へと送られ……大カーンに莫大な収入をもたらしている」

揚州のイタリア人コミュニティ

マルコ・ポーロが揚州に三年間も滞在したとすれば、なぜ揚州なのかという疑問が浮かぶかもしれない。そして彼は誰と過ごしていたのか？　一九五一年、ある偶然の発見から、思いがけず当時の揚州のイタリア人コミュニティを垣間見る手がかりがもたらされた。その年、軍の作業班が古い城壁を取り壊していたところ、灰色の墓石の断片が見つかった。上部には聖母子が、ゴシック様式の玉座ではなく、曲線を描く脚のついた中国式の円卓に腰をかけている。母子のまわりにはイタリア風のぽっちゃりとした幼子の天使たちが舞っているが、シルクロードの洞窟の壁画に描かれた仏教の天上界の人々のように、たなびく衣をまとっている。天使たちの下には二つの車輪とともに聖カタリナが描かれている。ただし、車輪は中世のヨーロッパの教会の壁画にみられるものとは異なる。どちらかというと仏教の経典に由来する「法輪」に近い。また、その隣で跪く殉教者を斬首しようと剣を手にしている男は、モンゴルの兵士のような衣を着ている。

ラテン語の碑文は今でもはっきりと読み取れる。「主の名において、アーメン。カテリーナ、ここに眠る。かつての故ドメニコ・デ・イリオーニの娘、西暦一三四二年六月に死去」

では、カテリーナ・イリオーニとはどんな人物で、なぜ中国のこの場所にいたのだろう？　ポーロ一族と同じく、彼女は昔からシルクロードを行き交う商人の家の生まれだった。一二六四年には、イラン北部のタブリーズで、ピエトロ・イリオーニという商人の名が確認できる。イタリアに暮らしたカテリーナの父のドメニコは、ジェノヴァから中国に旅した商人の友人だったことがわかっている。一三四八年のジェノヴァの記録に、かつてドメニコがヤコポ・デ・オリヴェリオという人物の遺言執行人だったことが記載されているのだ。そしてこのオリヴェリオは「キャセイ〔訳注：もとは契丹《きったん》の音訳だが、やがてヨーロッパで中国の呼称となる〕王国」に住んでいた。

こういった人々は、モンゴル人から信頼され、西洋に向けた大使のような役割を果たす商人たちだった。外国との商業的な結びつきのある揚州には、昔から外国人コミュニティが存在していた。フランシスコ会修道士は一三世紀にこの地を踏み、一三二二年には三つの教会が存在し、揚州在住のキリスト教徒は二〇〇〇人ほどにのぼった。発見された墓石は、こうした信者のものだったにちがいない。カテリーナは亡くなったとき、父親のイリオーニという姓を名乗っていた。彼女はどうやら未婚で、一三四二年まで揚州に住んでいたようだ。もしかすると、生まれも中国だったのかもしれない。さらには彼女の墓碑の発見後、一三四四年一一月に亡くなった彼女の兄か弟のアントニオの墓碑も見つかっている。イリオーニ家は何世代かにわたり、中国との貿易に長年携わってきた一族だったのだろう。彼らの父親のジェノヴァの友人ヤコポは、中国で資産を五倍に増やしたと言われていた。若者よ、東へ行け！

マルコ・ポーロは一二九五年にヨーロッパに戻り、ジェノヴァで投獄されていたときに記憶をたどり、自らの冒険談を口述筆記させた。私たちが読んでいる物語は誤って伝えられ、尾ひれがつけられていることもめずらしくない。それでもヨーロッパ人にとっては初めて触れる中国の詳しい描写であり、マルコの物語はベストセラーとなり、ヨーロッパのさまざまな言語に翻訳された。旅行記は広く読まれ、何世紀ものあいだヨーロッパ人が中国に抱くイメージを形づくった。そして、クリストファー・コロンブスをはじめとする多くの人々が、マルコが伝えた豊かで洗練された世界との貿易を求め、新航路の発見に乗り出すことになる。

中国からヨーロッパを訪れた初めての人物

西洋人にとって、モンゴル帝国時代の著名な旅行者と言えばヨーロッパ人だった。ヨーロッパから東方へ旅し、帰国してそのようすを伝えたマルコ・ポーロはその最たる例だ。しかし反対方向に、つまり中国から西洋を訪れた旅人もいた。モンゴルから西洋に派遣された使節団のなかで、一三三六年にイタリアとフランスに向かった一行は、まさにイリオーニ家のようなジェノヴァ商人に率いられていた。

際立っていたのはラッバーン・サウマだ(11)。景教に改宗したモンゴル人のサウマは、中国から出発して、陸路と海路でユーラシア大陸を横断する一万三〇〇〇キロの旅をした。一二八〇年、彼はエルサレムへの巡礼者として、生まれ故郷の大都を旅立った。ほかでもないフビライから授けられた、正式な旅行許可証を携えての旅だった。中国のキリスト教徒としてのサウマの夢は、エルサレムをはじめとする聖地をその目で見ることだった。何世紀も前に中国人の仏教徒、玄奘三蔵《げんじょうさんぞう》が、インドの聖地を見たいという思いに駆られたのと同じである。サウマは馬とラクダに乗って中央アジアを横断し、カスピ海に到着した。幾度となく命の危険にさらされたが、機転と語学力と魅力的な人柄によって無事切り抜けた。一二八六年にはペルシアに滞在し、そこでサウマの巡礼の旅は思いがけない外交任務へと変わる。当時、モンゴル帝国の西部はいくつかの独立したハン国に分裂しており、ペルシアのハンから外交使節として教皇とヨーロッパ各地の王のもとを訪ねるよう指示されたのだ。目的はヨーロッパの国々に、モンゴルと同盟を結び聖地とエジプト、シリアを支配する共通の敵、マムルーク朝に聖戦を仕掛けるよう説得することだった。

サウマはコンスタンティノープルまで赴き、そこから海路でローマへ向かった。ローマでは教皇ホノリウス四世が亡くなったばかりだったが、サウマは新教皇選出のために集まった枢機卿たちから歓迎され、さらに旅を続けてフランスの「端麗王」フィリップ四世の宮廷を訪れた。続いて南に向かい、たまたまガスコーニュ地方を訪れていたイングランド王エドワード一世に謁見した。そして王の求めにより、ボルドー大聖堂において、ネストリウス派の方式でミサを執り行った。史上まれにみる集いだったことは言うまでもない。サウマはローマに戻り、新たに選出された教皇ニコラウス四世と対面した。フランス、イングランド、教皇が、キリスト教とモンゴルの壮大な同盟計画に支持を表明したが、結局具体化することはなかった。

これまでに知られているかぎり、ラッバーン・サウマは中国から西洋を訪れた最初の人物だった。彼は中国に二度と戻らなかった。ギリシアを経てイラクへと戻り、一二九四年の春にバグダッドで生涯を閉じ、川の東にある「ローマ人地区」の大きな教会に埋葬された。この地区は中世の都市を取り囲む城壁の外側にあり、昔からキリスト教徒が住む地区だった。イラクでは、かつてサウマの旅に同行した人物が彼の経験を書き記し、シリア語で書かれたその唯一の写本が、一八九〇年代にイラン北西部のオルーミーイェ湖に近いキリスト教徒の小さな村で見つかった。中国の歴史では、サウマの驚くべき物語は誰にも知られることがなかった。長いあいだ記録が埋もれていたため、中国の歴史や文学の表舞台に登場することはなく、彼に続く人々を生み出すことにもならなかった。それでも、モンゴル帝国の支配下で世界が開けたようすを伝える象徴として、彼の物語は唯一無二である。

元の衰退

元の創始者である偉大なフビライ・ハンは、一二九四年に大都で没した。かつて世界の半分を所有した彼は、晩年になるとしだいに孤立した。太って不機嫌になり、病を抱え、最愛の妻の死を嘆き、大都の湖「北海」近くの宮殿で孤独に過ごした。彼の死後、宮廷では内紛が生じた。後継者たちに彼のような鉄の意志や抜け目なさ、活力はなかった。モンゴル帝国は広範囲におよぶ領土の国際的な地政学に翻弄されるようになり、一三〇〇年代以降、拡大しすぎた帝国は敵対するハン国へと分裂し始めた。中国国内でも、龍の玉座を狙う者たちが権力を求め、内乱が勃発した。政情は五代や、はるか以前の漢滅亡後の三国時代のような混乱期に近づきつつあった。これまで中国の歴史を特徴づけてきた分裂期が、ふたたび訪れようとしていた。混沌と恐怖、危険に満ちた時代ではあるが、それは新たな時代の到来をも告げていた。いわばある種の求心力によって、ばらばらになった古い世界が新たな世界を創造するためにふたたび一つに引き寄せられる時期とも言えるのだ。

この時期は気候変動を受けて政治不安が高まり、ユーラシア大陸は困難に見舞われていた。小氷河期の到来に伴い、イングランドの低地から現在の安徽省の田舎に至るまで、前代未聞の異変が起きていたのだ。ヨーロッパでは、一三一四年から一三二二年の大飢饉により、人口の一〇分の一が命を落とした。中国では、一三二〇年代の初めに黄河が繰り返し氾濫して作物が打撃を受け、飢饉が起きて大量の避難民が発生した。元の政府は彼らを「匪《ひ》」と呼んで譲らず、この言葉は一九五〇年代まで国家の敵を意味する呼称となった。一三四四年には黄河で壊滅的な氾濫があり、増税に加えて堤防の大規模な改修事業のための徴用は民衆の怒りを買った。局所的な暴動はすぐに本格的な反乱へと拡大し、各地の武将は王を名乗り、新王朝の樹立を宣言し、新時代の到来を布告する改暦を行った。こうしたことは、中国史では古くから起きていた。革命は避けがたい現実であり、強力な中央権力が統率力を失うたびに繰り返されてきたことだった。

黒死病(12)

目に見えないものの力が突如として現実の世界に姿をみせることがある。そう信じる文化らしく、前兆や暗示はいくつもあった。一三三九年、相次ぐ恐るべき出来事が報告された。現在の福建省の沿岸で雷雲から不気味な龍たちがふいに現れ、竜巻と豪雨を引き起こし、洪水と破壊をもたらした。天啓は野火のように、瞬く間に南部のあらゆる都市に広まった。天が乱されたのだ。一三四九年には、長江デルタの海上に発生した巨大な竜巻から、さらに五匹の龍が現れた。目に見えない混沌とした領域から、何かを告げようとしていた。それからというもの、毎年のように、龍たちは人間に執拗にメッセージを送るようになった。龍は大都でも目撃された。一匹の龍が、モンゴル人の宮廷内にある井戸から、炎のような閃光とともに渦を巻いて出てきたという。中国人はもちろん、別世界からのこうしたメッセージが何を意味するのか十分すぎるほど理解していた。とくに、超自然的な生き物のなかでもっとも意味のある龍となればなおさらだった。世界では均衡が崩れ、天命が断たれたのだ。ある学者は「こうした光景を目の当たりにすると、かつての繁栄の日々が夢のように感じられた」と記している。

一三三〇年代の初めには、飢饉と洪水に続いて大量の犠牲者を伴う疫病が発生した。発生源となった現在の河北省北部では、ある史料によると住民の九割が死亡した。これが中国での黒死病の始まりだったのか、局所的な疫病の流行だったのかはいまだにわかっていない。これまで長いあいだ、一四世紀にヨーロッパで大流行した疫病の発生源は、齧歯類がペスト菌を保有していた中国領の中央アジアだったと信じられてきた。遺伝医学者による最新の研究では、発掘した人骨のDNAを調査した結果、ペスト菌の起源が遺伝子的にみて中国西部にあることが示唆されたのだ。例えば、イシク・クル湖の近くの景教徒の墓地からは、一三三〇年代末の墓標が一〇〇以上見つかっており、なかにははっきりと「疫病」と刻まれているものもある。どうやら疫病は、モンゴル帝国の平和で安定した時代の終盤に、この周辺の地域から軍隊や商人によってシルクロード沿いに西へと運ばれ、黒海沿岸とクリミア半島に伝わったようだ。一三四七年には、そこからカッファの港を経由してコンスタンティノープルに運ばれ、さらに海路でヴェネツィアとシチリアに伝わった。まるでじわじわと燃焼する導火線のように、一三四〇年代末にはイギリス本島に、一三五〇年にはアイルランドとアイスランドにまで広まった。

中国での流行については依然として不明な点が多い。あくまでも不完全な推定だが、複数の人口調査からは、一四世紀のこの危機的な時期に、中国では人口の三分の一が死亡したことが示唆される。そしてその多くが病死だったにちがいない。元代と明代初期の記録は大量に残されているが、西ヨーロッパでわかっているような全体像を提示できるほど詳しい分析はまだ行われていない。政府の公式史料によると、一三三四年の死者は一三〇〇万人にのぼった。現在の山東省から福建省にかけての沿岸部では、一三四四年から一三四六年にかけて「深刻な疫病」がさらに大流行した。これは黄河が流路を大きく変えるほどの大氾濫を起こしたばかりの時期だった。この氾濫により、流路は山東半島の北から南へと移動し、その後五〇〇年もその状態が続くことになる。続いて一三五〇年代初頭には、華北と華中のほとんどの地域に感染が広がり、河南省の中原《ちゅうげん》を越えて現在の湖南省、江西省へと南下し、南東部へと伝わった。現在の江蘇省では、一三五六年から一三六二年にかけて、疫病によって毎年九〇万人の死者が報告された。とてつもない犠牲者の数だった。中国の人口は、モンゴルに征服される少し前の一二〇〇年頃には約一億二〇〇〇万人にのぼったが、一三〇〇年の末には半分まで激減したというのが一般的な見方だ。モンゴルの人口調査のデータからは、大幅な減少が起きたのは一二九〇年以降だったことがうかがえる。つまり、モンゴルによる支配の最後の三〇年間の人口減少は、ヨーロッパで黒死病の流行中に人口の三分の一が亡くなったという推定値に軽く匹敵するのだ。

いくつもの困難に直面したことで、中国南部におけるモンゴルの権力は揺らぎ始めた。農民や田舎の盗賊たちが反乱軍となって蜂起した。こうした反乱軍の多くは、世界の終わりのような時代に浮上する、キリスト教で言うところの千年王国説的な終末論に突き動かされていた。対立する反乱軍が各地で手を結んだ。母体となる宗教結社はさまざまだった。白蓮《びゃくれん》教徒、紅巾《こうきん》、明王の信者。なかには、七世紀にウイグル国教となった中東の宗教、マニ教の奇妙な残照に魅せられた人々もいた。[13] マニ教は、組織化された宗教としては九世紀の廃仏運動の時期に姿を消したが、元代になっても地方では生き延びていた。マルコ・ポーロによると、現在の福建省には七〇万人の信者がいた（現在でも福建省泉州の近くにはマニの石像を祀る寺院が存在している）。マニ教は消滅して久しいが、宇宙が善と悪、陰と陽にわかれるという世界観によって、中国南部で起きた民衆暴動の心理に揺るぎない痕跡を残した。一九世紀の太平天国の乱はキリスト教の終末論に影響を受けた最大規模の反乱だが、そこにもマニ教の影響は残っていた。これらの宗教結社は、中国を混乱から救うために神に導かれた指導者が現れると信じており、いずれも本当の意味での千年王国説的思想の信奉者だったのである。

村からの眺め

その指導者が誕生した経緯は、中国史においてもっとも波乱に満ちた物語の一つだ。最初の舞台は湖北省北部と、河南省との境界に沿って延びる「大別山《たいべつざん》」である。長江と華北平原を隔てるこの山脈は絵画のように美しく、ここ南麓には広大なツツジの密生地が広がっている。春から初夏にかけては赤いツツジの花が絨毯のように亀山《きさん》を覆い、観光客を楽しませる。だが暗い雲が垂れ込めて光が灰色に変わると、斜面は深紅に染まり、まるで赤い血の雪に覆われたようになる。「真っ赤な大別山」という古くからの異名を思わずにはいられない。ただし、その異名は花ではなく、殺し合いに由来するものだった。

ここは内戦と内乱の長い歴史に彩られた地であり、残忍な暴力が絶えることがなかった。この一帯は一四世紀から一八世紀にかけて反乱の温床であり、かねてより政府の統制が及びにくい遠隔地だった。東の江西省との境に広がる山地では、一九〇六年に辛亥革命に先立って武装蜂起が行われ、一九三一年には中華ソヴィエト共和国が設立された。また、先住者の客家《ハッカ》の人々に対して残忍な粛清が行われ、国民党による激しい弾圧が行われた舞台でもあった。さらに一九四九年から一九五三年にかけては、共産党軍が国民党軍の残党と「大別山の匪賊」と呼ばれる同志たちに戦争を仕掛け、ふたたび激しい戦闘の場となった。明代のこの地の歴史家は「麻城《まじょう》は昔から戦場だった」と述べているが、まさにそのとおりだ。

古い歴史のある麻城市(14)はこのような山地にあり、現在ではかなりの規模の都市に成長している。かつては城壁に囲まれ、鼓楼や市場のある県都であり、一四世紀の人口は約一万人にのぼり、周辺の山地の村を含めるとさらに多くの人々が暮らしていた。一三五〇年代の初めには三年にわたって壊滅的な干魃《かんばつ》が続き、飢饉と伝染力の強い疫病をもたらした。被害はあまりに甚大で、人々は人肉を食べるしかなくなった。やがて、対立する氏族や周辺の武将たちが互いに争うようになり、山あいは血にまみれた。こうした興奮状態のなかで、元を倒し、新王朝を開く勢力が現れるのだった。

一三三八年、峠を北に越えたところで反乱が勃発した。リーダーは「彭祖師《ほうそし》」と呼ばれた彭瑩玉《えいぎょく》という農民だった。さらに南の湖南省でも、正義の指導者を名乗る周子旺という男が五〇〇〇人の兵を集め、王であることを宣言した。麻城村においても、人々はこうした動きにすぐに加わった。鄒普勝《すうふしょう》という村の鍛冶屋はその地域の武将になり、一三三八年に武装宗教組織を立ち上げた。それから一〇年間で組織は成長し、彭瑩玉を宗教指導者に選んだ。

彭は現在の江西省と湖南省の境の山地に生まれた。地元の寺院で僧侶となり、呪術や妖術、民間療法、予言などを極めた。若い頃は山間部をさまよいながら治療を行い、当局はそんな彼を魔術師とみなし、見つけ出して捕らえようとした。彼は新時代の到来を説き、反乱を起こしたものの失敗に終わった。かろうじて処刑を免れるとさらに前進し、木版印刷で信念を広め、周辺地域の各地で支部を設立した。革命の機は熟した。

このように不満が渦巻くなかで、ある一人の若者が放浪僧となっていた。彼は現在の安徽省の飢えに苦しむ村の貧農の息子だった。この人物こそ明の創始者となり、中国史において特筆すべき人物となる朱元璋《しゆげんしよう》だった（彼については後述する）。

元の支配者層の金銭的腐敗に対して予言や社会的抗議、怒りが渦巻くなか、武将たちが蜂起して南部を分割した。なかには勢力を統合し、軍事同盟を結ぶ武将も現れた。麻城の周辺では、放浪しながら治療を行う彭瑩玉と、乞食《こつじき》僧の朱元璋に第三の人物として皇帝を自称する徐寿輝《じよじゆき》が加わった。布地の商人だった彼は、未来に仏となって到来する弥勒《みろく》菩薩を信仰し、「金持ちを打倒し、貧者を助ける」と誓ったのだった。大都のモンゴル人の政府による重税や大規模な徴兵に反発し、彼らが手を組んで反乱を起こすと、たちまち一万人の兵が結集した。

同時に、東部においても宋の皇族の子孫を名乗る指導者たちが蜂起した。白蓮教の指導者の韓山童《かんさんどう》が率いる紅巾軍は、「南の紅巾」または「紅軍」と同盟を結んだ。一三五一年に彼らが反乱を起こすと、長江流域での元の影響力は瓦解することになる。貧困と怒りによる反乱の機運が高まっていたが、宗教勢力がそれに加担した。この一派はモンゴルだけでなく、儒学者の支配者層にも攻撃の矛先を向け、儒教の聖堂や学校を破壊し、「明王が現れる」と説いて神聖な救世主によるこの世の支配が始まると訴えた。

それは貧しい者たちが富裕層に対して仕掛けた階級闘争であるだけでなく、異民族の支配に対する漢民族の反乱でもあり、きわめて暴力的で残忍だった。「紅軍」は麻城に襲来すると、元の役人を手あたりしだい殺害した。実際はそのほとんどは漢民族であり、モンゴル人ではなかった。殺害方法も残忍きわまりなかった。生きたまま皮をはぎ、内臓をえぐり、さらには「細かく切り刻んで塩漬けにした」とまで言われる。飢饉の時期と一三五〇年代の反乱期に、麻城一帯で人肉食が実際に行われていたという主張が史料に残されていなければ、恐るべき比喩としか思えないようなことだ。ひとたび導火線に火がついたら最後、各地に飛び火するのは一瞬だった。くすぶっていた不満に、階級、富、宗教、血統による対立、富める者と貧しき者、持てる者と持たざる者の深い溝が追い風になったのだ。

こうした状況は同じ地域でその後も発生する。一七世紀の明の滅亡時と、共産党勢力に対して野蛮な虐殺が行われた一九三〇年代だ。ただし、歴史上でこれほどの残虐行為が行われたのは中国だけだと考えるわけにはいかない。悲惨な仕打ちを受ける隣人に背を向け、特定の層の人々を皆殺しにした例はほかにもあった。二〇世紀になってからも、東欧のユダヤ人村では恐るべきホロコーストが行われ、インド・パキスタン分離独立の際には、人々は火を放たれ、内臓をえぐり取られた。アメリカ南部の保守的な地域では、リンチや火あぶりさえあった。

元のモンゴル人による支配が崩壊すると、八つの勢力が中国皇帝の座をめぐって覇権争いを繰り広げるようになった。内乱は一七年間続いた。その根底にあるのはつまるところ階級闘争であり、農民が富裕層や権力者に戦争を仕掛ける恐れはつねにあった。紅軍の支持者は貧しく土地を持たない人々だった。彼らは「金持ちから奪い、貧者を解放せよ」と訴えた。そうした声が上がったのはこれが最後ではなかった。

一三五〇年代から六〇年代にかけて、長江下流の豊かな稲作地帯である南部の風景が、まるで龍が火をふいたように焦土となり、対立する勢力が長江デルタと太湖《たいこ》周辺の肥沃な平原を縦横に移動し、熾烈な戦いが繰り広げられた。彼らは裕福な人々の屋敷を破壊し、村を略奪し、作物を引き抜き、桑の林を切り倒した。長江の下流域を震撼させたのは、陳友諒《ちんゆうりょう》が率いる勢力だった。地方役人だった彼は、いまや「漢皇帝」を名乗るようになった。勝利を手にするのは、暴力をより大きな暴力で征し、それによって新たな忠誠心を引き出せる者だった。

繁栄する蘇州

中国の覇権を賭けた戦いが最高潮に達したのは、長江下流域においてだった。大運河に沿って南北に、揚州と蘇州のあいだで戦いが繰り広げられた。ここではかつて塩の密売人で、一時は元の役人でもあった張士誠[15]が「誠王」次いで「呉王」を名乗っていた。彼は大運河沿いの揚州と高郵湖周辺から江蘇省の沿岸まで広がる平らな塩田を拠点に、元に対して反旗を翻した。かつて塩を扱い、自ら船を操っていたため、土地と住民について熟知していた。元の支配が弱まると、平地と運河から成るこの地域の人々は、自分たちがいつのまにか腐敗した役人や貪欲な商人や輸送業者の犠牲になっていたことに気づいた。彼らは密売人やごろつき、盗賊になり果てていた。張はこうした人々からすぐに大きな支持を集め、私兵を組織した。彼の率いる部隊は周辺の町を略奪し、大運河沿いの豊かな都市、高郵を占領した。そして張は元号を「天祐」として、新王朝の創設を宣言した。彼の支配地はごくわずかだったので、これはかなり大胆なことだった。だが張は、元の支配が弱まる状況で、はるか北の大都に至るまでの地域が混乱状態にあると見て取った。そして彼の旗のもとに、貧しく、絶望に打ちひしがれた何千人もの農民が集結した。

元の政府は反乱鎮圧のため、揚州から軍隊を派遣したが、張は特使を殺害した。モンゴルは援軍を派遣し、高郵で張の軍勢を包囲するが、司令官が突如北に呼び戻された。モンゴル軍は混乱して撤退したため、張は四世紀前に宋が開かれたように、皇帝となって王朝を築くという野望の実現に向けてさらに邁進した。一三五六年、張は船で兵を長江の南岸へと上陸させ、太湖周辺の豊かで人口の多い農業地帯へと進軍した。その年の三月、張の軍勢は周辺地域で最大かつもっとも繁栄している都市、蘇州の包囲に取りかかった。

現在、蘇州は上海から車で一時間半ほどの距離にある。元代以降、風景は大きく変化した。今では蘇州から海までは約五〇キロだが、元代には市街は長江の河口の先端部にあり、その南にかけて沿岸地域を統制していた。何世紀も経つうちに、上流から運ばれてきた大量の沈泥が堆積して河口が移動し、蘇州と海のあいだの埋立地には上海の大都市圏が広がっている。中世には、都市が管理していた幅の広い砂州があり、豊かな漁場だったが、現在では崇明島《すうめいとう》という島になっている。蘇州もここ二〇年の不動産ブームによってつぎつぎと建設された高層住宅に取り囲まれているが、それにもかかわらず今も美しい都市である。

　蘇州は一四世紀から一八世紀にかけて、首都ではないが都市としてはおそらく世界最大の規模だった。かつての壮麗な都市の名残は、運河や橋、仏塔、寺院、一〇〇を超える個人の庭園など、明代に造られたものを中心に至るところに見られる。蘇州は一二世紀に女真《じょしん》人との戦いで破壊されたが、その後漢民族の商人や紳士階級の人々によって贅沢に再建され、モンゴルの支配下で繁栄していた。その当時でさえ、蘇州の美しさは広く名を轟かせていた。宋代の『蘇州図経』[16]という案内書では、唐の白居易が「三百九十もの紅い欄干の橋」〔『新釈漢文大系105　白氏文集九』(岡村繁著、明治書院)「正月三日閑行」より〕について記した言葉を引用してから、こう説明している。「彼の時代以降、さらに多くの橋が大変見事な技巧で造られてきた……どれも石かレンガを使っているので、今では紅色の木製の欄干は見られなくなっている」。旅行者や好古家向けの補足説明として、橋などの名称については「完全な記録は存在しないが……古典や現代の逸話に登場する有名なものは以下のとおりだ」と書き添えている。実際に、そこは天国のような場所だった。著者はこう薦めている。「垂虹亭《すいこうてい》にある宋江の橋から太湖を見渡し、湖の輝く光や海からのすがすがしい風、楽しげに波打つ水面を味わうこと。これは蘇州一帯でも指折りの美しい眺めである」。そんな都市が、包囲攻撃用の兵器に破城槌、砲弾発射装置、土木工兵を備えた総勢二五万というとてつもない規模の反乱軍に包囲されたのだ。

「写懐」

「豊かな蘇州」には、元の平和な時代に裕福な一族が移り住んできた。彼らはいまや絶体絶命の状況を固唾をのんで見守るばかりだったが、鄭《てい》一族もそんな一族だった。昔から地方の名士として学者や行政官として仕えてきた鄭一族は、もともと現在の河南省鄭州に近い滎陽《けいよう》に暮らしていた。一一二七年の北宋の滅亡後に南に移住し、先祖には南宋時代の宰相もいた。元代の初めに一族の一人が蘇州の副知事となり、「県の半分を所有する」とまで言われた。そして引退後は、蘇州の水辺の優雅な邸宅を終のすみかとした。この人物の孫娘が鄭允端《いんたん》[17]だった。彼女は一〇代半ばでこの土地の名門一族に嫁いだが、ここ数年はつらい日々を過ごし、「貧しさと体調がすぐれないことが悩みに拍車をかけていた」と彼女は語っている。三〇歳を迎え、少なくとも四人の子どもの母親になった允端は、中国史におけるこの決定的瞬間に、南部でまさに起きている争いに鋭い視線を投げかける目撃者だった。

> 私は何世代も前から儒学研究に身を捧げた名家に生まれた。父と兄は古典［経学］を学生に教え、蘇州で名を成している。私はごく幼い頃に父から教えを受けたため字の読み書きができた。のちに学問に関心を抱くようになり、父の余っている本をこっそりと手に入れて義と理についておよその理解を得た。
>
> 〔『粛雝集《しゅくようしゅう》』より〕

この美しい土地で文化的にも豊かな環境に生まれ育ち、しかも女性の詩人や著述家が何世紀も前から存在していた世の中で、鄭允端は芸術と文学を愛するようになり、余暇には自ら詩を書くようになった。「大人になって」と本人が述べているが、彼女は一〇代の半ばで土地の名家の生まれで役人となった若き学者のもとに嫁いだ。彼の先祖も昔から芸術にゆかりのある一族だった。夫婦には男女の子どもたちがいた。

夫は儒教に親しみ、私たちの関心はとてもよく似ていた。妻としての務めから解放された自由な時間には、手慰みに筆と墨を用意して楽しいひとときを過ごし、自らの感情や内なる心を歌い上げるさらに素晴らしい機会さえあった……

〔『粛雝集』より〕

元代には、社会における名家の女性の地位は、宋代に比べて後退した。それどころか、中国史において、この時代は女性にとって転換期となる。女性の地位が法的にも社会的にも低下し、中流階級では、開封《かいほう》の絵巻で初めてみられたような女性の隔離がさらに一般化したのだ。女性の財産や再婚に関する権利も軽んじられた。女性は家庭にいるべきだという昔ながらの儒教的考えが強化された。日常生活では二重の束縛を受けた。上流階級と中流階級の女性は女性専用の居室がある「奥向き」に閉じ込められ、纏足《てんそく》がさらに広まった。女性の貞節を重んじる家父長主義が強化されたためだ。

一四世紀の中国において、こうした保守的な圧力に抵抗した女性は允端だけではなかったが、自分の感情や不満、不公平感を彼女ほどはっきりと表現した女性は数少なかった。彼女は詩のなかで、女性による文学の伝統を敢えて覆そうとした。同時代の女性の詩のほとんどが感傷的で、ありふれた表現ばかりだと不満を述べ、「女性の文章の古い習慣を捨て、現代の傾向を退ける」ことを目指すとしている。彼女自身は思想や文学から歴史に至るまで幅広い分野の書物を読んだ。杜甫や李清照はもちろん、漢の女性の歴史家、班昭《はんしょう》の著作も読んでいた。また、女性に関する書物も読んだ。例えば、允端は娘をもつ母として、班昭が女性の心得について記した『女誡《じょかい》』をいわばフェミニストの宣言とみなし、繰り返し読んだ。自身の詩においては、趣向や形式の点ではその筋の権威である男性批評家に従ったものの、独自の力強い口調や、習慣に逆らう立場を表すこともしばしばだった。一部の女性詩人は、自らの従属的な役割に配慮して詩を破棄する、と彼女は記している。彼女は自身の作品については、死後も保管するようにと明確な指示を残している。

彼女にとって「奥向き」に閉じ込められる苦痛と不満はあっても、芸術を通じて精神的に逃避することはできた。夢を見るのも同じだった。「写懐〔訳注：「思いを写す」の意〕」と題した詩のなかでは、自分が別世界に生きている夢について語っている。彼女はもともと東方の海の女仙だった。ところが「思いがけず俗事にとらわれる心に引きずられ、このほこりにまみれた網のなかに落ちてしまった」のだという。これは当時の一人の女性芸術家の心理に踏み込んだ心打たれる洞察である。いわば、彼女の守護天使はほかでもない、女性を力づける超自然的な女性たちだったのだ。

允端の詩からは、視覚芸術に対する彼女の姿勢もうかがえる。少なくとも、彼女の三〇篇の詩は絵画を題材にしている。そのなかに宋代のある著名な山水画家に言及した作品があり、彼女の詩集の冒頭に置かれている。彼女は「適切な順序」で編纂したと述べているので、この詩を冒頭に選んだのは標題として重要な意味があるにちがいない。詩の内容は、家庭と結婚と家父長制による男性の世界にとらわれた女性の運命について。彼女は杜甫の詩をおどけて反復しながら、一〇世紀の著名な画家の李成などが描いた山水画を丹念に描写する。「幾重にも重なる山々に、連なる峰々……風変わりな岩に高い松の木［が対峙している］」。どうやら、この屏風画は、薄い墨によって地平線が幻想的に遠のいていくようすがあまりにも見事に描かれていたため、彼女の想像のなかでは別世界へと瞬間移動できる魔法の道具《ポートキー》となったようだ。絵のなかの廬山《ろざん》の森の開けた場所に移動した彼女は、勢いよく流れる水の音を耳にすることができた。仏教や道教の寺院が数多くある廬山は、白居易をはじめとする唐の有名な詩人たちを惹きつけた場所だった。

魔法のように美しい風景は、とらわれているという彼女の感情をますます強くしたようだ。彼女はそのあとに、自分が纏足であることを伝えている。実質的に障害のある身であり、外に出て新たな経験を味わうことはできなかった。中国絵画の研究者であるピーター・スターマンは、彼女が山水画の風景について述べたこんな詩を紹介している。

これを目にすると、まるで廬山のふもとにいるような気がする
そして心から世俗のほこりがすべて清められるような心地になる
それでもこの体は、家の奥で老いる運命にあり
未知の場所へと赴けないことがやりきれない
私の足に巻きつけられた布と私の青い靴は、私の人生を台無しにしている
長らくこの絵を前にしていると、私はどうしようもない失望でいっぱいになる

〔「山水障歌」より〕

彼女の著作は女性の経験に対するこうした繊細な感覚にあふれ、女性たちに女性のための詩を書くように促している。おそらく自分の娘たちに向けてだと思うが、親の言いつけによって自分より身分の高い相手と不幸な結婚をすべきではないという警告まで残した。この時代のほかの女性詩人たちと同じく、友愛に満ちた結婚における平等と愛情の大切さを訴えたのだ。允端は女性が自らの「感情と内なる心」を表現することを願った。そして二世紀前の李清照と同じように、彼女もまた戦時下の女性の運命を生々しく伝えた。

妹は夫が廬山の近くに赴任したとき
ともにその地へ赴いた

それはもう一年以上も前になるのに
近況を知らせる便りはいまだ届いていない
最近は旅人や商人の話として、江西省の至るところに強盗や盗賊がいると聞いた……
彼らは行く先々で街を略奪しているという
殺された人々の血で通りが染まり
……郵便の配達は立ち行かなくなった
妹がまだ生きているのか
それともこうした惨事のさなかに亡くなったのか知る由もない

〔「思妹」より〕

一三五五年から翌年にかけて、戦争が繰り広げられるなか彼女の健康は急激に悪化した。人生の最後の年はすっかり弱ってやせ細り、ほとんど床に臥し、歩くこともままならなくなった。病状からすると、がんの可能性が高そうだ。言うまでもなく、彼女は自分の死が近いと自覚し、「一〇年の死の戦慄」に見舞われた故郷と時を同じくして、自らの肉体がばらばらになっていくようすを見守っていた。病による深い心理的苦痛を読み手に伝えているが、後世の文芸評論家たちからは女性の弱さとして非難された。私たちにとっては、彼女自身も世の中も追い詰められた時期に、彼女が本当に感じたことを垣間見る貴重な機会になっている。置かれた状態によって、並外れて繊細で知的な人物の憂鬱がさらに深まったことは容易に想像できる。彼女は肉体的な状況によってとらわれていると感じていた。身体の自由を奪われる不安を和らげるには、巻物に筆を走らせるしかなかったのだろう。

一三五六年、張士誠の軍が蘇州に攻め入り略奪が始まった。自宅にこもっていた允端は、病状と纏足のせいで逃げられなかった。いずれにしても、男性の保護者たちはおそらく、彼女が名家出身の女性としての体面を保てないなら、自害してもらいたいと考えていただろう。彼女の最晩年の詩の一つに「詠鏡《えいきよう》」という作品がある。長年愛用してきた「箱に入った明るく輝く鏡」についての詩だ。この鏡は初めて化粧をするようになった一五歳のときから所有している。彼女は一五歳のときの「花のようにみずみずしく」輝いていた肌を振り返ってから、病と貧しさからやつれ、皺ができ、年齢よりも老いている三〇歳の顔をしげしげと見ている。「今朝は鏡もぼんやりとくすみ、ほこりだらけできたならしい。私たちは互いに見入り、暗闇へと沈んでいく」と彼女は記している。

城壁では元の守備隊が張士誠の率いる軍勢と戦ったが、やがて蘇州は陥落し、允端の家も荒らされ火を放たれた。この惨事はすでに弱っていた彼女の体を打ちのめした。この春の清明節に、余命が数カ月だと自覚した彼女は、短い覚書を残した。以下はピーター・スターマンによる英訳に基づく。

私は詩詞を書くと簞笥《たんす》や籠にしまい、いずれ優れた名文家に誤りを正してもらい、そのうえでほかの人々に披露するつもりだった。ところが私は何年も病に伏し、いつこの世を去ってもおかしくない。これらの詩が日の目を見ずに失われるといけないので、私は改めて詩を書き写し、適切な順序になるように製本した。のちの世代に読んでもらえるように、これを家塾に置くつもりだ……

彼女はこう続けている。「はるか以前、唐のある世捨て人が持っていた詩の書かれた瓢箪《ひようたん》にはこんな言葉が刻まれていた。『これを見つけた者だけが私の苦しい胸の内を理解できるだろう』。私にも同じことが言える。鄭允端、至正一六年(一三五六年)四月の清明節に記す」

鄭允端は、張士誠が蘇州を占領し、家を破壊されたその年にこの世を去った。彼女が望んでいたように、作品は消失を免れ、元の高名な学者で芸術家の銭惟善《せんいぜん》の序文を添えたうえで夫が保管した。その後、五世代目にあたる子孫の手で、明の嘉靖帝《かせいてい》の治世（一五二一年－一五六六年）に木版印刷によって出版された。この努力がなければ、允端の作品や経験、感情を私たちが知ることはなかっただろう。素晴らしいことに、允端の名声は現在でも鄭一族によって守られている。一族のある女性はこう述べている。「彼女は嫁いだので鄭一族の家系図に名前はありませんが、その詩は一族の女性たちによって今でも大切にされています」

呉王——元の滅亡と明の誕生

蘇州の包囲が終わると、反乱軍を率いる「呉王」張士誠が蘇州を占拠して新政権の拠点とし、中国全土の統治者を名乗った。張はすでに、蘇州の内陸地域の農業資源と故郷の塩の収益、さらには長江北部沿岸の平地を押さえていた。そのため張は覇権を争う群雄のなかではもっとも裕福であり、蘇州の人々からは善政を行ったことで長らく記憶された。

蘇州を拠点とする張の王国は一一年存続した。彼の軍勢は徐々に、統制の優れたより大きな軍隊によって勢力を削がれ、領土もしだいに縮小した。そしていよいよ、手の施しようのない状況に追い込まれた。一三六八年にフビライ・ハンの後裔である順帝が大都を放棄し、山を越えてモンゴルの草原へと逃げ延びると、中国は内乱状態へと陥った。これにより元朝は滅亡した。一三六七年、張が蘇州に打ち立てた都は、最大の敵が率いる紅巾軍によって包囲された。その敵とは、多くの支援を取りつけた残忍でカリスマ性のある将軍、朱元璋だった。物乞いだったこともある、私たちがツツジに覆われた大別山で出会った彼が、いよいよ中国史の表舞台へと躍り出ようとしていた。

朱元璋は長江南岸の南京で権力を蓄えたのち、江南の覇権をかけて「呉王」張士誠と戦うため蘇州に進軍した。一〇カ月におよぶ包囲ののち、一三六七年一〇月一日に蘇州は陥落した。その時点で、避難民が押し寄せていた蘇州城内では、一〇〇万人以上の人々が飢えにあえいでいた。朱元璋は略奪や強姦を固く禁じ、張は捕らえられて自決した。とはいえ蘇州には現在でも、蘇州工業園区に位置する南施公園に、彼の墓を示す石碑がある。寛大な人柄と優れた統治が評価され、〔訳注：ほとんど行われなくなったが〕旧暦の七月三〇日には毎年地元の人々が軒先で香をあげて彼を偲んでいる。

一方で、蘇州で勝利して内乱を征し、モンゴル人が去った今、朱元璋は中国史上もっとも偉大な人物の一人となるよう運命づけられていた。劉邦と同じく農民出身の彼は、自ら皇帝を名乗り、元の滅亡の混乱期に新王朝を築いた群雄の一人にすぎなかったが、そのなかで生き残ったのが彼の王朝だった。疑り深く、粗暴で残酷、そしてどこまでも非情ながら、独創性豊かな天才だった彼は、中国史のなかでも屈指の安定した偉大な時代をもたらす。彼の天下統一の出発点となった古代からの千年王国説的思想を反映し、新王朝は「明かりをもたらす者」、つまり「明」と命名されることになる。

注

以下の注釈では主に英語で書かれた文献を示すとともに、2013年から2019年にかけて中国で行った数多くのインタビューにつき謝意を表している。

はじめに

(1) 「一〇〇〇年に一度の傑作」：Hawkes (trans.) (1973).

(2) 「今に息づくこの文化」：『論語』子罕（しかん）篇の有名な一節に由来する表現。*Analects,* 9.5, Leys (1997), 39 より。Bol (1992), 1-6 を参照のこと。

(3) シモン・レイス：*The Burning Forest* (1988), 42; *Les Habits neufs du président Mao* (1971)〔英語版は *The Chairman's New Clothes: Mao and the Cultural Revolution* (1977)〕から *Chinese Shadows* (1978) にかけての彼の著作は、私の世代の学生やジャーナリスト、歴史家にとってはすがすがしいほど懐疑的な姿勢で記されており、現在でもそれは変わらない。2013年の彼の評論集は、人間的に深みのある優れた著作である。

(4) 中国の過去に対する姿勢：Leys (2013), 285-301; Mote (1973).

(5) 石峁：本書上巻43-44頁を参照のこと。陶寺については上巻45-47頁を参照のこと。

プロローグ

(1) 一八九九年一二月、冬至：儀式に関する説明は Bredon (1922), 132-49 に基づく。儀式の手順の詳細は同書 134; Arlington and Lewisohn (1935), 105-13; Soothill (1913, 274, and 1951, 66-8) より。現代の北京を知るために欠かすことのできない Aldrich (2006) の優れた案内書の 229-31 も参照のこと。

(2) 光緒帝：ここで引用した勅詔は J. Chang (2013), 175-90 より。

(3) 『ペキン・ガゼット』：https://digital.soas.ac.uk/content/AA/00/00/06/08/00017/AA00000608_1899.pdf; https://primarysources.brillonline.com/browse/the-peking-gazette/translation-of-the-peking-gazette-for-1899; pkga1899　あらましについては以下を参照のこと。Harris (2018): https://brill.com/view/book/9789004361003/BP000036.xml?language=en

(4) 「政局は危機的であり」：J. Chang (2013), 307-8.

(5) 子どもらしからぬ幼少時代：詳細は J. Chang (2013), 175-81 を参照。

(6) 「隔絶されて輝いており」：Bredon (1922), 132 より。Bredon にとって、祭壇は「地球の知られざる驚異」(149) だった。

(7) イギリス人宣教師：Soothill (1913), 274.

(8) 三層の祭壇：儀式の配置については Bredon (1922), 134 より。

(9)　乾隆帝：Rawski and Rawson (eds) (2005), 118.
(10)　この美しくも古めかしい儀式：Granet (1926), 242–51; G. F. Hudson in Soothill (1951), xiii–xviii. 本書の主題となる賢明な君主の伝説の有史以前のルーツについては、Yuri Pines の注釈による Liu Zehua の評論 (2013–14) より。
(11)　西太后の布告：原文は J. Chang (2013), 307–8 を参照。
(12)　「空腹と不満と絶望……あふれている」：https://eu.desmoinesregister.com/story/opinion/columnists/2017/05/26/amazing-adventures-iowas-first-ambassador-china/344105001/

第1章　起源

(1)　概要：初期の中国史全般については以下より。Ebrey (2010), 10–35; Hansen (2015), 19–55; Li Feng (2013), 15–40. 先史時代の豊かな描写については Allan (ed.) (2005) より。政治的権力への道筋の幅広い解釈については K. C. Chang (1983) より。初期の王権の史料編纂の問題については Liu Zehua の評論（2014）より。中国で繰り返される専制的支配についての詳細は de Bary (1993), 1–3; Levenson (1958), 162–3 を参照。物語全体の一次史料は de Bary, *Sources of Chinese Tradition*, 2 vols (1960 and later eds) を参照。この注では *Sources* と省略して表記する。インターネットでは、Chinese Text Project, https://ctext.org においても重要な初期の史料を閲覧できる。出典の手引きは Wilkinson (2017) を参照。
(2)　「黄河の威力」：Keightley (2000), 113–4.
(3)　甲骨：Li Feng (2013), 90–111; Keightley (2000); 西洋では初めての注目に値する文献となる Chalfant (1906) を参照。
(4)　「今季は洪水はないか？」：Keightley (2000), 114. 洪水の伝説全般については Lewis (2006) を参照。
(5)　一〇四八年の氾濫：Zhang Ling (2016) を参照。1099 年から 1102 年にかけての大災害については同書 198–9 を参照。
(6)　「中国（チョングゥォ）」：この言葉の意味と歴史の古さについては Wilkinson (2017), 4,1 Box 2 を参照。
(7)　周口市の寺の祭り：描写は 2015 年 4 月の訪問に基づく。親切にしてくださった寺院の管理者にお礼申し上げる。土地の宗教の存続については Overmyer (ed.) 2003; Overmyer (2009) および Yang (2005) を、縁日については Cooper (2013) を参照。中国における宗教の復活に関する最近の記述として、Johnson (2017) を参照。
(8)　『白虎通義』：Loewe (ed.) (1993), 347–56.
(9)　女神女媧：Yang (2005), 170–5; Lewis (2006), 110–45; Pankenier (2013), 383–403. 子宝にまつわる神話と女媧のつながりは Lewis (2006), 121–5 を、結婚とのつながりについては同書 134–7 を参照。
(10)　女媧のふるさと：インタビューは 2015 年 4 月に周口市近くの淮陽の寺院で行った。私が記録した歌は、Yang Lihui によって 1993 年に収集され、彼女による重要な *Handbook* (2005) に掲載された歌詞により増補している。河南省聶堆鎮の女媧陵は 2016 年に大々的

に修復された。この地域と周口の女性の文化の一つとして、湖南省南端の江永県に伝わる「女書（にょしょ）」に似た文字がある。女書は女性専用の文字で、江永県では独特の糸のような線の文字が「姉妹の契りを交わした女性たち」もしくは母と娘のあいだで伝えられていた：https://en.unesco.org/courier/2018-1/nushu-tears-sunshine　湖南省でもともと女書を用いていた最後の女性が 2004 年に亡くなった：https://web.archive.org/web/20121104181654/http://news.xinhuanet.com/english/2004-09/23/content_2012172.htm　詳しくは Idema (2009) を参照のこと。

(11)　**顧祖禹**：K. C. Chang in Allan (ed.) (2005), 126.

(12)　**仰韶文化と龍山文化**：Li Feng (2013); Liu Li (2004).

(13)　**石峁**：Jaang Li et al. (2018), 1008–22.

(14)　**陶寺**：Li Feng (2013), 31–5; Pankenier (2013), 17–37; He Nu (2018). He Nu は以下で閲覧可能。https://www.sciencedirect.com/science/article/pii/S2352226717300247

(15)　**司馬遷**：堯帝と天文学については、Pankenier (2013), 218 を参照。

(16)　**禹王の伝説**：Watson, *Records* (1969), 230–1 より司馬遷による要約。Lewis (2006), 28–43. 天文考古学における最近の発見については、Pankenier (2013) を参照。「禹の貢物」の物語の歴史については同書 401-8 より。きわめて野心的な近年の調査については、Li Min (2018), 396–448 より。

(17)　**禹の足跡**：『書経』の言い伝えは、孔子がさらに古い文献から編纂したと言われている。James Legge による翻訳が https://ctext.org/shang-shu/tribute-of-yu で閲覧できる。

(18)　**禹王の伝説**：2014 年 4 月、開封の禹王台の禹王廟（1517 年の洪水のあとに、前漢にさかのぼる遺跡に建てられた廟）で行ったインタビューより。

(19)　**青銅製の蓋つき容器**：Li Feng (2013), 50–1 より。Li Min (2018), 309–401 で論じられている。

(20)　**マルセル・グラネ**：*Fêtes et chansons* (1929), 155–74 より。踊りの形態については *Festivals and Songs* (1932), 207–23 より。

(21)　**洪水の伝説**：Yang (2005), 21–3, 73–4, 114–6; Lewis (2006), 104–5, 191–2 より。大禹については Lewis の 38–9 より。

(22)　**積石峡の発見**：Qingling Wu et al. (2016); 論文の概要は https://science.sciencemag.org/content/353/6299/579 より。航空写真は以下を参照。https://blogs.agu.org/landslideblog/2016/08/05/jishi-gorge-landslide1/

(23)　**洪水の影響**：Chen Yunzhen (2012) および https://www.ncbi.nlm.nih.gov/pmc/articles/PMC3472015/ より。

(24)　**炭素年代測定**：Pankenier (2013), 193–204 を参照のこと。

(25)　**夏と二里頭**：Li Feng (2013), 41–65; Pankenier (2013), 122–48; Allan (2007a); Liu Li and Xu Hong (2007), 886–901 より。二里頭で遺跡と出土品の保管所を案内してくれた許宏博士にお礼申し上げる。

(26)　**紫禁城**：青銅器時代からの建築の驚くべき連続性については R. L. Thorp in Steinhardt (1984), 59–68 を参照。

(27)　安陽：膨大な史料が存在する。英語の主要な文献は Li Chi (1975) および K. C. Chang (1980). Allan (ed.) (2005), 150-171 に K. C. Chang の概説が掲載されている。Li Feng (2013), 66-89 も参照のこと。王の妻の婦好（ふこう）の墓など、さらに最近の発見については Allan (ed.) (2005) および Ebrey (2010), 26-7 を参照のこと。婦好の足跡は商の最後の王、紂王（ちゅうおう）の足跡とともに董作賓（とうさくひん）によって解明されている。Dong Zuobin (1945). 発掘の写真は *Yin Xu Fa Jue Zhao Pian Xuan Ji 1928-1937* ('Historic Photos from the Anyang Excavations 1928-1937'), Taipei (2012): http://archeodata.sinica.edu.tw/1_2/HPftAE/index.html を参照のこと。

(28)　気候：Keightley (2000), 1-8.

(29)　風：Creel (1937), 181; Keightley (2000), 3, note 10 および 125-8.

(30)　占いの存続：Keightley (1978), 9.

(31)　文字の起源：Goepper (1996) および Boltz (2011).

(32)　民間信仰の存続：S. Allan, 'The Shang Foundations of Modern Chinese Folk Religion' in Allan and Cohen (1979), 1-21; Keightley (2014, 155-206).

(33)　始祖：この表現は Keightley's (2014), 87-99 および 155-206 より。

(34)　生贄：Keightley (2000), 113-4.「首を切られた生贄」については同書 26-8, 88-9 を参照。

(35)　つまり商の時代において：大局的な視点は K. C. Chang (1983); Keightley (2000), 129 を参照。

第2章　商の大戦

(1)　商の背景：Li Feng (2013), 112-39; Ebrey (2010), 30-7; Hansen (2015), 38-55.

(2)　重要な史料：『逸周書』は Shaughnessy (1980) により分析されている。

(3)　年代：天文考古学の新たな発見については、Pankenier (2013), 196-202 を参照。

(4)　戦車による戦い：Shaughnessy (1988). アナトリア、北東シリア、ミケーネ文明、リグ・ヴェーダ時代インドにおいても、戦車戦の技術が導入されたのは後期青銅器時代である。

(5)　全ての引用は Shaughnessy (1980), 57-60 より。

(6)　利簋：Li Feng (2013), 120-1.

(7)　「武王は戦車から降りると」：Shaughnessy (1980-81), 59 の翻訳より。商の文明のルーツとしての暴力と血の生贄については Campbell (2018) を参照のこと。この著作は本書が校正段階に入ってから私の目に留まった。

(8)　商丘：Murowchick (2001) および Des Forges et al. (eds) (2010) は、河南省の中心部の3つの古都を知るのに大変有益である。私が商丘とその周辺の遺跡を訪れたのは 2014 年 4 月。

(9)　「商」の文字：当時の幅広い意味については K. C. Chang (1995), 69-77 より。

(10)　「偉大な都市、商」：Murowchick (2001), 1-2.

(11)　旅程：Dong (1945). スザンナ・ソーントン（Suzanna Thornton）の翻訳と彼女が Dong（董作賓）の略図に記された旅を解読してくれたことにお礼申し上げる。

(12)　閼伯台：Hu Zhongwei (1999), 231-4.

(13)　電気抵抗による調査：Murowchick (2001), 10–2.

(14)　長子口：'A Western Zhou Tomb at Taiqinggong, Luyi Henan', Henan Provincial Institute of Cultural Relics and Archaeology : https://www.degruyter.com/view/j/char.2001.1.issue-1/char.2001.1.1.137/char.2001.1.1.137.xml

第3章　天命

(1)　洛陽：周の新たな発見については Li Feng (2013), 112–61 より。

(2)　馬と戦車：Shaughnessy (1988).

(3)　周の碑文：同上。鉄器時代の中国の貴族全般については Li Feng (2013), 169–82 を参照。

(4)　「軍を率いる方叔は」：Waley (trans.) (1954), 128–9 をもとに脚色した。

(5)　「秦王朝以前の時代」：Burton Watson (1958) 182–6.

(6)　官僚制度の起源：Li Feng (2013), 195–206.

(7)　古典：『易経』（*The Book of Changes*, trans. R. Wilhelm）、『詩経』（*The Book of Songs*, trans. A. Waley）、『書経』（*The Book of Documents*, trans. C. Waltham）、『尚書』（https://ctext.org/shang-shu）、『礼記』（*The Book of Rites*: https://ctext.org/liji）、および孔子の故郷の曲阜で編纂された年代記、『春秋』(*Spring and Autumn Annals,* trans. B. Watson 1989) のこと。

(8)　天命：天命の概念については Allan (2007a), 1–46; Li Feng (2013), 143–4 を、宇宙論的政治背景については Pankenier (2013), 193–219 を参照。

(9)　君主主義：Liu Zehua (2014) の評論に基づく。賢明な王と毛沢東についての示唆に富む Liu Zehua (ed. Yuri Pines) (2015) の評論も参照のこと。

(10)　孔子：Leys (trans.) (1997); Li Feng (2013), 207.『論語』の信頼性の問題に対する慎重な見解については、C. Harbsmeier による最近の考察を参照。https://www.cuhk.edu.hk/ics/journal/articles/v68p171.pdf

(11)　曲阜市街地の発掘：Lu Liancheng in Allan (ed.) (2005), 213–4.

(12)　孔子の血筋：Eno (2003), 1–11; Li Feng (2013), 210–6.

(13)　「天下に道が行われていれば」：*Analects* 16.2, Leys (trans.) (1997), 81; Pines (2009), 28.

(14)　カネッティ：*Analects*, Leys (trans.) (1997), xxi. 司馬遷も「孔子を読むたびに、孔子その人が目の前に見える」と述べている。

(15)　枢軸時代：Jaspers (1953). デュペロンについては Waley (1963), 11–29 より。最近の概観としては Bellah and Joas (2012) が代表的だが、比較宗教学や哲学の歴史家に対して、鉄器時代の専門家による説得力のある説明が待たれる。

第4章　始皇帝と中国の統一

(1)　背景については Li Feng (2013), 229–56 を、最近の考古学の新たな概説については Lewis (2009a) を参照。秦の台頭については以下を参照。Xu Pingfang in Allan (ed.) (2005), 249–88 の図版入り調査; R. Yates in Portal (ed.) (2007), 30–57; 'Qin History Revisited', Pines et al. (eds)

(2013), 1–34.
(2) 墨子と老子：Pines (ed. & trans.) (2017), 15–6.
(3) 『商君書』：ここでは Pines (ed. & trans.) (2017), 19–24 を参照のこと。
(4) 秦による周の併合：Dawson (ed.) (1994), 67.
(5) 「周の家系が滅ぼされた」：Pines (2009), 19.
(6) 秦の台頭：Li Feng (2013), 245–8; R. Yates in Portal (ed.) (2007), 36 (map) および 53–6 (roads). 王自身については Dawson (ed.) (1994), 3–9 を、彼の行いについては *Annals of Qin*, Dawson (ed.) (1994), 63–97 を参照。
(7) 「秦は海に囲まれた地のすべてを占領し」：Pines (2012), 20.
(8) 道路と長い壁：Portal (ed.) (2007), 79 および地図；Dawson (ed.) (1994), 55–61; Li Feng (2013), 229–56 を参照。
(9) 学者と歴史家を生き埋めに：Dawson (ed.) (1994), 77（焚書）および 80（坑儒）. 逸話は疑問視されているが、法家の書物の焼却については de Bary, *Sources* I, 140–1 を参照のこと。
(10) 寛大な裁判官：Barbieri-Low and Yates, Vol. II (2015), 1332–58.
(11) 同による殺人事件：Lau and Staack (eds & trans.) (2016), 228–46. 翻訳を利用させていただき感謝している。
(12) 竹簡の発見：Yates (2012–13), 291–329.
(13) 南陽で生まれた世帯主：C. Sanft in Pines et al. (eds) (2015), 249–72 および 251. 漢の書記官については Barbieri-Low and Yates (2015), 1084–109 の記述を参照のこと。
(14) 秦の兵士の手紙：E. Giele in Richter (2015), 457–63 の翻訳より。
(15) 清夫人の辰砂事業：R. Yates, 'Soldiers, Scribes and Women' in Li Feng and Branner (eds) (2011), 367.
(16) 「秦が諸侯を破るたびに」：Dawson (ed.) (1994), 77–8.
(17) 阿房宮：Dawson (ed.) (1994), 67 および 77–8. 考古学については Hiromi Kinoshita in Portal (ed.) (2007), 83–93 を参照。刻まれた勅令の文面については Dawson (ed.) (1994), 67–74 を参照。
(18) ギリシア人の影響？：J. Rawson in Portal (ed.) (2007), 129; Nickel (2013).
(19) 一二体の巨大な銅像：Dawson (ed.) (1994), 66; J. Rawson in Portal (ed.) (2007), 128–9; Nickel (2013).
(20) 陶工ベル：下層階級の読み書きの能力については R. Yates in Li Feng and Branner (eds) (2011), 339–69、「ベル」については 367 を参照。男女の職人の読み書き能力については A Barbieri-Low in Li Feng and Branner (eds) (2011), 370–99 を参照。
(21) 始皇帝陵：Li Feng (2013), 250–6; J. Rawson in Portal (ed.) (2007), 124–5, 129–35.
(22) 奴隷の余：J. Rawson in Portal (ed.) (2007), 131–4. 司馬遷による墓の記述については、Dawson (ed.) (1994), 85–6 を参照。
(23) 墓の配置：Dawson (ed.) (1994), 85–6; Rawson (ed.) (1996), 136–45.
(24) 地球物理学的調査：Portal (ed.) (2007), 205–7.
(25) 隕石の話：Dawson (ed.) (1994), 81.

(26)　杜牧の詩：この有名な詩には多くの英訳がある。全編は以下など参照のこと：John Minson : http://chinaheritage.net/journal/the-great-palace-of-chin-a-rhapsody/
(27)　「聖王」の概念について：Li Zehua in Pines et al. (eds) (2015).

第5章　漢帝国

(1)　漢の概要について：Lewis (2009a) ; Ebrey (2010), 60–85 ; Hansen (2015), 118–57 ; Li Feng (2013), 257–82. 官僚の台頭については Li Feng, 283–303 を、組織と物質的文化については Wang (1982) および Loewe (1986) を参照。ローマ帝国との興味深い比較は Poo et al. (eds) (2017) を参照。とくに中国では仏教を受け入れ、西洋ではキリスト教を受け入れた点が興味深い。
(2)　二人の反乱の物語：de Bary, *Sources* I, 53–6 ; Li Feng (2013), 258–60.
(3)　「秦に対する蜂起は……集約された」：項羽については Dawson (ed.) (1994), 109–40 および Chen Sheng, 141–8 を参照。
(4)　匈奴との戦い：Yap (trans.) (2009).
(5)　前一一〇年春：Yap (trans.) (2009), 207–9.
(6)　司馬遷：司馬遷については Watson (1958 and 1969) および Dawson (1994) を参照。
(7)　漢代の墓の最近の発掘：Barbieri-Low and Yates (2015).
(8)　「遷は竜門に生まれ」：Watson (1958), 48 の翻訳より。
(9)　「忘れないでくれ」：Watson (1958), 49–50.
(10)　蚕室：Watson (1958), 57–67 ;「人間はどの道一度は死ぬものですが、泰山より重い死もあれば、おお鳥の毛より軽い死もあります。それは、その死のもたらす効用が異なっているからです」〔『新釈漢文大系 120　史記十四（列伝七）』（青木五郎著、明治書院）付録 1「報任少卿書」より〕(Watson, 63).
(11)　歴史と父への孝行：on the writing of history, Nylan (1998–99).
(12)　鄭村：von Glahn (2016), 108–13.
(13)　フランクリン・キング：このような忍耐強い生活様式については、20 世紀になってから多くの研究が行われている。内容は Graham Peck の *Two Kinds of Time* (1950) のような個人的体験記や、長江デルタの太湖周辺の田園生活の示唆に富む現地調査をまとめた Fei Hsiao-tung の *Peasant Life in China* (London : Kegan Paul, 1939) のような人類学的報告まで多岐にわたる。
(14)　ヨーロッパからやって来た旅人：Keyserling (1925), 71.
(15)　奴隷のフー・シェン：レンガに刻まれた文字については Wang (1982), 212–3 より。
(16)　書記官：Barbieri-Low and Yates (2015), 1084–111.
(17)　シルクロード：Yü Ying-shih (1986) ; Wood (2002) ; Hill (2009) のほか、最近では Hansen の文献と考古学に基づく優れた物語 (2012) や、Frankopan の広範囲におよぶ概説 (2015) などがある。
(18)　ポリュビオス：*The Histories*, 1.3.

(19)　匈奴に関する司馬光の記述：Yap (trans.) (2009).

(20)　郵便制度：Hansen (2012), 83–11; 漢代の郵便制度の再建については Y. Edmund Lieu in Richter (2015), 17–52 を参照。

(21)　懸泉の駅站宛ての手紙：E. Giele in Richter (2015), 403–74.

(22)　「どうか靴を見繕ってもらえませんか」：E. Giele in Richter (2015), 432–5.

(23)　「親愛なる幼孫と奥さん」：E. Giele in Richter (2015), 454–5.

(24)　「政よりご挨拶申し上げます」：E. Giele in Richter (2015), 442–3.

(25)　「三国赤壁」：小説『三国志演義』の中心地。最近では 2008–9 年のジョン・ウー監督の作品などの映画や、ビデオゲームやアプリなどの舞台にもなっている。最近、曹操のものと思われる墓が見つかり、2016 年から 17 年にかけて発掘された (http://www.chinadaily.com.cn/china/2009-12/28/content_9234640.htm)。しかし、本当に彼の墓であるかどうかはいまだに論争がある。発掘は『サウスチャイナ・モーニング・ポスト』紙で報じられた。https://www.scmp.com/news/china/society/article/2138951/archaeologists-confident-they-have-found-body-fabled-chinese

(26)　隋の文帝：概要については Wright, 'The Sui Dynasty (581–617)' in Twitchett (ed.) (1979), 48–149 を参照。Lewis (2009a), 248–58 には漢の滅亡後の時代について広範囲にわたる調査が掲載されている。

(27)　大運河：Edwards (2009a, 21–5 and 2009b, 254–6); Bishop (1997). T. Brook (1998); Heng (1999), 74–5 および 75, 76 の地図も参照のこと。

(28)　テオフィラクトス・シモカテス：Yule (ed. & trans.) (1915), 29–31.

第6章　唐の栄華

(1)　概要：唐の序論としては Benn (2004); Ebrey (2010); Lewis (2009b); Hansen (2015) を参照。

(2)　玄奘三蔵：彼の生涯については Beal (trans.) (1911); Li Yongshi (trans.) (1959 and 1995); Devahuti (2001) を、旅の物語については A. Yu (ed. & trans.) (1980) を参照。私は彼の足跡をたどり、1984 年、1989–90 年、2006 年、2015 年に新疆、1996 年にウズベキスタン、2005–07 年にアフガニスタン、パキスタン、ガンジス平原のバラナシ、ブッダガヤ、ルンビニ、パトナの仏教ゆかりの地を訪れており、私の記述はそれらの旅に基づいている。

(3)　中国における仏教：de Bary, *Sources* I, 266–86.

(4)　バーミヤンの経典の発見：https://www.schoyencollection.com/news-items/bamiyan-buddhist-thailand-exhibition-2010 最近では Salomon (2018) を参照。

(5)　ガンダーラ：文化について以下を参照。https://www.classics.ox.ac.uk/gandhara-connections

(6)　カニシカ王のストゥーパ：現在のストゥーパの遺跡については Wood (2007), 126–9 を参照のこと。

(7)　唐のシルクロード：Lewis (2009b) 145–78; Hansen (2012).

(8)　スイアブ：Clauson (1961); Forte (1994); Abe (2014); Yamafuji et al. (2016).

(9)　岑参：Waley (1963), 30–46——いかにも喜ばしく描かれている。

(10)　「軍中に酒席を設けて」：Waley (1963), 38.
(11)　西安／長安：Heng (1999), 1–29, map, 8 ; Thilo (1997) ; Shi (1996).
(12)　坊：Heng (1999), Benn (2004), 50–3 および 64–7; Souen (1968), 24–8, 63–9（地図あり）. こうした通りを舞台にした唐の有名な小説については Dudbridge (1983) を参照。
(13)　玄奘の伝記：注（2）のとおり。Devahuti (2001), 1–16 は、ウイグルと朝鮮を情報源とするきわめて貴重な伝記的史料となっている。
(14)　玄奘の業績：Devahuti (2001), 151–67 に朝鮮の文献からの一覧がある。
(15)　翻訳事業：東アジアと南アジアの中世初期の「サンスクリット語の国際都市」における仏教の役割に関する機知に富んだ概説として、Pollock (2006) を参照。
(16)　玄奘のインドに宛てた手紙：Devahuti (2001), 17–22. のちにウイグル語と中国語で印刷された文献に収められた手紙の英訳が公表されるのはこれが初めてであり、玄奘の帰国後の人生についての優れた考察である。
(17)　奈良：日本における唐と「東アジアの出現」については Lewis (2009b), 153–6 を参照。
(18)　正倉院：Hayashi (1975).
(19)　ネストリウス派の碑文：Saeki (1916), 162–80. 172–4 では詩を含む。
(20)　唐の歴史の記述：劉知幾については、Beasley and Pulleyblank (eds) (1961), 136–51 を参照。劉の自伝的省察については 137–8 を参照。内省する文化は詩にかぎったことではなかった。
(21)　南部への移住：Lewis (2009b), 18–21. 農業革命については 129–36、揚州については 113–7 を参照。大運河については Heng (1999) の 73–83、地図は 75 と 76 を参照。この魅惑的な都市の歴史の後半には、現代まで受け継がれる偉大な文学が生まれた。中国の都市のさまざまな過去を調べるモデルとしては、Finnane (2004) および Olivová and Børdahl (eds) (2009) などを参照のこと。揚州の口承文学の生きた伝統に接する機会を与えてくれた Vibeke Børdahl にお礼申し上げる。
(22)　李白：Waley (1958), 34–5.
(23)　安禄山の乱：Lewis (2009b), 40–4.
(24)　杜甫：彼の伝記は Hung (1952a) および A. R. Davis (1971) を、翻訳は Watson (trans.) (2002), Owen (2013), Owen (trans.) (2016) を参照。杜甫の豊かな遺産と、今日の文化においてなお重要であり続けることについて考えを示してくださったオーウェン教授、および Zeng Xiangbo 教授、Yang Yu 教授、Liu Taotao 博士にお礼申し上げる。杜甫の儒教の提唱者としての晩年の物の見方 (Schneider, 2012) は、今日まで受け継がれている。習近平国家主席は田舎での安らぎは古典詩であり、とくに杜甫に慰められると語っている。https://www.nytimes.com/2015/09/25/world/asia/xi-jinping-china-cultural-revolution.html また、演説でも杜甫を引用している。http://www.chinadaily.com.cn/a/201801/01/WS5a495ef6a31008cf16da4738_2.html
(25)　「思い起こせば」：Ballad of Pengya Road, Owen (trans.) (2013), 236–7.
(26)　「明け方、戦乱のために」：Night in the Tower, Owen (trans.) (2013), 255.

第7章　衰亡

(1)　概要：出来事については Lewis (2009b), 70–1, 272–3 を、晩唐の風潮については Graham (1965), Owen (1986 and 2006, 19–40) を、755 年以降の文化の危機については Bol (1992), 108–47 を参照。

(2)　『通典』：de Bary, *Sources* I, 437; Twitchett (1992), 104–7; Foot and Robinson (2015), 32–3 および 485–93. 杜佑の一族の文化、私有地、『通典』については Owen (2006), 258–60 を参照。

(3)　韓愈：de Bary, *Sources* I, 369–82. 宋代の儒教復興の先駆者としての韓愈については 371–2 を参照。

(4)　武宗の勅令：de Bary, *Sources* I, 379–82. 私の記述は Reischauer (1955), 321–6 に基づく。

(5)　仏教弾圧：Reischauer (1955) は、唐代中国を旅する情感をもっともよく伝えている。

(6)　杜牧：唐の詩人としては、1819 年に初めて英訳された詩人である。Graham (1965) および Burton (trans.) (1990) を参照のこと。彼の経歴の説明は Owen (2006), 254–314 より。

(7)　「かつて、あなたは」：Burton (trans.) (1990), 20. 以下も参照のこと。38 ('the monastery is abandoned') および 61 ('an old monk sent back to the secular world'); Owen (2006), 297.

(8)　硬貨二億枚：Reischauer (1955), 346.

(9)　集団処刑：Reischauer (1955), 348–9.

(10)　別れの挨拶：Reischauer (1955), 370–1.

(11)　「失われた田園風景をみつめた詩人」：Owen (2006), 306–14. 朱坡の詩は 298–302 より。

(12)　黄巣の乱：Lewis (2009b), 70–1 および 272–3; Dudbridge (2013), 42–5.

(13)　人肉食：唐全般の状況は Benn (2004), 123–4 を参照。

(14)　詩人の韋荘：Lewis (2009b), 272–3.

(15)　李一族：Johnson (1977).

第8章　五代

(1)　近年、この時代には大いに関心が集まっている。概要については、古い文献としては Schafer (1954) を、新たな研究としては、Davis (trans.) (2004); Kurz (2011); Lorge (2010); Dudbridge (2013); Davis (2015); Tackett (2017) を参照のこと。

(2)　荊浩：この「古典的中国の山水画の至高の瞬間」については、Sullivan (1967), 179–80 を参照。

(3)　王仁裕：王の物語について議論した故グレン・ダッドブリッジ（Glen Dudbridge）に感謝する。以下の英訳はすべて彼によるものである。礼県の墓碑について助言してくれたティナ・リー（Tina Li）にもお礼申し上げる。

(4)　エリック・タイクマン：'Routes in Kan-su', Geographical Journal, Vol. 48 (1916), 474. Dudbridge (2013), 8 の引用より。

(5)　「精神的道のりの碑」：Dudbridge (2013), 192–9.

(6)　小石の夢：Dudbridge (2013), 12.

(7)　猿の逸話：Dudbridge (2013), 186–8. 霊長類の感情については 183–5 を参照。
(8)　王の孫息子の回想：Dudbridge (2013), 192–9.
(9)　双龍巷：2014 年春収録のインタビューより。
(10)　高平の戦い：軍事的出来事は Lorge (2015), 53–61 を参照。
(11)　九六七年の五惑星会合：Pankenier (2013), 425. 1007 年の五惑星による承認は 422 を参照。
(12)　宋の盛興について：Kuhn (2009), 10–28; Lorge (2015); Tackett (2017).
(13)　人肉食：Lorge (2015), 124.

第9章　宋代ルネサンス

(1)　概要については、Ebrey (2010), 136–63; Kuhn (2009) の読みやすく内容も充実した概説を参照。以下も参照。Lorge (2015); Tackett (2017); Twitchett and Smith (eds) (2009).
(2)　『養老奉親書』：最新版は 2013 年に出版。
(3)　宋代開封：Heng (1999), 87–90. 宋の都市の景観は 117–39、地図は 118、開封の市街地は 151 と 153 の地図を参照。以下も参照のこと。Kracke (1975); West (1985); Wu Pei-yi (1994).
(4)　開封のユダヤ人：A. E. Moule (1911), 403ff; Smith (1851); Leslie (1965–67 and 1982); Malek (ed.) (2000).
(5)　シルクロード沿いに暮らすユダヤ人の手紙：Hansen (2012), 211–8.
(6)　開封のイスラム教徒：Leslie (1986 and 2006).
(7)　《清明上河図》：Heng (1999); West (1985). 絵巻の描写と開封の地図の関係についての議論は Zhang Zeduan (2010) を参照。
(8)　食：概要は M. Freeman in K. C. Chang (ed.) (1977), 141–94 を参照。自然の食材を主体とした「素食」の料理書『山家清供（さんかせいきょう）』は *Shanjia Qinggong* (Shanghai Commercial Press, 1936) として出版された。最新版は中華書局より出版（2013）。
(9)　『東京夢華録』：Wu Pei-yi (1994).
(10)　食に関する司馬光の記述：Ebery (2010), 241 を参照のこと。
(11)　「また、よそから新たに都に来て」：Meng in Wu Pei-yi (1994), 51.
(12)　科挙：Bol (1992), 48–75.
(13)　書物の印刷：Dudbridge (2000). 太宗の指示については 2–12、印刷技術については 13–4 を参照。
(14)　宋の科学：Needham (ed.), *Science and Civilisation*, Vol. IV, Part 2 (1965). 蘇頌の時計については 446–81 を、復元については 449 を参照。*The Grand Titration* (1969), 78–83 の Needham の評論も参照のこと。

第10章　北宋の滅亡

(1)　概要：Ebrey (2010), 136–63; Kuhn (2009); Twitchett and Smith (eds) (2009).

(2)　軍隊：Lorge (2011).

(3)　蘇軾：R. Egan, 'Su Shi's Informal Letters in Literature and Life' in Richter (2015), 475–507.

(4)　一〇四八年の環境災害：張玲博士（Zhang Ling）の最近の先駆的研究（2016年）を参照した。博士のほか、引用した令狐端夫の墓碑について助言をもらったティナ・リー（Tina Li）にもお礼申し上げる。

(5)　「人が魚のように押し流された」：Zhang Ling (2016), 1–3. 復興の鮮明な描写については107–8を、長期的影響については248–79とChen Yunzhen (2012) を参照。

(6)　「黄色みがかった枯れた土」：Zhang Ling (2016), 221–2.

(7)　王安石：英語による説明としては、Williamson (1935–37) が今でももっとも充実している。原文は以下を参照。de Bary, *Sources* I, 409–35; Bol (1992), 212–53.

(8)　「私はいつも仕事を始める前に」：Yang Xianyi and Young (trans.) (1984), 221–2.

(9)　「讀史」：Hinton (trans.) (2015), 85.

(10)　司馬光：原文はde Bary, *Sources* I, 448–51より。Beasley and Pulleyblank (eds) (1961), 151–66のPulleyblankの評論を参照のこと。160–6は司馬光の編纂の過程に関する素晴らしい史料である。英語による初めての本格的な研究はJi (2005) を参照。司馬光の力強い物語風の歴史の偉大な感覚を知るにはYap (trans.) (2009) を参照のこと。河南省光山県で司馬光の先祖の寺と墓を守る、現在の司馬一族の方々の寛大な対応に厚くお礼申し上げる。

(11)　「一四〇〇年以上を記した」：司馬光の中国史の包括的な解釈についてはde Bary, *Sources* I, 448–52を参照。

(12)　李清照：欧米の大勢の読者と同じく、私はケネス・レクスロス（Kenneth Rexroth）の翻訳（1972年と1979年）によって李清照を知った。その後はK. S. Chang and Saussy (eds) (1999) やIdema and Grant (2004) の翻訳が出版された。さらに今はロナルド・イーガン（Ronald Egan）の格式高い感動的な伝記（2014）があり、私は彼の翻訳を感謝の気持ちを込めて使用させていただいた。

(13)　宋の女性たち：Ebrey (1993) を参照のこと。李清照については158–60、「素晴らしい」結婚については117を参照。

(14)　「洞察は理解をもたらすと言われている」：Egan (2014), 178–9. 彼女の自伝についてはOwen (1986), 80–98を参照。

(15)　「萊州には」：Egan (2014), 310–2.

(16)　宋の皇帝（徽宗）：Ebrey (2014).

(17)　石碑：Vermeer (1991), 107–9.

(18)　女真人の侵略：Ebrey (2014), 421–8; Egan (2014), 130–6および李清照の避難ルートの地図として138を参照。

(19)　北の地への連行：Ebrey (2014), 476–503. 李清照の日記の翻訳は480–1.

(20)　「悪意に満ちた深い裂け目だった」：Rexroth (trans.) (1979), 56–8.

(21)　「これらの通りは」：Zhang Zeduan (2010).

第 11 章　南宋

(1)　概要については Kuhn (2009); Ebrey (2010) を参照。社会、物質的文化、都市については Gernet (1962). 宋の愛国心の高まりについては Trauzettel (1975), 199–213 を参照。
(2)　李清照：ここでも翻訳は Egan (2014) より。李清照の再婚については 153–8 を参照。
(3)　「長江も渡航禁止という噂だった」：Egan (2014), 140.
(4)　「私はこれまでずっと」：Egan (2014), 147–50. 使者たちへの詩は 166–71.
(5)　「長江を南に渡ってから」：Egan (2014), 178.
(6)　木蘭の詩：Egan (2014), 184–5.
(7)　杭州：Gernet (1962) および Heng (1999), 139–42. 地図は 142. 南宋時代の杭州の商人一族の研究を共有してくれたスザンナ・ソーントンにお礼申し上げる。
(8)　「信じがたいほど美しい場所」：Naval Intelligence Division (1944–45), vol. 3, 291.
(9)　趙一族：2015 年に福建省漳浦（しょうほ）県の趙一族の村で行ったインタビューより。
(10)　陸游：Watson (trans.) (1973), 68. 彼の日記は Watson (trans.) (2007) を参照。
(11)　「私たちの王朝」：Elvin (1973), 205.
(12)　杭州：Gernet (1962); A. C. Moule (1957); Heng (1999), 139–42. 地図は 142.
(13)　商船：宋の海事技術については Needham (ed.), *Science and Civilisation in China*, Vol. IV, Part 3 (1971), 460–77 を参照。南部の開港都市の急速な都市化については Heng (1999), 183. 泉州については 186–9.「新たな都市のパラダイム」については 205–9 を参照。
(14)　陸游の詩：Watson (trans.) (1973), 33.
(15)　徽州の郷紳：全般として McDermott (2013) を参照のこと。2014 年春に、安徽省祁門の自宅で一族の歴史について私と語り合い、2019 年夏にさらなる質問に答えてくれた謝有才にお礼申し上げる。この土地の一族とその伝統について、示唆に富む写真による研究書、*Huizhou* (2013) の著者 Zhang Jianping に心より感謝する。彼は 2014 年に祁門の謝氏や万安の呉氏など、地方の一族を紹介してくれた。棠樾の鮑一族に関する進行中の研究を共有してくれたダニエル・クウォク（Daniel Kwok）にも感謝する。私が引用した棠樾の地方志や鮑一族の家族史の翻訳はスザンナ・ソーントンによる。棠樾では、Bao Shumin、Bao Xunsheng と蘇州東亭の彼の家族にお礼申し上げる。
(16)　謝氏：2014 年に祁門県で行ったインタビューより。謝一族の写真は Zhang Jianping (2013), 173–89 を参照。
(17)　儒教の復活：de Bary, *Sources* I, 383–435. 儒教の新潮流である「理知派」全般については 455–502 を参照。
(18)　朱熹：彼の著述はアリストテレスにも劣らないほどきわめて豊富にある。本書でとくに重要なのは Ebrey (ed. & trans.) (1991) である。選集は de Bary, *Sources* I, 479–502 を参照。ひじょうにわかりやすい概論は Thompson (2017) を、朱熹のさらに広い視点での肖像は Munro (1988) および Zhu (2019) を、「道徳心」に関する儒教の学問の広い概念については

Ivanhoe (2016) を、朱熹の「普遍的心」については de Bary, *Sources* I, 503–13 と Klein (2018) の評論を参照のこと。

(19)　「孝行息子より」：Ebrey (ed. & trans.) (1991), 173.

(20)　モンゴルの侵略：歯切れのよい物語としては Brook (2010) を、1279 年の海上戦については Lo (2012) を、崖山の戦いについては同書 237–45 を参照。

第 12 章　元

(1)　元代について：Chan and de Bary (eds) (1982). 視覚芸術については以下を参照。Watt (2010); Brook (2013); Rossabi (2014); Jackson (2018).

(2)　馬端臨：de Bary, *Sources* I, 444–7; Chan and de Bary (eds) (1982), 27–88.

(3)　許衡：農民で戦乱を逃れた許衡は元の宮廷で最高位にまでのぼりつめた。許衡については Klein (2018), 91 を参照のこと。

(4)　モンゴルの北京：Watt (2010), 41–63.

(5)　元の演劇：Ebrey (2010), 186–90. 概要は Mackerras (1990) を参照。

(6)　安徽省棠樾：Bao Shumin とダニエル・クウォク（Daniel Kwok）にお礼申し上げる。私が引用した鮑一族の家伝と棠樾の地方志の翻訳もまたスザンナ・ソーントン（Suzanna Thornton）による。棠樾の鮑一族の写真は Zhang Jianping (2013), 142–55 を参照。

(7)　元代のキリスト教徒：ペゴロッティについては Rossabi (2014) を参照。

(8)　地図：Smith (1996).

(9)　マルコ・ポーロ：Wood (1998); Vogel (2013). 上巻 280 頁の引用の原文はヘンリー・ユールの訳をモールが改訂したものを利用した。https://en.wikisource.org/wiki/The_Travels_of_Marco_Polo

(10)　揚州：揚州には現在、マルコ・ポーロのテーマパークと記念館がある。カテリーナ・イリオーニの一族については Rouleau (1954), 346–65 を参照。実物の墓石を調べることを許可してくれた揚州博物館の館長にお礼申し上げる。

(11)　ラッバーン・サウマ：Budge (trans.) (1928); Rossabi (1992).

(12)　黒死病：ティモシー・ブルック（Timothy Brook）の *Troubled Empire* (2010) に感謝する。同書より龍の話をありがたく借用した。専門家のあいだで議論が分かれるテーマである黒死病については、Sussman (2011); Drancourt et al. (2006), 234–41; Drancourt and Raoult (eds) (2008) を参照。

(13)　マニ教：中国史における興味深い事項である。泉州近郊に現存する草庵寺には、マニの石像が保管されている。福建省のこの地域では、「明教」という秘密結社として信仰の一種が現存すると報告されている。Dan (2002), 17–8.

(14)　麻城：Rowe (2007) より。

(15)　蘇州：Marmé (2005).

(16)　『蘇州図経』：中世の蘇州の風土記は Milburn (2015), 133–6 により翻訳されている。

(17)　鄭允端：Idema and Grant (2004), 269–80. 彼女の詩集 *Suyong ji* (Solemn Harmonies) の現代

版は Sun Yuxiu (ed.), *Hanfenlou miji* (Shanghai: 1921) に収録。K. S. Chang and Saussy (eds) (1999), 131-9 を参照のこと。自伝的序文は同書 677-8 を参照。翻訳と伝記の詳細はピーター・スターマン（Peter Sturman）による。のちの文学における著述と女性特有の疾患については、Fong and Widmer (eds) (2010), 17-47 のグレース・フォン（Grace Fong）の記述を参照のこと。詩人の一族の伝統が現在も鄭一族の女性に受け継がれていることを教えてくれたチェン・ヤンウェン（Zheng Yangwen）にお礼申し上げる。

マイケル・ウッド（Michael Wood）
イギリスの歴史家・映像作家。マンチェスター大学パブリックヒストリー教授。ロイヤル・ソサエティ・オブ・アーツ、王立歴史学会、ロンドン考古協会のフェロー。BBCなどで100本以上のドキュメンタリー作品を手がけ、高く評価されている。本書は「The Story of China」シリーズをきっかけに執筆された。他にも *In Search of the Dark Ages* など、多数の著書を発表している。

須川綾子（すがわ・あやこ）
翻訳家。東京外国語大学英米語学科卒業。訳書に、ピーター・フランコパン『シルクロード全史』（河出書房新社）、ジョージ・パッカー『綻びゆくアメリカ』（NHK出版）、クリスティアン・ウォルマー『世界鉄道史』（共訳、河出書房新社）など多数。

校閲協力
古谷創（日中学院非常勤講師）

中国全史《ちゅうごくぜんし》　上
——6000年《ねん》の興亡《こうぼう》と遺産《いさん》

2022年11月20日　初版印刷
2022年11月30日　初版発行

著　者　マイケル・ウッド
訳　者　須川綾子
装　幀　水戸部功
発行者　小野寺優
発行所　株式会社河出書房新社
〒151-0051　東京都渋谷区千駄ヶ谷2-32-2
電話03-3404-1201［営業］　03-3404-8611［編集］
https://www.kawade.co.jp/
印　刷　株式会社亨有堂印刷所
製　本　小泉製本株式会社
Printed in Japan
ISBN978-4-309-22869-3